商人家族のエスノグラフィー

零細小売商における顧客関係と家族従業

坂田博美

関西学院大学出版会

商人家族のエスノグラフィー
零細小売商における顧客関係と家族従業

坂田 博美

まえがき

　石井淳蔵著（1996）『商人家族と市場社会』（有斐閣）において、小規模小売業にとって、家族従業が重要であること、それにもかかわらず、小売商業研究において、見過ごされてきたことが指摘された。石井氏は、マクロ・データ分析と事例研究により、重要とされていた家族従業が変容していることを結論づけた。この小売経営と家族の両方を見る視点が、小売商業研究における「商人家族」という研究分野の特徴であろう。

　この研究が発表されて10年も経っているが、残念ながら、中小小売商あるいは零細小売商研究において家族の視点を導入した研究は限られており、小売業家族従業の重要性が商業研究者の間で共有されているように思われない。商人家族研究という研究分野の確立も望まれるだろうが、それだけでなく、小売業研究における家族従業の重要性の認識を深めるような研究がさらに必要であろう。それには、その分野に取り組もうとする研究者に対して、魅力的な研究課題を提示することである。やはり、石井氏に倣って、商人家族の全体像を提示したいと思う。

　しかし、石井氏と同じ視点、同じ研究方法では、提示できる領域が限られてしまうし、同等の力量を持たない筆者では到底研究できそうにない。そこで、石井氏の分析枠組みを再検討した上で、石井氏とは異なる研究方法と視点を導入し、商人家族の全体像を描いてみることにした。

　石井氏と異なる研究方法とは、フィールドワークとくに参与観察に基づいて、商人家族および家族従業の長期に渡る実態を詳述することである。筆者は、関西学院大学大学院で消費者行動研究を志し、サラリーマン家庭の食卓で参与観察に基づく研究を行ってきた（拙稿　1995、1996a、1996b）。文化人類学の視点にこだわり、表面的な消費者調査を脱却して、消費文化、とくに食文化について厚い記述を目指していた。そのため、それぞれの商人家族の実態について詳しく知りたいと思っていた。しかし、石井氏の研究では、家族従業の実態について1事例ごとに詳しく報告されているわけではない。

商店街やまちづくりに関しては、フィールドワークが実践されている。ただし、いくつかの小売店を回って調べるという方法が一般的で、1つの小売店に何年間も入り込む方法を取った研究は少ない。また、小売店に関わる家族への視点は「まちづくり」研究では多く見られない。

　日本社会を舞台にしたエスノグラフィーは発表されているが、フィールドは限られている。民俗学・文化人類学・社会学において、日本における農村や漁村、都市をフィールドとしたエスノグラフィー、心理学において、教育現場をフィールドとしたエスノグラフィーがある。しかし、小売店を舞台にしたエスノグラフィーは少ないようだ。文化人類学において、在日外国人が日本で小売店を営み、そこがコミュニティーとなっていると指摘する研究があるのみだ。

　そうした家族の1事例を詳細に記述することは決して容易いことではない。筆者は、兵庫県神戸市・西宮市、大阪府箕面市・茨木市など関西圏でサラリーマン家庭での食卓風景の参与観察を行った。日本において、家族に内部者に近い視点での参与観察調査はそれほど例がないため、継続して参与観察をして新しい研究成果を出していきたいと思っていた。子どもがいる家庭の方が参与観察しやすいと考え、知人を通して調査協力をお願いしていた。しかし、いくら研究とは言え「食事を一緒にさせてください」と依頼する調査だったため、なかなか継続できず、しかも、家族構成や居住地域の違いはあるものの、それぞれの家族の特徴を見出せず、事例数を増やしても興味深い結果が得られなかった。いろいろな場面を観察することで厚い記述を目指したものの、それぞれの家族に深く入り込むことはできなかった。調査者の立場も、子どもたちとどれだけ一緒に遊んでも、親しくなっても、その子どもの親にとっては「お客さん」という観察者にすぎなかった。日本でのサラリーマン家庭のフィールドワークは、「勇気ある撤退」をせざるを得なかった。

　1997年からは、サラリーマン家庭から小売店へフィールドを変更し、小売業家族従業の実態調査を始めることになった。まず、当時神戸大学大学院生だったKさんに、自宅近くのよく行く店を紹介していただいた。Kさんが兵庫県伊丹市在住だったため、たまたま伊丹市からフィールドワークが始まった。自宅を訪問できるかどうかは、店の事情により違いはあるものの、小売店では「また来てください」と言ってもらえた。それがどんなにありが

たいことだったか。サラリーマン家庭では、どうしても「3回目」が壁になっているのか、3回以上訪問したことがなかった。社交辞令だろうと、その言葉に甘えて、調査に協力していただいたお礼に行く、あるいは今度は他の人にも話を聞きたいと調査継続の依頼をするなど、2回、3回と訪問を続けた。気が付くと、20回以上も通い続けていた。筆者が東京に就職して関西を離れ、1年9カ月ぶりに再び店を訪ねたときも、それまで年賀状の連絡だけだったのにもかかわらず、いろいろな歓迎を受けることができ、伊丹市でのフィールドワークが再開できた。そうして1つ1つの小売店に長期にわたって通い続けると、店の事情もいろいろ変わり、同じ小売店に通っているからこそ理解が深まっていった。

著者が行ったフィールドワークは、1997年8月から2005年8月までの8年あまりである。継続的に行ったのは、1997年から1998年12月、そして2001年4月から2004年3月までである。居住を伴ったのは2002年と2003年の8月の2週間だけで、長期滞在して行う文化人類学者のようなフィールドワークとしては不十分なものである。また、文化人類学者のように小売店の全数調査はできなかった。

この研究はむしろ、小売店を1つのフィールドと見なし、そこで見られる現象や人間関係についてあらゆるデータ収集を試みた組織のフィールドワークである。経営学と人類学、両方の視点を導入した研究アプローチに「経営人類学」（中牧・日置編　1997）がある。経営人類学において家族経営は研究されているものの、こうした中小企業とくに零細企業についてはまだ研究が進んでいない。比較対象となるサラリーマン家庭のデータを持っていたことを活かして、フィールドワークという研究方法で、石井氏とは異なる結論、そして全体像を導き出そうと思う。

フィールドワークを行うにあたって導入した、石井氏と異なる視点とは、ひとつは「ジェンダー」である。本研究の目的は、家族従業のジェンダー間関係を記述することである。フィールドワークをする際には「共感的理解」が必要とされる。商業者は、調査者が自分たちの味方なのかそうでないかを見分けることができると言われる。そのため、どの店においても、店での販売経験や手伝いをすることで、内部者に近い視点を獲得するよう心掛けた。著者の印象に過ぎないのだが、これまでの研究者は、サラリーマン家庭出身

であったため、商人家族があまり理解できなかったのではないか。筆者は兼業農家出身で、両親が協力し合って農作業をするのを見て育った。そのため、夫婦が協力することが日常的な行為として捉えられた。

　しかし、内部者に近い視点を持つだけでは不十分である。内部者でもない、外部者でもない「第三の視点」を持つことがフィールドワークでは重要なのだ。そこで、もうひとつの視点として、「顧客関係」にも着目した。家族従業問題を出発点として研究を行ってきたが、商人家族について調べるためには、店主やその家族を取り巻くさまざまな主体も同じく重要であった。家族や親族以外に、日々店舗に訪れる顧客、購買客以外にもいろいろな事情で訪れる人たち、その小売店が置かれている環境、そうした商人家族以外の調査も始めた。すなわち、直接消費者に接する商業者としての商人家族とは異なり、外部者に近い視点でも調査を行った。消費者の生活の一部にも密着した消費者行動についても調査を行いながら、外部者から見た商人家族像を描くことができた。

　本研究では、日本における商人家族として、兵庫県伊丹市の4つの店舗を事例に取り上げ、零細小売業者の日々の活動を描くことにした。8年あまりの期間に渡って行ったフィールドワークに基づいて、その成果をまとめたのが本書である。そこで分かったことは、これまで商人家族あるいは零細小売商は家族従業者からの視点で研究されてこなかったのではないか。しかも、顧客との接点を含め、家族従業を実態に即して描いてこなかったのではないか。フィールドワークに基づき、ジェンダー関係や顧客関係を見ながら小売業家族従業を実態に即して捉え直すこと、それが小売商業研究への問題提起である。

　今後、調べ続けるにあたって、また新たな事実や変化があることだろう。家族の変化は、店の変化につながる。店の変化が、家族の変化にもつながる。そういう店と家族が一体化しているのが、商人家族である。そうした変化の途上にある商人家族であるが、さまざまに異なる家族や居住形態・業種において見られる共通点を現段階で得られた結論とした。石井氏のマクロ・データ分析の結果からは見えなかった要因も、1つの商店および商人家族を支える全体構造の1要因として浮かび上がってきた。

　尚、第1章、第4章、第5章、第10章は、それぞれ、論文として発表済

みであるが、大幅に修正・加筆して、構成し直したことをお断りしておく。
　「小売業家族従業のエスノグラフィー：フィールドワークに基づく検討」、『流通研究』、第4巻、第2号、日本商業学会、1-12頁、2001年9月。
　「零細小売商におけるマーケティング活動と顧客関係：手芸店の事例に基づいて」、『東京都立短期大学研究紀要』、第6号、東京都立短期大学、71-78頁、2002年2月。
　「零細小売商におけるマーケティング活動と顧客関係：メガネ店の事例に基づいて」、『東京都立短期大学経営情報学科研究論叢』、第8号、東京都立短期大学経営情報学科、35-44頁、2003年3月。

謝辞

　このフィールドワークにあたっては、まず、長期にわたってご協力いただいた小売店の店主家族に心からお礼申し上げたい。ときにはご迷惑を掛けながら、こうしてお付き合いいただき、成果をまとめられたのは、みなさんのおかげである。数々の温かい言葉や対応に、いつもどれだけ励まされたか。そうした無形の財産だけでなく、資料としてご提供いただいた有形の財産は、いつの間にか膨大なものになっていた。こうしたご支援がなければ、このような研究は決して出来なかった。感謝の言葉は尽くせないが、こうして研究成果を出していくことが、一番の恩返しだと思い、微力ながら、少しずつ貢献できることに取り組み続けていきたい。
　また、2000年に51歳で亡くなった豆腐店の店主Mさん（本文では松本さん）には、研究の半ばで逝かれてしまったこと、本当に残念でならず、無念な気持ちが残ったままで、十分に研究での恩返しができなかったこと、悔やまれた。この出来事は、研究者として何より衝撃的な出来事だった。ご冥福をお祈りし、これまでの感謝の言葉を捧げたい。亡くなってからも、ご協力いただいた奥様を始め、ご家族・ご親族の方にお礼申し上げたい。
　お店をご紹介いただいた、当時神戸大学大学院生だったKさんにも、この場を借りて、改めて感謝申し上げたい。その頃は、きちんと調査依頼をする重要性を認識していなかったため、調査主旨や質問事項まで代わりに説明してもらっていたほどである。ときには、偶然の出会いで、いろいろお世話

になった方たちも多い。何より感謝したいのが、さまざまなご協力をいただいた第6章に登場する3人である。店のお客さんとして訪れただけにもかかわらず、このような調査にもご協力いただいた。和紙人形を教えていただいた先生には、1年間教室に通うに当たって、人形制作指導だけではなく、和紙や人形について広くご教授いただき、和紙人形について研究を進めることができた。

　こうして、フィールドワークでお世話になった方々、とくに伊丹市の皆さん1人1人に、お礼申し上げたい。また、フィールドワークでお世話になった人たちにお礼の品物を送ったり、フィールドワークに同行したりして、筆者のフィールドワークを陰ながら支えてくれた両親にもありがとうと言いたい。

　関西学院大学大学院での恩師中西正雄先生には、商人家族研究についてご指導いただいた。マーケティング・サイエンスではなく、フィールドワークという方法での研究を認めて下さってご指導いただけたこと、大変ありがたく、感謝の意を表したい。商人家族ご出身のため本研究の一番の理解者で、いろいろな議論ができ、いつも有益なご示唆をいただいた。

　他にもさまざまな分野の諸先生方にお世話になり、厚く感謝申し上げたい。神戸大学大学院教授石井淳蔵先生には、大学院博士課程後期課程在学中、大学院のゼミでお世話になった。商人家族研究に対して、応援してくださり、いつも厳しく、温かいご指導ぶりだった。草稿を読んでいただき、貴重なコメントと大きな励ましをいただいた。商人家族研究を盛り上げるべく、石井ゼミで指導に励んでおられ、簡施儀氏を始め、何人かの同じ研究者がいる。これからこの分野の研究者が増えて、商人家族のさまざまな問題を検討し合えるよう、拙著がたたき台になることを望みたい。

　一橋大学大学院教授佐藤郁哉先生には、「フィールドスタディー」と「定性的調査法」にて、フィールドワークやエスノグラフィーについて、いろいろなご指導をいただいた。何より、観察調査に基づくフィールドノーツを受講者同士で批判し合うという課題が有益だった。日本で組織に関するエスノグラフィーが少ないことを常々口にしておられた。やはり、アメリカの組織の事例を読むよりも、日本の事例の方がはるかに実感しやすく、研究する上での参考になる。この小書が、日本での組織に関するエスノグラフィーとし

て認めていただければ、この上ない喜びである。

　国立民族学博物館教授中牧弘允先生には、民博共同研究会にて、オブザーバーであったにもかかわらず、発表の機会を与えていただき、研究会メンバーのさまざまな先生から研究の指針となる貴重なご示唆をいただいた。また、日本商業学会および日本消費者行動研究学会で、それぞれ発表の機会をいただき、有益なコメントをいただいた。

　しかし、何もかも全く手探り状態で研究を続けてきた。フィールドワークを通じて、厚い記述を目指してエスノグラフィーを書くことの難しさを身に浸みて体験した。このような状態で発表することに何度もためらったが、さまざまな批判をいただくしか、フィールドワーカーとしても、エスノグラファーとしても、腕を磨く機会はないと思い、未熟ながらも、こうして発表させていただくことにした。

　尚、本研究は、平成14年度・平成15年度文部科学省科学研究費補助金若手研究（B）（課題番号14730088）の助成をいただいた。また、前任校の東京都立短期大学では、1年間の国内研修の期間をいただき、一橋大学に平成15年度国内研修員として在籍し、佐藤郁哉先生にご指導を受けながらの研究の機会をいただいた。感謝申し上げる次第である。

　出版に当たっては、関西学院大学出版会にお世話になることになった。ご迷惑をお掛けしながら、出版の運びとなった。最後に、事務局田中直哉氏を始め、浅香雅代氏にお礼申し上げておきたい。

2006年4月

坂田　博美

目　次

まえがき 3

第Ⅰ部　問題の所在 17

第1章　商人家族研究の目的..............................21
   1-1　小売業における家族従業問題についての再検討　　21
     （1）石井（1996）の家族従業問題についての再検討
     （2）零細小売業についての研究
     （3）日本型近代家族に関する議論
   1-2　家族従業へのジェンダー視角の導入　　30
     （1）労働過程の分析とケーススタディーの必要性
     （2）女性労働研究としての家族従業のケーススタディーの必要性
     （3）アメリカにおける家族経営研究
   1-3　本研究の研究課題　　36
     （1）商人家族においても、ジェンダー間分業が見られるのか
     （2）零細小売商は、どのようなマーケティング活動を行っているのか
     （3）零細小売商は、どのような顧客関係を構築しているのか
   1-4　本書の構成　　39

第2章　小売店のフィールドワーク........................45
   2-1　なぜフィールドワークなのか　　45
   2-2　フィールドワークの手順　　46
   2-3　組織あるいは労働の現場への参与観察の事例　　49
   2-4　フィールドワークによるデータ収集と分析　　51
     （1）データ収集の初期段階
     （2）データ収集の中間段階
     （3）データ収集の最終段階
   2-5　伊丹市の概要　　59
     （1）伊丹市の歴史と経済

（2）伊丹市の小売業

第Ⅱ部　小売店と地域社会 65

第3章　手工芸品店のフィールドワーク 73
　　3-1　手工芸品店の課題　　73
　　3-2　手工芸品店の提供する価値　　74
　　　　（1）価格設定と品揃え
　　　　（2）店主のライフスタイル提案
　　3-3　手工芸品店の顧客関係　　78
　　　　（1）店や店主に癒される顧客
　　　　（2）店主のライフスタイル提案に頼る顧客
　　　　（3）顧客関係から生まれる店主の喜び
　　3-4　手工芸品店店主のセンスが支持される　　83
　　　　（1）「人が好き。出会いが宝」
　　　　（2）センスを養う習慣と人間関係
　　　　（3）「花が好き。木が好き」
　　3-5　まとめ　　87

第4章　手芸店のフィールドワーク 91
　　4-1　手芸店の課題　　91
　　4-2　手芸店の提供する価値　　93
　　4-3　顧客へのもてなし　　96
　　4-4　手芸店の顧客関係　　97
　　　　（1）「お客さんは恋人」
　　　　（2）顧客情報の活用
　　4-5　まとめ　　99

第5章　メガネ店のフィールドワーク 105
　　5-1　メガネ店の課題　　105
　　5-2　メガネ店においては専門技術が必要　　106
　　　　（1）全日本眼鏡連盟の認定店
　　　　（2）認定眼鏡士ＡＡＡ級を取得した店主
　　5-3　顧客のライフスタイルに合ったメガネ創り　　108

　　　　　　（1）メガネ創りのプロセス
　　　　　　（2）メガネ創りへのこだわり
　　　5-4　メガネ店の顧客関係　　　113
　　　　　　（1）メガネ店の顧客
　　　　　　（2）顧客との会話
　　　　　　（3）店主に関わる顧客
　　　5-5　まとめ　　　116

第6章　小売店を支える顧客 119
　　　6-1　なぜ、顧客は小売店に自らの作品を持って行くのか　　　119
　　　　　　（1）店に手作りの品物を持って行く顧客
　　　　　　（2）なぜ、顧客は店に「作品」を持って行くのか
　　　6-2　藤木さんと和紙人形の世界　　　124
　　　　　　（1）人形や手芸に親しむ藤木さん
　　　　　　（2）一緒に和紙人形を習う
　　　6-3　なぜ、藤木さんは手芸店に手芸品を持って行くのか　　　128
　　　6-4　宮本さんと写真の世界　　　131
　　　　　　（1）アマチュア・カメラマンの宮本さん
　　　　　　（2）滝の写真撮影
　　　　　　（3）滝の写真撮影に同行する
　　　6-5　なぜ、宮本さんはメガネ店に写真を持って行くのか　　　137
　　　6-6　店に愛情や愛着があるのは家族だけなのか　　　139

第7章　小売店を支える地域社会 143
　　　7-1　小売店に訪れる来店客　　　143
　　　7-2　小売店を支え合う商業者　　　144
　　　7-3　地域に対して社会貢献する商業者　　　146
　　　　　　（1）清掃ボランティア
　　　　　　（2）来店客への挨拶
　　　　　　（3）近隣住民への奉仕
　　　　　　（4）天理教信者の手芸店店主夫婦
　　　7-4　まとめ　　　152

第8章　小売店のマーケティングと顧客関係に関する考察 155
　　　8-1　地域密着型専門店は、顧客と地域住民に支えられている　　　155

　　　　　　　（1）ファンの顧客は周囲の人に店を紹介する
　　　　　　　（2）ファンの顧客は店主を気遣い、何らかの支えをする
　　　8-2　顧客関係構築システム　　159
　　　　　　　（1）顧客に対しては、お客さんという立場を尊重する
　　　　　　　（2）顧客に店主のポリシーを押しつけない
　　　8-3　地域への社会貢献　　161
　　　　　　　（1）社会貢献するには、本業重視
　　　　　　　（2）専門知識や技術を磨く
　　　　　　　（3）商売以外のボランティア

第Ⅲ部　　家族従業と後継者の問題..............................165

　第9章　　小売店における夫婦のパートナーシップ...............169
　　　9-1　家族従業においてジェンダー間分業があるのか　　169
　　　9-2　パートナーへの感謝を示す店主たち　　172
　　　9-3　手工芸品店店主の夫の貢献　　174
　　　9-4　手芸店店主の妻の貢献　　176

　第10章　豆腐店のフィールドワーク........................179
　　　10-1　豆腐店の課題　　179
　　　10-2　こだわりの豆腐づくり　　181
　　　　　　　（1）にがりを使ったよせ豆腐
　　　　　　　（2）豆腐店でのアルバイトを経験する
　　　　　　　（3）豆腐づくりについて調べる
　　　　　　　（4）豆腐づくりへのこだわりと誇りを理解する
　　　10-3　豆腐づくりへの思いを共有する夫婦のパートナーシップ　　187
　　　　　　　（1）店主のファン
　　　　　　　（2）ファンを持っていた店主の妻と従業員
　　　　　　　（3）ファンができなかった筆者
　　　10-4　店主の家族への思い　　191
　　　10-5　まとめ　　193

　第11章　小売店におけるファンと後継者......................195
　　　11-1　なぜ妻や子供が店を継ぐのか　　195

11-2　店に関わる子供たち　　198
　　11-3　店に子供を関わらせようとする店主　　202
　　11-4　妻も店主の後継者　　203
　　11-5　顧客も店主の後継者　　206
　　11-6　まとめ　　207
　　　　（1）店主の商売に対する姿勢
　　　　（2）店主の商売の将来性
　　　　（3）後継者の商売への熱意・関心

第12章　家族従業問題に関する考察 211
　　12-1　小売経営において夫婦の対等なパートナーシップが望まれる　　211
　　12-2　後継者を育てる条件　　214
　　12-3　商人家族は、近代家族か　　216

第13章　小売経営・マーケティングへの提案 219
　　13-1　小売マーケティングへの示唆　　219
　　　　（1）消費者の望む商品を選択して、メッセージを伝える
　　　　（2）顧客に向けた関係特殊的な技能
　　　　（3）商人としての誇り
　　　　（4）家族や同じ商業者との社会的連帯
　　13-2　関係性マーケティングとの関連　　225
　　13-3　本書のまとめ：地域密着型小売店の多重ネットワーク構造　　227
　　13-4　残された課題　　228
　　　　（1）近代家族の揺らぎなのか、商人家族の特徴なのか
　　　　（2）パートナーシップは、配偶者が重要なのか
　　　　（3）それぞれの業界における課題に答える小売店とは
　　　　（4）伊丹市民にとって望ましい小売商業構造とは
　　　　（5）新たな研究の可能性

参考文献 234

索　　引 247

第 I 部

問題の所在

第Ⅰ部では、本研究の問題意識とその理論的枠組み、そしてそれを明らかにするための方法論を紹介したい。

　第1章では、商人家族研究の目的を整理しておきたい。まず、本研究の出発点となった石井（1996）について再検討するべき点を確認しておく。商人家族および小売業家族従業に関連する3つの分野の既存研究をレビューする。1つは、石井氏が主にレビューしている零細小売業研究である。小売業家族従業を検討するために再び参照した。2つ目は、家族従業を論じるために、近代家族論を紹介した。しかし、家族社会学の近代家族パラダイムだけでは商人家族を論じることができない。重要なのは、労働過程にジェンダーの視点を入れることを主張した女性労働論である。その問題意識は、男性労働者のみを研究対象としていた労働研究に向けられる。そのため、家族従業者の議論にも、ジェンダーの視点を入れて見ていく。

　第2章では、本研究の方法論について述べている。フィールドワークは、文化人類学・社会学・心理学で用いられている研究手法である。それぞれの分野でフィールドワークについて書かれた本が出されている。社会学・心理学においてフィールドワークが実践されている研究例は多いとは言えないが、フィールドワークの方法論が論じられている（例えば、好井・三浦編 2004、箕浦編 1999 など）。問題なのは、佐藤（2002c）が述べるように、日本では組織や労働現場への長期の参与観察を行った事例研究があまりなされていないことである。小売商業・マーケティング研究においては、さらにその実践例は少ない。フィールドワークの意義を理解していただくためにも、若干、他の分野のエスノグラフィーよりも調査技法の説明が長くなるかもしれないが、詳述することにする。

第1章

商人家族研究の目的

1-1 小売業における家族従業問題についての再検討

　小売商業研究では、日本の小売構造の特徴として、零細性・生業性がこれまで指摘されてきた。『平成14年（2002年）商業統計速報要旨』によると、小売業全体は、1999年から2002年にかけて、140万から130万と減少し、前回比マイナス7.9％の減少である。4人以下の小規模事業所は、1999年と2002年を比べて98万から88万となり、前年比マイナス9.8％と、5～49人の中規模事業所や50人以上の大規模事業所と比べて減少の幅が大きい。しかし、年々減少しつつも、2002年においても、小規模事業所の構成比は、68.2％と過半数を占める。こうした小規模小売店の存在が、小売構造の生業性を特徴づけている。

　石井淳蔵（1996）氏は、『商人家族と市場社会』において、「家族」が小売店に従事するという「家族従業」が、日本の小売業においてどのような役割を果たしたか、それがどのように変化したかを明らかにすることを課題としている（傍点は筆者）。石井氏によると、「家族」関係こそが、日本の小売業を支えてきた。無給で主人の商売を手伝う妻、商売を後継する息子、商売に関与する兄弟・親戚、それらは、日本の小売業に特殊なダイナミズムを生み出し、独自のマクロ小売商業構造を作り上げるのに貢献してきた（32頁）。

　本節において石井氏が触れた家族従業問題の再検討を行い、残された問題

が何であるのかを確認し、新しい枠組みを紹介したい。まず、石井氏の商人家族と家族従業についての研究を手がかりに、家族従業を記述していく課題を押さえておきたい。石井氏の研究において残された問題や新しい課題はどのようなものだったのかを探っていく。

(1) 石井（1996）の家族従業問題についての再検討

　石井氏は、小売業研究において「家族従業」の問題がどのように扱われてきたのかをレビューしている。小規模小売商店が生き残る1つの根拠が「家族従業者」の存在にあることについてこれまで指摘されていながら、その問題は理論的・実証的に深く議論されなかった。

　「家族従業」が日本の小規模小売商の存立のための有力な根拠の1つである。それなのに、家族従業問題に関わった多くの商業研究者たちは、家族従業問題を小売業を解明する上で重要な要因であることを指摘しながらも、それ以上深く掘り下げようとしなかった（189頁）。すなわち、小規模小売店が生き残るのは「家族従業者」の存在にあると考えられてきたものの、小売商業研究において家族従業の問題は、これまであまり研究が進められてこなかったという指摘をした。

　過去の商業研究はマルクス経済学に依拠しており、「家族」は1つの前提となっていたため、なぜ家族が小売業に関わっているのかについて検討されてこなかったのだ。家族は可塑的な存在で、資本市場主義の威力の前では解体され再編成されるという見方が仮定されている（194頁）。すなわち、家族が小売商店に関わることは日本に特異で前近代的特徴として、今後合理化されるべき課題と見なしていた。

　さらに、小売商店の存続にとって家族従業が重要であるとして、商人の日常的な意識や行動というミクロの分野から、日米小売商業構造の比較というマクロの分野に及ぶ広がりについて、「家族従業制度」を焦点とした分析を行っている（257頁）。

　すると、家族従業は日本の小売業に深く根を下ろしていた。家族従業が安定した制度として成り立っている小売業では、それぞれの小売店経営は、単に家族の生計を担うだけでなく、家族にとって「かけがえのない」仕事、と

きには生き甲斐さえ生み出す仕事ともなる。このとき、商店は家族全体の幸せのための仕事となる（154頁）。

石井氏は、家族と小売商店の関わりがある時期強まっており、商店数は減っているものの、個人商店において家族に依存する体質が変化しないことから、「家族従業を再生産する社会的基盤は失われていない」（278頁）として家族従業制度の再生産体制を図式化している（図1-1）。家族従業制度には、家族形態や所得形態において少しばかりの変化があったとしても崩壊しないという再生産体制が備わっている（280-281頁）。

図1-1　家族従業制度の再生産体制

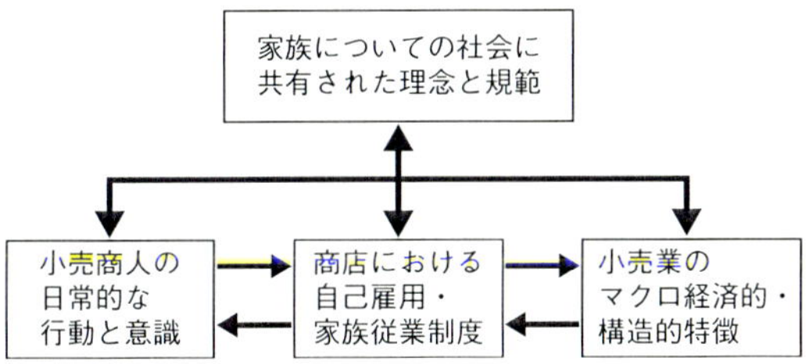

出典：石井（1996）、280頁。

日本の家族を根本的に特徴づける要因は、「家にある財産は、家族とは切り離しできない」という「家族財産」概念である。その背景には、家族という理念があり、そうした理念が、商人家族における夫婦間での無償の雇用を可能にし、家族内世代間での事業あるいは財産の継承を確実なものとする。つまり、家族という理念、そして「共有された財産」、「性別分業」、「直系意識」の概念は日本の商人家族に支配的だと考えられる。そうした家族の理念に覆われた商店主ならびに家族従業者は、家業意識ひいては一種の天職意識を持つことになる（279頁）。

しかし、日本における「消費社会化」ないしは「生活の近代化」が進んだ結果、商人家族においても家族のありようが変化しつつある[1]。石井氏は、

家族のありようが小売業の経営にどのような影響を及ぼしているのかという問題に対して、商人とのインタビューを通じて理解しようとしている。そこでの結論は、家族(あるいは世帯)と商売とはそれぞれ独立したものとなって、家族は商売よりも生活や暮らしを中心に編成されているというものである。石井氏は、それまで一体であった商売と家族・生活の論理とが分裂するという事態を「家商分離」と位置づけた。商人家族においてみられる変化は、家族と商売との結びつきを弱体化させることにつながった。商人の子供は必ずしも店を継がなくとも、店の従業員にならなくても、サラリーマンになるという道ができて、子供が商売を継ぐことに対する関心が薄れた。商売に携わらなくても良いといった風潮が出てきて、家商分離につながると考えられている。商人家族も近代家族と呼ばれる家族においては、商売の論理が家族とその生活のありようの全部を覆ってしまうということは全くなくなってしまう。それまで一体であった商売と家族・生活の論理とが分裂する(5-24頁)。このような商人家族のあり方の変容を以下のように示している。

表 1-1　商人家族の変化：伝統的家族から近代家族へ

伝統的家族	近代家族
生産のための世帯	消費のための世帯
商売と住まいとは近接	商売と住まいとは分離
世帯規模が大きい(3世代家族)	世帯規模が小さい(核家族)
家庭内で行われる商人教育	学校に委ねられる教育
妻は貴重な経営資源	夫は商売、妻は主婦
結婚は見合い	結婚は恋愛
共同体に巻き込まれる	共同体とは一線を画す

出典：石井(1996)、17頁。

　では、商人家族は本当にサラリーマン化しているのかについて石井氏の詳しい分析を見てみると、商店主世帯の減少、商店主の高齢化、商店主世帯規

模の縮小、所得水準の低下や長時間労働などが見られると言う。石井氏による結論は、小売業のマクロ構造として、商人家族も雇用世帯化の波に飲まれているということであった (35-48頁)。

しかし、次項で見るように、サラリーマン家庭においても変化が見られる今日、実際にサラリーマン家庭の事例と比較してみないと、商人家族の特徴が浮かび上がってこないのではないかと思われる。

石井氏は、商店で働く店主に対して、背後で支えたり精神的に応援したりする家族メンバーを家族従業者とみなすように、家族従業者をもう少し広く定義してよいのではないかという指摘をしている(図1-2)。この点を含めて、家族従業者の労働の内容や範囲など、さらに詳細な検討をしてみたい。

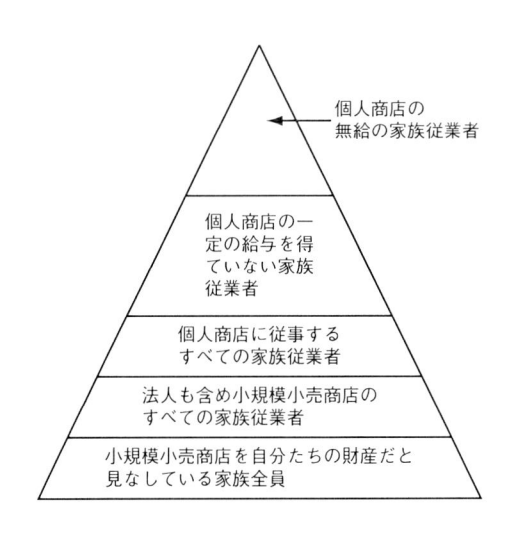

図1-2 家族従業者の範囲

（ピラミッド図：上から）
- 個人商店の無給の家族従業者
- 個人商店の一定の給与を得ていない家族従業者
- 個人商店に従事するすべての家族従業者
- 法人も含め小規模小売商店のすべての家族従業者
- 小規模小売商店を自分たちの財産だと見なしている家族全員

出典：石井（1996）、270頁。

本研究では、石井氏と同様に、家族従業者を個人商店や農家などで、自分の家族の経営する事業を手伝っている者とする (105頁)。家族従業者というのは、小売商業構造を分析する上で重要なカテゴリーでありながら、境界

が自明なカテゴリーではない。経営者であり、雇用者であり、あるいは一時的手伝いであるといった複合的な性格を持っている（109-110頁）ことに注意をしながら、分析を試みたい。

(2) 零細小売業についての研究

　零細小売業研究では、家族従業も議論されるものの、石井氏が指摘するようにそれほど検討が加えられていない。小売業のマーケティングを取り扱っている教科書ではほとんど、大規模小売店、百貨店、ショッピング・センター、スーパー、チェーン・ストアなどが中心の記述で、従業員5人以下の零細小売商を取り上げる内容は少ない。中小企業論においてさまざまな研究成果はあるものの、小売業はあまり取り上げられていない。

　田村正紀（1986）は、零細小売業をいくつかのタイプに分類している。そこで、生業志向や地元志向と同族志向・危険負担志向・革新志向・成長志向・資本家志向との間には深い溝があり、それは「非企業家精神的志向」と「企業家精神志向」との間の深い溝であると認識し、この両者の架橋は困難であると指摘する。生業志向という経営者意識を温存したまま、中小小売商業近代化をはかることはほとんど不可能で、生業志向のままでは企業家精神が形成されないとしている。

　それに対して、出家（2002）は、零細小売業は商業資本であり、利潤志向で、「主体的」、「革新的」性格を持ち、「企業家精神」をその資本の中に持っていると論じる。加えて、企業家精神を呼び起こす十分な売上高成長速度の維持である。資本の論理が内部に発生すると、経営者の主体性ないしやる気が形成される。家族従業という「専業」状態にありながら、消費者ニーズに対応し得た零細小売業においてのみ成長が見られる（547-550頁）。

　向山（2001a、2001b）は、「従業者規模1～4人の小売店」を想定して、ほとんどが互いに関連のある一連の商品グループに取扱商品を絞り込んでいる「業種店」、いわゆる「八百屋さん・魚屋さん・酒屋さん・鞄屋さんといった、家の近所にごく普通に見られる小さなお店」を典型的な中小商業として議論している（向山　2001a、203-204頁）。

　中小商業の伝統的役割として挙げた、地域社会への貢献と都市の賑わい創

出は、必ずしも中小商業によって担われる必要がなくなりつつある。中小商業の新たな役割として、①革新の源泉、②地域需要への高度な適合、③利益性の提供を挙げている（前掲書、205-210頁）。大規模商業と比較した、中小商業の経営上の特質として、向山氏は「①家族労働主体の経営、②経営と家計の未分離、③商店主の所得極大化、④長時間営業、⑤商店主の個性が経営に反映」を挙げ、中小商業の経営特質を「生業性」として要約している。中小商業は家族によって、家族の日々の暮らしのために経営されており、企業としての成長を志向するものではないと述べている（向山2001b、226-231頁）。

　しかし、生業的性格を持つ中小商業も、限定的とは言いながら一定の強み（存立基盤）を持っている。向山氏は、その要因として、①低い経営コスト、②近隣性、③顧客とのなじみ関係を挙げ、生業的性格を持つ中小商業も、限定的とは言いながら一定の強み（存立基盤）を持っている。すなわち、中小商業のすべてが一様に環境に適応できないわけではない。一方には、必要な能力を獲得し、それによってうまく環境に適応して成長を続ける中小商業も、ユニークな価値を提供することで生き抜いている中小商業も存在する。中小商業は極めて多様な存在であり、このことは、「中小商業にはあまり将来の見込みがない」という一面的な捉え方が現実の中小商業をうまく捉えていないことを示していると言う（前掲書、231-234、238-244頁）。

　そして、小売業に必要な資質として「商人性」をあげている。商人とは、「消費者の購買代理人として消費者の望む商品を検索するだけでなく、自ら何を消費者に提供したいのかをもとにして取扱商品を選択し、購買したいと思う商品を自らの手で調達し、さらに提供したいと考える理由をメッセージとして伝えることによって自ら商品を販売する積極的な存在」なのである。商人の持つこのような性質を「商人性」と呼び、商人性こそ現代商人に欠如する要素だとする（前掲書、246頁）。

　しかし、大規模商業にとって「商人性」を取り戻すにはあまりに困難ゆえ、とりわけ中小商業にとって、「商人性への回帰」が将来を明るくする。なぜなら、中小商業は経営者の意志が経営に直接反映されるからである。具体的には、次のような一連の活動を行う商人をベンチャー商人（マーチャント）と呼び、中小商業の成長には必要だと述べる（前掲書、247-248頁）。

・ターゲットとする消費者を徹底的に分析し、彼らが望むであろう商品集合を可能な限り的確にイメージする。
・商人として何を提供したいのか、消費者にどのような満足を与えたいのかを確認する。
・その上で調達すべき商品を何があっても見つけ出し、自らの力でそれを獲得する積極性が求められる。
・そうして手に入れた商品をそこに至る商人としての思いとともに消費者に提供する。

向山氏は、中小商業への一面的な捉え方を批判し、中小商業のマーケティングについて言及している。

(3) 日本型近代家族に関する議論

まず、商人家族の枠組みとして、家族社会学の議論が活用できるのかを検討したい。家族社会学においては現代家族を把握するために、家族変動論の立場から家族の変化を主に取り扱うもので、マクロ・データ分析が重要になる。商人家族を取り上げた石井（1996）も同じ立場により、マクロ・データを用いて現代日本における小売業家族従業の構造的特徴を探ろうとしたものである。このように、家族従業や商人家族に関しては、方法論的には、家族社会学や女性労働論においても、小売商業研究においても、マクロ・データを使った理論・実証研究が主流である。

そもそも家族社会学の分野では、商人家族は、中野（1979、1981）『商家同族団の研究』（有斐閣）と一連の研究（松本　1977、山本　1977、松本・山本　1978）が1970年代に取り上げられている。しかし、残念ながらそれ以来、研究が進んでいないようである。

日本における家族社会学の関心は、家族史から出された近代家族論にあり、その研究成果は、世界に発信できるレベルにまで達したほど、多く出されている（落合　2000）。日本に近代家族を紹介したと言われる落合恵美子氏の近代家族論に従ってレビューしてみよう。

家族社会学では、家族史研究による「近代家族」の発見に注目されてきた。いわゆる「近代家族パラダイム」（落合　1989、1997）という枠組みである。

家族社会学において家族についての分析は、欧米で主流になった近代家族論の枠組みを用いている。とくに、歴史的な射程をとって、〈近代家族〉としての現代の家族を取り上げている。つまり、「これが当たり前の家族だ」と思っている家族は、近代家族という歴史的存在に固有の特徴にすぎなかったということが示された（落合　1997）。

そして、研究が進むにつれ次第に、日本型近代家族を描くことに関心が向かい始めた。近代家族論の各論者は、欧米で見られる近代家族との違いに着目し、マクロ・データを使い、日本型近代家族の特徴を描き出すようになった。日本的な特徴は何か、欧米とどういった違いがあるのかという「日本型近代家族」あるいは「近代家族の日本的特徴」が論じられている。

落合氏は「家族の戦後体制」という枠組みを使って、日本では近代家族の大衆化が起こったと分析する。「一九世紀近代家族」と「二〇世紀近代家族」とは異なる存在であり、大正期の日本は一九世紀近代家族の時代であった。二〇世紀近代家族においては、社会のどの位置にいる人にとっても、同型的な家族が成立しているはずだということを前提にしている。「家族の戦後体制」とは、この「二〇世紀近代家族」が日本で成立したということである（107－112頁）。

「家族の戦後体制」の特徴の１つに「女性の主婦化」が挙げられている。戦前にはこのような「奥さん」以外の女性像も存在し、農家や商家で働く女性がいた。戦後になって、主婦という生き方が圧倒的多数派になった（47-48頁）。こうして、高度経済成長期においては「サラリーマンと専業主婦」という組み合わせが社会に的確に機能したようである[2]。

このように、現代の家族において注目すべき現象は、「近代家族の大衆化」である。女性は職業に従事していようといまいと、自分の手で子供を育て、家事をし、男性は職場に出掛けて給料を得るという性別役割分業を典型する家族が一般化していったのである。日本型近代家族論においては、いわゆるサラリーマン家庭を取り上げ、日常の家事労働に関しては女性が担うことが多く、ジェンダー間分業が根強く残っていると論じられている。つまり、ジェンダー間分業が根強く見られるのが、日本型近代家族の姿として描かれる。

いずれにせよ、近代家族論が射程に入れるのは、雇用者世帯、いわゆるサラリーマン家庭であって、商人家族ではない。日本型近代家族論が、商人家

族にも当てはまっているのかについてもこれまで指摘がされていない。近代家族は、時代によって、多様な家族形態のうちのひとつであったか、多数派であったかという位置づけは異なるものの、サラリーマンか自営業かという研究対象の違いがあるように思われる。女性労働の分野においても、後に述べるように家族従業者あるいは自営業者としての女性労働を扱った研究は少ない。

　近代家族が揺らいでいることが多くの論者によって指摘されている（山田1998、1999b、2001：清水他　2004）。もはや、サラリーマンと専業主婦、子供が2人の家族は多数派ではなくなり、そうした標準世帯から外れた家族形態に目を向けるように、政策の転換も言われている。しかも、家族社会学者は、マクロ的な視線で家族を見るために、多数派ではない家族にはあまり目を向けない傾向があるのではないだろうか。マクロ・データ分析では全体的な傾向が分かるものの、個別の事例を詳細に記述することはできない。

　春日（1989）では、父子の家庭の集まりで本音を語っていた男性たちの話に1984年7月から1988年3月にわたって、月に1回の父子家庭の集まりで耳を傾け、母子家庭と同じように経済的に困窮し、子供を犠牲にして、長時間労働をする父子家庭の実態が語られた。専業主婦のサポートがあって男性の長時間労働や家族賃金が成り立っているため、そうした条件を失った離別父子家庭にとっては、母子家庭同様差別的な扱いを受ける。高度経済成長期が終わって、低成長期であったとは言え、現実の社会には、サラリーマンと専業主婦以外の組み合わせの家族形態がある。そうした少数派の家族に目を向けることによって、標準と考えられてきた家族形態が差別的な構造を持ちうることもはっきりする。

1-2　家族従業へのジェンダー視角の導入

　次に、家族従業問題についての再検討をどのような理論的枠組みと方法論によって明らかにするのか、述べておきたい。本研究では、家族従業の個別

事例を取り上げ、家族従業とは一体どのようなものであるのかについて石井氏の課題に答える形で記述していきたいと考える。本研究では、小売商店にとって重要であると指摘された「家族従業」を石井（1996）とは異なる視点から扱う。それは、女性労働研究から出されたジェンダーという視点である。

　ジェンダーという視点を取り入れるために、通常、家族社会学や小売業の既存研究で用いられている方法とは違う方法論をとっている。それは、フィールドワークによって、家族従業に「ジェンダー」の視点を入れて、エスノグラフィーを描くことである。日本では、文化人類学者が諸外国の社会を対象に、民俗学者が主に日本の農村社会を対象に研究するときの方法である。その方法については第2章で詳述するが、なぜ、異なる視点と方法で小売業家族従業を研究しようとするのか、本研究が既存研究から用いた枠組みを紹介したい。

　まず、労働研究とくに女性労働論の研究蓄積をフォローしておきたい。女性労働を取り上げる際の重要な視覚とは、「ジェンダー」という視点から家族や労働問題を見ていこうとするアプローチである（傍点は筆者）。近年ジェンダー概念を用いてこれまで見えなかった家事労働を始めとする女性労働の分析がなされるようになってきた[3]。ジェンダーとは、社会的・文化的性差を指す概念であるが、労働の問題を分析するにあたってなくてはならない概念とされている。

　これまでの社会科学、とりわけ経済学の体系が女性を無視してきた（大沢1992）。家族従業は、労働研究の対象に含まれるはずであるが、労働者と言えば男性労働者を指す研究が主流とされ、近年ようやく女性労働が取り上げられるようになっているのが現状である。「ジェンダー中立性」が保たれ、男性労働しか扱ってこなかったこれまでの労働研究に対する批判がフェミニズムの立場から言われている。石井氏も同じように、小売業における家族従業に着目しながらも、ジェンダーを扱う視点は持っていなかった。

(1) 労働過程の分析とケーススタディーの必要性

　労働研究は、ジェンダーを取り入れた研究であっても、理論やマクロ・データによる分析が多い[4]。木本氏（2000、2003）の問題意識によると、日本

の女性労働研究は、女性の家事・育児役割に規定された「特殊性」を重視し、その延長線上で雇用労働を解釈することができるとする立場を前提としてきた。

その必然的帰結として、もっぱら女性労働に議論を集中させる傾向が強く、男性労働との関連を問いながら、労働過程におけるジェンダー関係を解明する実証研究に関心を向けることがほとんどなかった。日本では、欧米における重要な研究動向が見落とされ、雇用労働の分析へと向かう理論的・方法的契機を欠いた女性労働論のレベルにとどまってきた。

これまでの労働研究は、男性労働を中心的な研究対象として設定してきた。日本では、労働関係の特質を解明する上で、男性労働者、しかも民間大企業の男性労働者を対象としてきた。日本の企業社会を支えてきたのが、民間巨大企業の男性正規労働者であったが、その中核層の対極には膨大な周辺層が形成されており、その中に、中小企業労働者、外国人労働者と共に、女性労働者が含まれている。大企業を支える中小企業には、ジェンダー間分業を位置づけることが可能であったにもかかわらず、従来の労働研究の一部は、ジェンダー視角を持っていない。

日本の女性労働研究は、ジェンダー視角をとりこんだ議論を展開して、労働市場の中で女性労働者が果たす役割を低賃金労働者あるいは不熟練労働者として分析してきた。絶えず、企業社会における男女の相互補完関係に論及しようとする視野を持っていた（木本　2003、3-6頁）。

従来の女性労働研究は、統計的データの解析と、男性労働とは異なる女性の家事・出産・育児役割を前提にマクロ・データを読み解くことに力が注がれた。日本の労働関係の実態を把握するためには、個々の企業レベルの人事管理制度や賃金制度、教育訓練、職務配置といった企業の実践と男女労働者のあり方の両面を把握しなければ、その特質を解明することはできない。こうしたマクロ・データ分析を進めつつ、労働過程に関するジェンダー視角からのケーススタディーを豊富化していく必要がある。こうしたケーススタディーの積み上げによってこそ、マクロ・データからだけでは把握できないリアリティあるジェンダー別の労働編成メカニズムを抽出することが可能となる（前掲書、29-30頁）。

労働過程の分析を通じてはじめて、ジェンダー間分業やジェンダー分離が

明らかになるはずである。木本（2000）は、マクロ・データによる平均像ではなく、個別具体的な労働や職場の現実に降り立ってのケーススタディーによってこそ、労働がジェンダー別に編成されるメカニズムを解明しうると言う（傍点は筆者）。

そうした女性労働に関するケーススタディーがようやく発表されるようになった。しかし、印刷業（宮下　2000）、建設業（深澤　2000b）、在宅介護労働（笹谷　2000）、都市銀行（駒川　2000）といった雇用労働が中心である。これらの研究は、雇用労働の中でも、製造業、労働のサービス化、OA化、あるいは新しい労働形態などに着目している。木本（2003）がレビューしているように、小売業労働に関するジェンダー間職務分離の先行研究は日本ではほとんど存在しない（54頁）。小売業の女性労働研究はあるものの、ジェンダーを入れたケーススタディーは、木本（2003）くらいである。

(2) 女性労働研究としての家族従業のケーススタディーの必要性

1995年の国勢調査では、2,560万人の女性就業者のうち、約346万人が家族従業者（13.5％）、自営業者主が約180万人（7.0％）である。このように、約20％が自営業者・家族従業者であり、かなり女性の労働形態として自営業者・家族従業者は根強く残っている（一方、女性雇用者は、補助的な労働で低賃金の市場労働に従事している）。他の先進諸国と比べても、雇用労働以外に女性の就労があることは、日本の女性労働に特徴的だと言う（深澤 2000a、4頁）。

大沢（1993）や木本（2000）によって家族従業者としての女性労働研究の必要性が述べられている。木本氏（2000）によると、

> 労働過程内在的にジェンダー間の分断線の引かれ方を分析しなければならないが、労働過程を取り囲む環境条件はできるだけ視野を広げてみておかなければならない。特に雇用労働の労働関係を外部から規定する重要な要素として、自営業、家内労働のあり方を踏まえる必要がある。日本の就業構造において自営業が占めてきた位置、および女性が家族従業者として働いてきた事実に目を向けるならば、自営業の経営と労働の

ジェンダー分析もまた不可欠な第二の課題である。自営業の労働慣行とそこでのジェンダー関係と、雇用労働の地域的展開とは、相互規定的な関係を構成してきたと考えられるからである（44頁）。

「自営業の労働慣行とそこでのジェンダー関係と、雇用労働の地域的展開とは、相互規定的な関係を構成してきた」という記述から、木本氏が想定しているのは、農業に従事する家族従業者であると思われた。今日、農業の兼業化が進み、農業に従事しながら中小企業に勤める女性が増えており、そうした雇用労働を規定する家内労働とはいかなる形態なのかを探る必要性を述べたものだと思われる。

家族従業者としての農民女性を取り上げた千葉（2000）によると、農村社会学や農業経済学の分野で重要な成員である女性に言及するものはごくわずかで、家族協業体の成員間のジェンダー関係を問うことが少なかった。そこで、農民男女間の「根深い不平等」を生み出す基底にあるとみなされる農民家族の労働編成のあり方を検討し、以下のような結論を出している。機械化に伴う農民家族労働の再編過程で、女性が補助労働力として位置づけられ、機械作業や熟練労働から排除されることになった。このジェンダー間分業こそが、家族従業者としての農民女性労働の無償性や、所有や経営から女性を排除するといった農家内部の男女間の不平等を基礎づけている（89-90、113頁）。ただし、ケーススタディーとは言え、理論的な考察のみである。

もちろん、家族従業者であるから、農業と小売業に共通した労働形態を持つことも考えられるが、異なる側面があるのかどうか、自営業に従事する女性、家族従業者についての記述はあまりにも少なく、それぞれの業種ごとの家族従業研究は全く進んでいないのである[5]。小売業家族従業のケーススタディーの必要性すら、強調されていないと言えるかもしれない。

前述した木本（2003）は、百貨店や大型総合スーパーという雇用労働を対象として、1997年から2000年までインタビューやアンケート調査を行った研究である。調査票の配布さえ、店長への一任となり、従業員各層の偏りが出ないように希望をしたそうだが、勤続年数が高いパートタイマーの回答にとどまっている。

（3）アメリカにおける家族経営研究

アメリカにおいて、家族経営（Family Business）の研究成果を発表するために *Family Business Review* が1988年に発刊された。家族経営は小さな小売店から大企業まで含まれ、どのように定義するかについてコンセンサスがないようだ。広く定義をすると、主要な業務決定や後継者の計画が、管理職あるいは役員会に所属する家族によって影響されるような組織とされる（Handler 1989）。1988年から1997年まで *Family Business Review* で発表された186編の論文のテーマを見ると、家族のダイナミクス（family dynamics）、継承（succession）、経営のダイナミクス（business dynamics）が多く取り上げられている。執筆者は経営学者が多く、実務家やコンサルタントも含まれる（Dyer and Sánchez 1998）。Smyrnios ,Tanewski and Romano（1998）によると、家族経営はアメリカ経済において重要であるにもかかわらず、家族経営を取り上げた経験的研究は少ない。限られた特定分野、継承、文化、文化間比較、戦略的計画、コンフリクト、組織構造、そしてジェンダー問題に焦点が当てられている。家族経営に関して統一したパラダイムがないために、家族経営行動の多くがまだ説明されないままである。そして、家族経営研究の成果を一般化することも難しくしている。

では、ジェンダー問題を扱った研究を紹介したい。Galiano and Vinturella（1995）は、家族経営に関わる10人の女性にデプス・インタビューを試みた結果を示している。24歳から50歳、事務局長から社長までの女性を取り上げ、記述は少ないが、家族経営に関わることを積極的に考えていることが分かった。Dumas（1998）は、女性が家族経営に及ぼす影響を検討するために、702人のカナダの女性に調査を行って、女性が家族経営に参画しリーダーになる道筋を記述している。

Cole（1997）の定性的な研究では、ジェンダー問題が業務にどのように影響しているのかを23人(12人の女性と11人の男性)の被験者にインタビューを行った。製造業、サービス業、小売業など9つの業種で働く家族メンバーのうち2～4人にインタビューしている。従業員は、卸売業の2人から製造業の5,000人まで多様である。その結果について、ジェンダー問題に関連した4つのカテゴリー、見えない存在（invisibility）、性差、ガラスの天井、

母親らしさに分類した。

　Smyrnios, Tanewski and Romano（1998）は、①家族経営の独自性、②経営目的とマネジメント・システム、③ジェンダー問題という3つの分野において、家族経営問題の測定モデルを開発した。861人の家族経営の事業主への質問票調査を行って、家族経営尺度の相互関係、信頼性や妥当性を検討している。

　家族経営の継承におけるジェンダー問題を扱った研究もある（Handler 1994）[6]。トピックとしてそれ程多く取り上げられないが、家族経営研究においてジェンダー問題は研究の必要性を迫られている。

1-3　本研究の研究課題

　では、本研究で、何を明らかにしていきたいのか、研究課題を確認しておきたい。

（1）商人家族においても、ジェンダー間分業が見られるのか

　拙稿（2001）では、妻の労働の内容を検討すると、時間で測れない労働をしており、商人家族において夫婦協働型のジェンダー関係が確認できたという成果を出した。

　家族社会学で、これまで論じられてきた現代の家族像、すなわち「日本型近代家族」を示してきた。そこでの研究対象となる家族は、とりわけ、雇用者世帯いわゆるサラリーマン家庭だったようである。しかし、そこで論じられている家族像は、果たして現実にあるすべての家族に当てはまっているのだろうか。本研究では、「こうした日本型近代家族の議論が、日本における商人家族にも当てはまるのか」という研究課題に取り組むことにしたい。

　女性労働論の議論からは、商人家族とくに家族従業者の視点からの研究が少なく、女性＝家族従業者、補助的な労働者として、位置づけられてきた可

能性が示唆された。また、それが問題にならない社会構造であった。そのため、家族従業の労働形態や家族従業者の労働の位置づけなど、これまで詳細になっていないことから、「小売業家族従業に関する事例研究」という研究課題が挙げられる。落合氏の議論から、日本型近代家族においてジェンダー間分業が見られるという仮説が出されたため、具体的には、「商人家族においても、ジェンダー間分業が見られるのか」という研究課題を問いたい。このように、日本において、ジェンダー間分業は、根強くあると論じられているが、果たして、商人家族において、実際にはどのような現象が見られるのか。

(2) 零細小売商は、どのようなマーケティング活動を行っているのか

向山氏が述べるように、中小商業においても一定の強みを持ち、うまく環境に適応して成長を続ける中小商業も存在する。「中小商業にはあまり将来の見込みがない」という一面的な捉え方ではなく、本研究では、家族や地域社会との関係も捉えた上で中小商業の存在意義を論じていきたい。

拙稿（2002a、2002c、2002d、2003）で手芸店とメガネ店のマーケティング活動と顧客関係を見てきた。それによって、家族だけではなく、家族以外の主体も重要であることが分かってきた。家族以外に重要な主体とは、顧客である。最終的に、家族というミクロな部分だけを見て、零細小売商における家族従業を論じるのは、不十分であるという結論に辿り着いた。そして、小売店についてのフィールドワークを続けていくと、新たな研究課題が浮かび上がってきた。それは、店への家族の関わりが重要であるが、小売店は、家族だけで成り立っているわけではないのではないか、という問題意識である。

商人家族には、家族と家族以外の人との境界線がないようにも見受けられた。商人家族が部外者である筆者をどこまで受け入れてくれるかを測って、家族以外の人間を受け入れる度量として考えてみた。来店する子どもを自分の孫と同じように接している店主、亡くなった夫の写真を渡してくれた店主の妻など、これまで参与観察をしたサラリーマン家庭では見られない許容量の広さがあった。

(3) 零細小売商は、どのような顧客関係を構築しているのか

　家族従業の実態調査と言えども、店主の家族の行動だけを記述するだけではその行動が何を意味しているのか、分からなかった。店舗は、家族従業の場としてだけではなく、店主家族を取り巻く人間交流の場であった。できるだけ多くの主体との関係を取り出し、家族従業について論じることにした。とくに重要なのが、店主を取り巻く親しい人たちである。家族従業という労働の場は、とりわけ顧客との接点の場でもあった。そこで参与観察を続けると、家族従業以外のデータも収集できるようになった。第6章で詳述することがきっかけとなり、来店客の行動にも着目し始めた。そして、それが、小売店にとって重要な人間関係に関するデータとして蓄積されるようになった。

　零細小売商は中小小売商の中でも、家族経営を中心とする中小小売商を指す（久保村・荒川　1987）。しかし、何らかの専門性を持つ業種でなければ、家族経営は成り立たない。そこで、本研究で取り上げる零細小売商は、地域密着型小売店とくに専門店として位置づけたい。地域社会の中で、地域密着型専門店がどのような位置づけにあるかを見ていかなければならない。

　そして、地域密着型専門店という位置づけの中でも、本研究の記述の事例は、「顧客志向の店舗」として捉えたい。どんな店舗においても、地域密着型専門店であれば、地域や顧客に支えられていると言える。店主へのインタビューや店舗での参与観察により、顧客を大事にしている事例であると解釈できた。そのため、本研究の成果は、地域密着型専門店のマーケティングに関する事例として記述していきたい。こうして、顧客志向の店舗の事例を取り上げることができたため、そうした店舗において実践している行動や考え方を記述していくことで、小売業のマーケティングに対しても何らかの示唆が得られると考える。

　さらに、顧客が店主の家族をどのように見ているかについて、データ分析をしていくと、地域社会における零細小売商の家族従業は、顧客との関係から見ていく必要があることも分かってきた。家族従業においてジェンダーの視点を取り入れるだけではなく、小売マーケティングや顧客関係という視点も取り入れることで、家族従業のあり方が見えてきたのだ。

1-4　本書の構成

　本研究では、石井氏とは異なる視点から、小売商店にとって重要であると指摘された「家族従業」を扱う。それは、家族従業に「ジェンダー」の視点を入れ、参与観察を中心としたフィールドワークによってエスノグラフィーを描くことである。できるだけ裏付けを取って厚い記述を目指した。家族従業の個別事例を取り上げ、家族従業とは一体どのようなものであるのかについて石井氏の課題に答える形で記述していきたいと考えた。
　そのような問題意識から、1997年8月から1998年12月までの期間に、3つの商人家族についてフィールドワークを始めた。小売店を営む夫婦にインタビューして、具体的に、夫婦や従業員がどんなことをしているのか、詳細なデータ収集を行い、拙稿（2001）にまとめている。そこでの結論は、家族従業においてジェンダー間分業があるというより、家族従業者は女性が圧倒的であるために、学問（概念）的に「補助的な労働者」として位置づけられていたのではないかというものだった。妻の労働の内容を検討すると、時間で測れない労働をしており、商人家族において夫婦協働型のジェンダー関係が確認できたという成果を出した。
　では、兵庫県伊丹市において、どのような仕組みから小売店が成り立っているのかを示していきたい。事例として取り上げるのは、手工芸品店、メガネ店、手芸店、元豆腐店である。結果的には、すべての店舗において、研究課題に対して同程度にデータ収集ができたわけではない。また、第3章以降の記述に登場しない小売店においてもフィールドワークを行った。何らかの形で比較と分析を行っている。2年以上フィールドワークを行った店の中で記述に登場しない店は、伊丹市・大阪市にそれぞれ所在する食料品店である。手工芸品店を除いてどの店舗においても、夫婦が共に店に出ていたことがある。今回のフィールドワークにおいて地域社会ごとの違いが見られ、事例研究において1つの地域社会に限定して記述することが望ましいと考えたため、大阪市の事例は比較する対象として位置づけた。伊丹市の食料品店は、掲載の許可が得られなかったため、同じく比較対象として記述の参考にする

のみとした。分析には、そうした記載をしなかった小売店との比較を基に記述していることをお断りしておきたい。

零細小売商の実態調査を1997年8月から2005年8月まで8年行った成果として明らかにしたのは、ある地域密着型小売店をめぐるネットワーク（図1-3）である。ここに登場する商人家族において、両親や親族が関わる店もあったが、店主とその妻、子供、従業員の関係を中心に見ていったので、その主体のみを図に入れた。

零細小売商における家族従業問題を検討したところ、家族従業を検討していくにあたって小売店の地域での位置づけも含めて見ていく必要性があることを述べた。8年間のフィールドワークにより、結論として、零細小売商は、家族だけでなく、顧客や地域社会が大きく関わっており、それらのネットワークを記述しなければならなかった。そうしないことには、小売業家族従業のあり方を検討することはできない。

本研究で対象にした小売店において家族従業のあり方を検討したところ、商人家族における夫婦関係や親子関係を見ていくだけではなく、小売店がどのような構造の中で成り立つのかを押さえておく必要があった。本研究では、零細小売商において重要な小売業家族従業を考察するために、「地域社会」、「顧客層」、「ファン層」という主体についても同時に考察している。エスノグラフィーは、地域社会、顧客、家族という主体ごとに記述される。それぞれの主体については、第3章から第7章にかけて具体的に論じることにした。本研究で焦点となるのは、小売店の店主、パートナー、家族以外の従業員である。結論として、それぞれが独立した主体であることが導き出された。加えて、それらの主体間の関係は、ダイアドではなく、相互に共有関係を保っていると思われた。

第2章では、本研究の方法論について述べている。本研究でフィールドワークをしていると、二次データや1回限りのインタビューなどの表面的な調査だけでは、その実態が全く見えてこないことが分かってきた。零細小売商のマーケティングや経営において重要な家族従業について調査するには、店舗だけでなく、店舗以外での行動、例えば家庭での行動なども重要な鍵を握っている。加えて、小売店には店主夫婦の家族以外に、さまざまな人たちが関わっているからこそ成り立っている面がある。その点に関するデータを収集

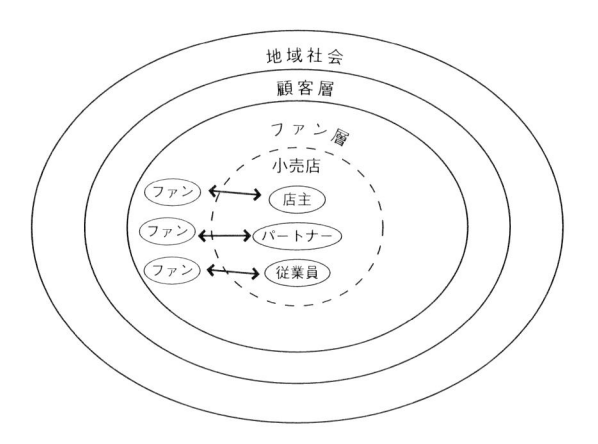

図 1-3　地域密着型小売店をめぐるネットワーク

するためにも、参与観察を中心とした長期にわたるフィールドワークが必要とされる。マーケティングに関しては、店主夫婦がどのような活動をしているか、顧客関係に関しては、どんな来店客がいて、店主夫婦がどのように接しているか、店主夫婦や従業員、来店客に対して、主に小売店での参与観察とインタビューに基づき、データ収集している。

　第3章以降は、フィールドワークの成果の記述とその考察である。エスノグラフィーの前半、第Ⅱ部において、本研究で取り上げた小売店のマーケティングと顧客関係に関する記述をしていきたい。

　第3章から第7章では、店主の活動を中心としながら、店主を取り巻く人びととの関係について記述している。第3章から第5章までは、3つの小売店、手工芸品店、手芸店、メガネ店のマーケティングと顧客関係についてそれぞれフィールドワークの結果をまとめている。「零細小売商では、マーケティングを行っていると言えるのか」、「どんなマーケティングを行っているのか」という疑問に対して答えを導き出したい。確かに、本研究に登場する商業者は、マーケティングという概念に相当する活動をしていた。しかし、それらについてデータ収集をしていくと、「果たして、マーケティングという概念は、

零細小売商で行われていることを適切に表現しているのだろうか」という疑問を抱くようになった。これらの商業者は、マーケティングという概念で説明される活動以外にも、顧客や地域社会のために多くの活動をしていたのである。そうした活動を通じて、顧客や地域社会との関連を説明する。

　それらの活動には、店主のライフスタイルや個性がそのまま反映されていた。そして零細小売商の特徴として、店主のあらゆる活動が顧客関係の構築に結びついていると考えられた。そのため、店主の活動を全体的に捉えようとするならば、マーケティングに該当する活動に限定せずに、店主のライフスタイルや個性まで捉える方が望ましいと言える。

　ここでは、零細小売商が顧客に提供するものを広く「価値」として捉え、世界観のような抽象的な事柄を指すことにする。店が地域社会に提供（奉仕と言い換えても良い）する価値（ここでは、マーケティングと呼ばれる活動以外も含む）、その支持者が顧客である。

　第6章で詳述するように、伊丹市の小売店では、顧客が手芸品など、手作りの品物を持参して来店するというこれまで指摘されなかった光景が見られた。店舗にとっても、顧客にとっても日常的な意味づけがされている現象を中心に取り上げ、伊丹市における零細小売商の存在意義を探った。第6章は、手芸店とメガネ店の顧客についてのエスノグラフィーである。第3章から第5章では、それぞれの顧客のことを店主にインタビューしたが、今度は、顧客を通じて、店主の姿を浮かび上がらせてみたい。店主のライフスタイルについて調べるためには、店以外での店主の行動への参与観察が必要である。しかし、店での活動が主体であることもあって店以外での参与観察をすることが難しく、顧客のライフスタイルを通じて、その顧客が慕っている店主の人柄を浮かび上がらせるのが、本章のねらいである。具体的には、それぞれの店の顧客を1人ずつ取り上げ、どういう背景があって、その店に訪れ、店主と親しくなったのかを記述してみたい。そうした意図が成功しているかどうかは、読者の判断に委ねたいが、小売業研究では個別に顧客の記述をすることはあまり見られなかったのではないだろうか。

　家族従業に関して論じるためには、地域において小売店がどのような形で存在しているかを議論しなくてはならない。小売店にはさまざまな人びとが訪れ、小売店を支える一員であった。第7章では、「小売店を支える地域社会」

として、小売店を支え合う商業者、地域に対して社会貢献する商業者の姿を描いた。

　第8章では、第Ⅱ部のまとめとして、それぞれの店舗における顧客関係を見ていく中で、導き出された共通点を考察している。マーケティングと顧客関係の構築についての比較分析は、一般化につながるような現象を導き出すことを目指した。つまり、それぞれの店舗において特徴的な顧客関係が見出されたが、そうした「特徴的な顧客関係」こそ、地域密着型専門店の特徴として、検討したいと考えた。

　エスノグラフィーの後半、第Ⅲ部では、いよいよ家族従業の議論を展開する。第9章から第11章では、家族従業問題と後継者問題がそれぞれ論じられる。本研究で得た事例を検討するに当たって、小売店を絶対的に支持している顧客である「ファン」を登場させながら家族従業を論じている。本研究で取り上げた店舗においては、顧客自身が大きく関わっていることが前提である。この視点をなくして、小売店の家族従業を論じることはできない。逆に言うと、家族従業問題を論じるのに、あらかじめ、顧客関係を見ておくことが必要だった。

　家族従業者が女性として解釈され、それゆえに補助的な労働をしているにすぎないとされてきた。第9章において、手芸店と手工芸品店の家族従業者を取り上げ、零細小売商における「家族従業」という概念規定が実態に即していないことが分かってきた。

　第10章では、豆腐店のフィールドワークの結果を事例として取り上げ、夫婦が互いのできない部分をカバーし合う姿が見受けられるが、得られた結論は、参与観察をしたサラリーマン家庭に比べて、性別役割分業が固定しているというより、商人家族は、夫婦協力し合っているというものであった。しかし、小売商を支えているのは、やはり家族だけではないようだ。

　第11章では、後継者問題を取り上げ、家族従業と加えて全体的な考察をしている。これまで出てきた、マーケティング、顧客関係、地域コミュニティ、すべてを集約してまとめてみた。家族が店に関心を持ち、直接的にも間接的にも、家族が関わっているからこそ、店が成り立っていると解釈した。第1章で見たように、日本においてジェンダー間分業は、根強くあると論じられている。果たして、日本型近代家族論で論じられている現象は、商人家族に

も当てはまっているのだろうか。この答えを本研究で得た事例から導いていきたい。

本書を通じて、ジェンダーと顧客関係という視点を入れて、家族従業を論じる必要性を指摘できればと考える。

〈注〉

(1) さらに、石井氏は、商人家族と商店との関わりは、少なくとも戦後40年という長い期間にわたって変化していないという分析をしている。戦後のある時期に安定した商人家族と商店との関係があった。すなわち、小売業における家族従業制度の再生産構造があった。しかし、1970年代以降、小売商人における「商店と家族」との関係は変容し始め、1985年という時期に家族従業制度を軸として組み立てられてきた小売業の伝統的な仕組みが大きく変わった。

(2) このような指摘は、山田（1994、1998、1999b）、大沢（1993）、木本（1995）、伊田（1995、1998a、1998b）によってもなされている。

(3) 伊田（1998a）、竹中・久場（1994）、原・大沢（1993）、上野（1985、1990）を参照のこと。

(4) 例えば、大沢（1993）は、日本の企業中心社会の構造を的確に捉えるために、女性と男性の両性が取り結ぶ公私のさまざまな関係、つまり「ジェンダー関係」を把握しようとした。戦後日本の社会政策においては、男性中心の性別・年齢別役割分担、ジェンダー関係が大前提とされてきた。つまり、特定の家族のあり方や機能、「夫は仕事、妻は家事」という性別役割分業に基づいていた。

(5) 家族従業者のうち農林漁業就業者の占める比率は1995年で33.9％である（深澤 2000a、5頁）にもかかわらず、農業に従事している女性についての研究（原 1993、Rappaport 1995）もようやく進められてきたにすぎない。伊田（1995）においても家族従業者は「インフォーマル労働」として挙げられているのみで、家族従業者の分析はなされていない。

(6) この他、ジェンダー問題を扱った研究として、Gillis-Donovan and Moynihan-Bradt (1990)、Hollander and Bukowitz (1990)、Salganicoff (1990) などがある。

第2章

小売店のフィールドワーク

2-1 なぜフィールドワークなのか

　家族経営研究は一般的に、データ収集に質問票またはインタビューを用いた事例研究を行う志向がある。Handler（1989）が、家族経営研究に適用できる方法論の課題を述べている。研究方法を拡大して、インタビュー、参与観察、サーベイ、実験を含むさまざまな方法を取り入れた家族経営研究の必要性を述べている。そのような方法を結合させることで、厚い記述や結論の厳密性・一貫性を達成することができる。なぜなら、家族経営における複雑な相互作用、①家族や事業に関わる個人、②フォーマルおよびインフォーマルな集団、③家族と事業の相互作用によって生じる、個人および集団間の関係について考えることが重要だからである。しかし、実際にそうした研究は少ないようだ。

　小売店のフィールドワークの先行研究として、McCollom（1992）の研究がある。家族経営システムにおいて家族と従業員がどのような関係を築いているかを明らかにするために、組織文化のフィールドワークの過程で集めた、Esteysの従業員やKatzの家族メンバーが語った565の逸話を臨床的な方法で分析している。3つの店で、所有者、経営者、出納係、事務員、倉庫係にインタビューを行っている。日本でも近年になってようやく、石原・石井（1992）、小川（1996）、三好（2000）のように、参与観察調査による事例研究

が商業研究において見受けられるようになった。そこで、これまでの商業・マーケティング研究の分野でのフィールドワークによる事例研究の可能性を示したのが本研究の特徴である。

　石井氏が商店主へのインタビューに基づいて「商人の誇り」や「家業意識」という概念で商人家族と家族経営の実態を示した。本研究では、ジェンダーの視点から小売業家族従業、とくに家族従業におけるジェンダー間分業について事例研究をしていきたい。

　家族従業が見られる場で起こっているあらゆる出来事、顧客との相互作用は日常的に見られ、顧客も家族従業を見ていく際の重要な主体として位置づけてみたい。なぜなら、その視点こそが商人家族や家族従業のあり方を規定すると考えられるからである。ただし、本研究では小売業家族従業に焦点があるため、商人家族の家事労働については扱っていない。そうした研究課題を明らかにするには、家族従業の現場への参与観察が適している。

2-2　フィールドワークの手順

　では改めて、本研究の方法であるフィールドワークについて述べておきたい。小売商業研究においてフィールドワークは、どんな利点があって、どのような研究目的に適しているのか。

　社会学者の佐藤（2002c）は、フィールドワークという調査法が、現代社会におけるさまざまな現象の理解、とりわけ企業組織や広い意味での経営現象を理解していく上で持ちうる豊かな可能性について解説している。フィールドワークとは、「調べようとしている出来事が起きているその現場（フィールド）に実際に出かけていって、そこの当事者である人々と何らかの関わりをもっておこなう調査の作業（ワーク）」（117頁）を指す[1]。現実の社会生活に密着して行うフィールドワークで中心となるのは、「参与観察」と丹念な聞きとりという2つの作業になる。参与観察とは「対象者と生活をともにし、五感を通したみずからの体験を分析や記述の基礎におく調査法」（18

頁）を言う。これを狭い意味でのフィールドワークと呼ぶ。広い意味でのフィールドワークでは、サーベイ的な聞きとり、質問票によるサーベイ、心理テストの実施、文書資料の検討、統計資料の分析、文物の収集など、さまざまな作業が含まれる。フィールドワーカーが種々雑多な調査テクニックを併用するのは、1つの技法だけでは捉えきれない事柄について別の技法を使ったり、裏を取ったり対象者の範囲を広げて確認したりするためである（121-123頁）。

　そして、フィールドワークは事例研究として、少数の対象を通してもっと一般的な問題についての理解を深めようとする。すなわち、少ない数の対象について多くの事柄を把握し、「狭く深く」調べる方法なのである。また、全体的な構造を描き出すことに力点が置かれていて、それが強みとなる。つまり、1つの事象を詳細に描くことで、複数の事象を分析するだけでは見えてこないことが発見できるのだ（図2-1、表2-1）。

図2-1　フィールドワークとサーベイの違い

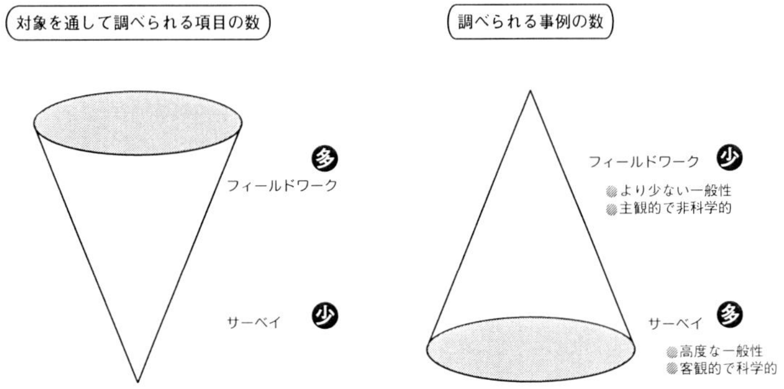

出典：佐藤（2002c）、142-143頁。

表 2-1　フィールドワークの長所と短所

	フィールドワーク（特に参与観察）	サーベイ	実験	非干渉的技法
現実の複雑性に対する配慮	◎	×	×	△
現実の社会生活に対する調査者の近さ	◎	×	×	×
調べられる事例の数	×	◎	×	○
明確な因果関係の把握	△	×	◎	×
調べられる時間の幅	△	△	×	◎
調査活動にともなう干渉のバイアスの排除	×	△	×	◎
調査デザインの柔軟性	◎	×	×	×

◎…特に優れている　○…優れている　△…問題がある　×…かなり問題がある

出典：佐藤（2002c）、157頁。

　フィールドワークの強みは、対象となる人びとの生活に密着して調査を行うことによって、出来事が起こるまさにその現場でそれを丸ごと観察し理解できる点である（156頁）。フィールドワーカーは先人の理論を鵜呑みにするのではなく、現場の状況に合わせて理論を解釈し直したり、現場での体験に基づいて理論を作ったりするのが特徴である。

　重要なのは、フィールドワーカーは、現地社会の一員になりきることではなく、どんな些細なことに対しても新たな驚きと発見を忘れない「異人（ストレンジャー）」にしておくことである。フィールドワーカーは、当事者と部外者の2つの視点を併せ持つ「第三の視点」を持つことによって、いくつかの点で当事者以上にその社会についての知識を得るようになる。実りあるフィールドワークを行うためには、「一歩距離を置いた関与」あるいは「客観性を失わないラポール」と言われるスタンスのあり方を常に意識する必要があるのだ（36-37、40-41、48頁）。

　フィールドワークにおいて行われる聞きとりは、発言や証言の「裏をとり」、また発言の意味や文脈についてクロスチェックする上で非常に有効である。フィールドワーク、とりわけ参与観察的な現場調査では、インフォーマル・

インタビューが重要な意味を持ってくる。日常的な会話や「問わず語り」の中から、それまで質問することを考えてもいなかった疑問に対する答えが出てきたり、それが1つの重要な契機となって新しいリサーチ・クェスチョンが浮かび上がったりする（87、292頁）。

　現場でのさまざまな体験に基づき、調査者の立場を変えての調査が可能な参与観察の方が、1回限りのインタビューよりも適していると言える。残念なことに、社会学者の鵜飼（1996）が言うように、長期の参与観察調査、それにもとづくエスノグラフィーは、今日までわが国の社会調査の歴史にしっかりと根付くことはなかった。また、社会科学の研究方法として、エスノグラフィーが正当に評価されているとは言い難い。そこで、社会科学の研究方法としてフィールドワーク、とくに参与観察を小売業に適応させて豊かな成果を出していきたいと考えた。

2-3　組織あるいは労働の現場への参与観察の事例

　佐藤（2002c）で述べられているように、海外では、企業、学校、官庁、病院などさまざまなタイプの組織を対象にしたエスノグラフィーの分厚い蓄積、例えば Mintzberg（1973）、Hochschild（1983）などがある。しかし、日本では組織を対象にした優れたエスノグラフィーは極めて少ない。暴走族（佐藤　1984）、劇団（鵜飼　1994、1996：佐藤　1999）などが取り上げられているが、日本の労働現場を舞台にしたフィールドワークは、司馬（1961）、Ogasawara（1998）、小笠原（1998）など数例あるにすぎない（佐藤　2002b）。

　ジェンダー視角を取り入れたフィールドワークの事例[2]として、中谷（2003）の研究を紹介したい。中谷氏は、1991年から2000年にかけて数回にわたる文化人類学的フィールドワークにもとづいてバリ農村に生きる女性たちを等身大の姿として描いている。バリ島東部カランガスム県のS村に滞在し、機織りが盛んなT集落で181世帯の悉皆調査、織布業発展の中核に位置づけられる人びとには半構造的インタビュー、12世帯を対象にランダム・

スポット・チェック法で9カ月にわたる生活時間調査をそれぞれ実施している。ある小学校校長先生の家に滞在し、その家の3人の女性たちを貴重なインフォーマントとした。

フィールドワークの中心は、世代や階層の異なる女性たちと毎日絶え間ないおしゃべりである。第三者の介在なしに女性たち1人1人と向き合い、対話を続ける時間を何よりも大切にした。毎日できるだけ多くの村人と知り合い話をすることを課して、知り合った人びとから次々に誘われる儀礼や下宿先の家族が主宰したり出席したりする各種の儀礼に付き合った。

バリ島の膨大な数に上る著作や論文の中で、バリ社会の女性あるいはジェンダーに関わる問題を正面から扱ったものは少ない。ジェンダーの視点に立ったフィールドワークとは、以下のように説明されている（56-61頁）。フィールドワークのジェンダー化とは、バリ社会のジェンダーをめぐる概念や実践に関心を持ちつつ調査を進めること、フィールドワークの過程で自分のジェンダーが持つ影響を常に自覚することだった。バリ社会に見られる既存のジェンダー概念やその揺らぎが、農村で生活する女性たちや男性たちにとってどんな意味を持つのか、それが彼女らや彼らの日々の生活の営みや人生選択にどのような影響を及ぼしているのかについて考察している。

本研究では、どちらかと言うと、組織をフィールドとして、比較分析を行っている。金井（1994）による企業間ネットワークの研究における2つのネットワーキング組織の「比較分析」を取り入れたいと考えた。金井氏の研究は、初期の段階では、単一ケース分析にとどまっていた。広域ボストン地域のような企業者コミュニティーでは、類似のネットワーキング組織が多数であったのだ。問題は、比較対象として、最も適切な組織をどのように選ぶかという点にあった。もうひとつの組織は、同種のパターンを観察するためではなく、かなり対照的な現象を示したため、反証する可能性を期待した。そのため、ありうべきパターンのバラエティーを探ることができると考えた。

本研究における実際の現場への入り方は金井氏とは逆で、最初から比較分析をする形で3つの店舗に入り込んだ。それぞれの店舗には、同程度に入り込むように心掛けながら、詳細なケース分析をしていくというプロセスを辿っている。

2-4　フィールドワークによるデータ収集と分析

　本研究では、上記のような研究課題に取り組むために、長期のフィールドワークを行うことで、仮説を導出することにした。兵庫県伊丹市をフィールドとして、1997年8月より2005年8月までの8年に及ぶフィールドワークを行った。正確には、1997年8月から1998年12月、2001年4月から2004年3月までの実態に基づいている。ただし、記述は2003年12月時点でのデータに基づいている。2004年4月からは一部の調査を除いて、補足的なデータ収集をした。

　調査対象は、業種の異なる5つの店舗（手芸店、豆腐店、食料品店、メガネ店、手工芸品店）である。店主の家族や顧客に対して、主に店舗にて参与観察やインタビューを行った。

　研究対象を、地域密着型専門店として位置づけ、業種の違いが出ないようにした。店主夫婦の年代や家族構成も考慮しながら、見えてきた違いがどうして見られるのかを考えることにした。

　フィールドワークにおいては、データの収集、データの分析、問題の構造化という3種類の作業が同時並行的に進行する。その時期がいつになるのか、どれくらいの期間がかかるのかは、研究対象により異なってくる。佐藤氏（2002a、2002c）の提唱する漸次構造化法は、データの収集と分析、仮説の構築と再構築を同時並行的に行っていくアプローチのことである（佐藤2002c、186-207頁）。その手続きは、データの収集と分析を同時並行的に進めながら基本的な問題設定を練り上げ、1つ1つのリサーチ・クェスチョンを明確にして問題を構造化していく。エスノグラフィーの陥りがちな罠、つまり一種の感想文になることを避けるために、データと理論の関連を明確にする。初期は荒削りの実態調査をして、徐々に特異な現象や新たな問題を発見し、先行研究を検討しながら理論化をする。そうして、より精緻な説明をする漸次構造化法を用いた（図2-2）。

図2-2　漸次構造化法的アプローチ

時間

聞き取り記録　フィールドノーツ　文書資料

中間的テクスト
● 各資料の内容一覧
● データベース化された資料
● 章立て案
● 中間報告

報告書
● 目次
● 章立て
● 索引

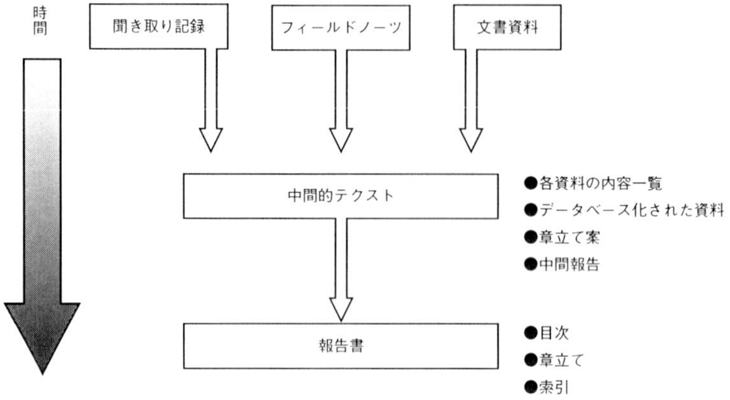

出典：佐藤（2002c）、321頁。

　以下では、漸次構造化法的アプローチを参照して、本研究でのデータ収集とデータ分析のプロセスを紹介したい（前掲書、316-322頁）。フィールドワークはどんな研究対象にしろ、マニュアルはなく、フィールドワーカー自身がその具体的なやり方を習得していくしか、上達の方法はないと言われる。そのため、筆者がフィールドワーカーとしてどのようにフィールドワークを実践してきたのかを説明しておきたい。

　大雑把に概要を述べてみると、フィールドワークの初期段階では、何と何が大切な問題であるかがよく分からず、手当たり次第に資料を集めることになりがちになる。中間段階においては、現場にも馴染んで現地社会の状況についての一種の土地勘が身に付き、フィールドワークの作業は効率的に行えるようになる。最終段階では、問題の構造化はさらに進んでおり、最終的にできあがる報告書の輪郭もかなり明確なものになっているため、データ収集はそれまでの取材や調査で十分に資料が得られなかった「データの穴」をいわばピンポイント的に埋める作業が中心になる（図2-3）。

図2-3　フィールドワークの各段階における3種の作業の関連

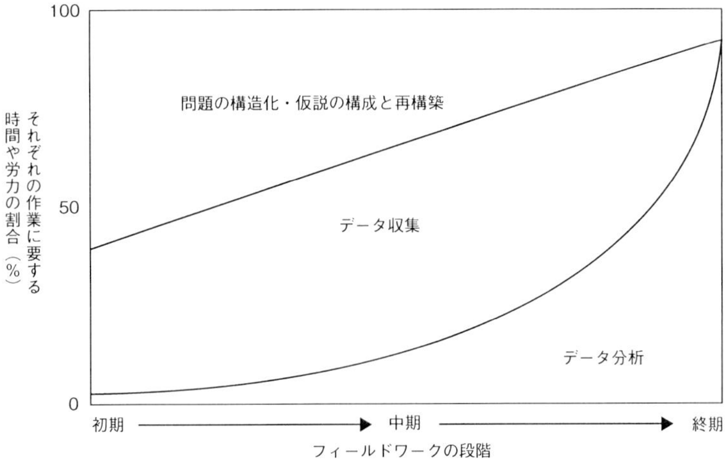

縦軸：それぞれの作業に要する時間や労力の割合（％）
横軸：フィールドワークの段階（初期　中期　終期）

曲線：問題の構造化・仮説の構成と再構築／データ収集／データ分析

出典：佐藤（2002c）、129頁。

(1) データ収集の初期段階

　伊丹市にある3つの店舗（手芸店、豆腐店、食料品店）が紹介され、まず、小売業家族従業について調べるために、30分という約束でそれぞれの店舗を訪れ、店主に話を聞いた。
　第1回目の調査を終え、第2回目の調査は、店主の妻へのインタビューを依頼したり、お礼に訪問したりした。すると、サラリーマン家庭の参与観察調査ではできなかった3回目の訪問が快く受け入れてもらえたのである。
　家族が過ごす場への参与観察は、家族全員へのラポール形成が必要である。初めての試みは、子供へのラポール形成を目的として、家庭の食事場面への参与観察である（拙稿　1996a、1996b）。しかし、1回や2回では、表面的なデータに過ぎず、家族の共食という研究課題を明らかにするためには、どうしてもさらに詳細なデータ収集とデータ分析をしなければならなかった。しかし、

3回目の調査依頼はしづらい状況であった。どんなに努力をしても、またどんな工夫を重ねてもフィールドワークそれ自体を楽しむことができないようなときは、あまり深追いしないでその対象についてはあきらめるしかない。サラリーマン家庭への参与観察は、こうした「勇気ある撤退」（佐藤 2002a、88頁）をせざるを得なかった。
　小売店では、思いの外、度重なる訪問を受け入れてもらい、何度も足を運ぶことになった。調査依頼は、あらかじめしているときもあれば、そうではないときもある。ただし、そうした調査状況の違いによる変化はなかった。
　また、長期にわたって調査を行った最初のきっかけは、店舗で見られる現象の広がりや深さを感じたからである。狭い空間でありながら、さまざまな面白い現象を観察し、いろいろな人間関係やその背景にある歴史を見ていくことができた。
　参与観察調査により、いろいろな場面でのデータを集めるために、参与観察者の立場を変化させた。具体的に言うと、1997年8月から1998年12月の参与観察調査は、より内部に関与する参与者（例えば、豆腐店にて毎週日曜日8時間の販売員としてのアルバイト）として、あるいは観察者（購入客あるいは単なる話し相手）として調査対象に関わった。
　では、具体的にどのようにデータ収集していくのか。店舗に行って参与観察するときは、必ずメモ帳を持参する。インタビューした内容は録音したことはなく、ほとんどが記録のみである。それは、インタビューはインフォーマル・インタビューになるからである。立ち話や移動しながら聞くことが多く、BGMが流れている場合もあって、録音するには状況が良くなかった。また、何度も店を訪問できるので、当事者に聞き直すことはそれほど支障がなかったため、メモ帳のみの記録となった。インタビューは、調査者が話したいことを話すことは避け、話しづらいと思われるような話題も自ら語らない限り、質問することもない。
　カメラを持参したのは、アルバイトの最終日やクリスマスのディスプレーがあるなど特別の日のみで、記録として写真を残すことを考えていなかった。2001年からは記録や記憶を補うための手段として、常時カメラを使用した。
　では、フィールドノーツに何を書いていたのか。1997年は、家族従業が調査課題であったため、それに関すると思われる商人家族と従業員について

のデータのみを収集していた。仮説探索的な調査であるため、最初から詳細な記録は書かなかった、と言うより、書けなかった。その場で起こったすべての事柄について、何を記録したらいいのかも、さっぱり分からなかったからである[3]。聞き漏らしたことは何度も訪問することで補うしかないと考えた。全体的に、フィールドワークに関する技法的なことも不明なことが多かったため、手探り状態で進めていくしかなかった。

とくに、家族という研究対象にアプローチするのは、非常に神経を使う問題であった。そのため、その当時は、何度も訪問できる関係を築く、つまり、ラポールを形成することを優先した。そのため、調査自体、商売の邪魔にならざるをえないのだが、その影響を最小限にするように気を使った（つもりであるが、その点は、当事者に確かめるしかない）。

この段階では、どんな研究課題があるのかを明らかにすることが主な目的で調査をしていたようなものである。つまり、どんなことについて問いを立てて、答えを導き出せばいいのか、正しい問いを立てる。その重要さを佐藤（2002a、2002c）も述べている。

(2) データ収集の中間段階

就職して東京に居住地を移した1999年4月から、しばらくフィールドから離れてしまった。そのときは、本研究の初期段階の成果として拙稿（2001）をまとめていた。初期段階のデータ分析にかなり時間を費やした。このときも、本書と同じくそれぞれの店舗において共通に見られるような現象に焦点を当てて、記述した。

フィールドワークを本格的に再開し始めたのは、2001年4月である。この年から、伊丹市以外でも、調査を始めた。同じ関西圏であるが、比較しながら、調査を進めていくことにした。2001年7月と2002年8月より、大阪市と守口市にある食料品店の調査をそれぞれ行った。同じように、家族従業、マーケティングについてデータ収集を行った。実は、1997年時点を含めて、1回しかインタビューをしなかった店舗も4店ある。対象者は、店主やその妻、娘であった。継続調査依頼がしづらかったり、依頼しても断られたりして、2回目の調査ができなかった。そのため、2回、3回と継続して調査が

可能であったことが、本研究に記述される店舗の特徴である。
　しかし、本研究の初期段階の成果（拙稿　2001）が確信できるのか、不明確であったし、それぞれの店で見られる事象や事柄について細かく見ていく必要を感じた。この時期から、店主夫婦の活動に関しては、店舗以外での活動も重要であると思われたため、店舗以外での参与観察もきちんと記録を行った（それ以前も、店舗外での活動に同行したことがあったが、それほど重要であると思われなかったので、記録を取ることはしなかった）。店主や家族には同行するように努め、商人家族や顧客に関連する二次データ収集も行った。
　第6章で詳述するように、ある来店客の行動から、顧客についてもデータ収集するようになった。新たな研究課題の発見である。そのため、来店客の行動や店主とのやり取りを記録したり、それについてインタビューしたりして、データ収集をするようになった。そうして最初にまとめた来店客調査の成果が、拙稿（2002a）である。そのときは、来店客に対して、あらかじめ用意した質問に答えてもらうよう質問票を作成した。それは飽くまで、どの来店客にも同じように質問に答えてもらうよう、準備したインフォーマル・インタビューの形式を取っていた。しかし、日曜日だったこともあり、常連客が少なく、思うように回答が得られなかった。
　その後、質問形式を整えて、本格的に手芸店の来店客調査をする予定をして店主からも了承を得ていたが、そうした質問票調査は断念することにした。それは、店主側の意向が大きかった。店主の話すことは、これまでマーケティングという概念で括られた内容よりも、さらに幅広いことを示していた。そして、1回だけ質問票調査を実施したところで、表面的なことしか分からないといった主旨のことを店主に言われた。1年に数回、多くて18回しか調査ができない状況で、筆者以上に店に通っている顧客がいる中で、勝手に押しつけたような言葉で聞いてみたところで、店や顧客のことを何も理解できないのではないかと思った。研究に対して決して非協力的な店主ではなかったため、自分や自分の店を理解して欲しいという店主の意向を無視するわけにはいかなかった。研究を断念するのではなく、そうした店主の意向に沿った調査方法を考えることにした。
　顧客関係に関しては、どんな来店客がいて、店主夫婦がどのように接して

いるか、店主夫婦や従業員、来店客に対して参与観察とインタビューに基づいて、データ収集し続けた。店主が顧客とどのような会話をしているかを参与観察しながら、どんな来店客があって、どうして来店したのか、店主とときには来店客にインタビューしながら、次第に詳細に記録するようにした（第4章参考資料2）。そうやって顧客関係についてもデータ収集することによって、店主や店舗の理解に大きくつながることになった。

　店主のライフスタイルを理解するために、店主の店舗以外での行動に関して、補足的なデータ収集をした。同じ展覧会を見に行ったり、店主に関連する人物や事柄に関する書籍を読んだり、資料収集として美術館や博物館などに行ったりした。エスノグラフィーには記述されないため、詳細な調査概要については省略するが、そうした知識は店主とのインタビューのときに大いに役立てられた。

　そうして、さまざまな場所でデータ収集をし始めると、手芸店では店主が知らない、あるいは気付かない点も、調査を進める中で発見していく。すると、そうした発見に応じてか、さらに深い話を店主がしてくれるようになっていった。また、単に観察するだけにすぎなかった来店客の行動の意味づけも、そうしたデータ収集の中から、解釈できるようになっていった。

　インタビューは調査対象者はもちろん、その人物像を浮き上がらせるために、できるだけ、その人に関連する人にも調査を依頼した。店主のことを知るために、顧客にインタビューする。顧客のことを知るために、店主にインタビューする。インタビュー内容の裏付けをするためでもあるが、いろいろな角度から、商人家族や小売店という研究対象を明らかにするようにした。

　このように、できるだけ当事者に近い、入り込む形で、共感的理解を進めていった。しかし、「第三の視点」を常に持たなければならないフィールドワーカーとしては、1つの店舗にあまりにも肩入れ過ぎてもいけない。どの店舗も、同じくらいの回数を同じような頻度で、公平に調査するよう常に心掛けた。そうすることで、1つの店舗だけに深入りしないようにすることができたと思う。

(3) データ収集の最終段階

　2003年になり、ようやく研究課題が見えてきて、全体の調査課題が固まってきた。そうしたら、フィールドでのデータ収集とデータ分析に時間を掛けることの必要性を感じ出した。いわゆる焦りのようなものである。データ収集もたくさんしたいが、いくらデータ収集が進んでもデータ分析の時間がなければ、研究は進まない。つまり、フィールドワークとエスノグラフィーを書く時間を短縮させていきたいと考えた。そこで、勤務していた東京都立短期大学で国内研修の機会をいただき、じっくりとフィールドワークとその成果をまとめる時間を持ったのである。

　2003年4月に初めて訪問することになった手工芸品店では、最初から記録するべきデータが明確であった。

　それと同時に、店主やその家族との付き合う上で起こったあらゆることをデータとして活用するようにも努めた。例えば、調査依頼や何かの連絡で掛かってきた電話の内容、手紙なども資料として活用し始めた。それは、初期の頃には重要だとまるで考えていなかったが、そうしたことが家族や顧客との関係を知る上で非常に参考になったのである。

　また、インタビューに関連しての補足資料として、新聞記事やパンフレット、冊子、アルバムなども貸与を依頼した。そうした資料により、店主や家族、小売店のプロフィールに関して、インタビューや参与観察のときの記憶すべきことを補うようにした。

　小売店で扱っている商品に関連するデータもフィールドワークをする上で必要であったので、収集し始めた。本研究の業種（手芸用品、豆腐、メガネ、手工芸品）に関しては、店舗でのインタビューだけでは商品に関するデータがなかなか集まらなかった。同じ業種の店に行く機会があれば、できるだけ行くように努めて、何店舗かに関しては、調査依頼をして、店舗や商品に関する情報を補うようにした。ただし、情報が集まりやすい業種とそうでない業種があった。後述するが、メガネについては、医学的な知識も必要であったため、到底フィールドワークではデータ収集できなかった。その上、調査対象の店舗以外ではデータ収集が進めにくかった。手芸用品に関しても、あまりにも多種類にわたるため、全体的なデータ収集が困難であった。手工芸

品は、陶器に関する専門知識を調べるにはさらに時間が必要であった。

　実は以前、調べることが明らかになった段階で、伊丹市の家族経営の小売店を回って、聞き取り調査をする計画をしていた。しかし、この計画も断念してしまった。あまりにも、1つの店舗に関するデータ収集に手に負えなくなっていたことが大きく、徐々に少数の店舗についてできるだけ全体的な構造を理解するという方向に進んでいった。それが、フィールドワーク、定性的調査法の利点であり、そうした利点を活かす方向に進めた方が、本研究で設定した研究課題を明らかにできるのではないかと考えた。そのときは単に、質問票調査はいつでも、誰でもできるかもしれないが、店主や顧客といろいろな場所へ同行することは、そうした関係を築いていなければ決して実現できないことだと思い、それを優先しただけのことであるが。店主もそうだが、たまたま2人の顧客に協力してもらったが、それが実現するまでには、店主との関係を築き、訪れる来店客に地道に調査協力への依頼をしなければならなかった。そうした1人の人について多くのデータ収集ができる定性的調査でなければ、その貴重なデータ収集の機会に巡り会うことはできなかった。

　ほぼ仮説が明確になってきた時点で、記述の裏付けとなるデータ収集に集中することにした。そのため、記述するのは2003年12月までの実態という区切りをして、2004年4月からのデータ収集はそれまでの調査で十分に得られなかった「データの穴」をピンポイント的に埋める作業をした。

2-5　伊丹市の概要

(1) 伊丹市の歴史と経済

　調査地となった伊丹市[4]は、戦後の高度経済成長期に大阪市や神戸市に通勤・通学する人たちのベッドタウンとして人口が急増し、発展してきた。大阪圏内での他地域からの流入率と伊丹市における他地域からの流入率を見ておくと、伊丹市では、同じ大阪圏内からの流入が圧倒的だった（2000年に、流入は9,517人、流出が11,281人である）。

伊丹市の歴史は非常に古く、千数百年の歴史を持つ。長い歴史や風土の中で培われた伝説が、祖先の人びとの生活において語り継がれてきた。『伊丹の伝説』において、先人が残した伝説はバラエティーに富んでいるが、伝承されていない伝説もかなりある。

　伊丹市の歴史[5]は、縄文時代から生活が営まれている。奈良時代には、法隆寺と同じ伽藍配置の大寺院（「伊丹廃寺」と仮称）が建立された。名僧行基によって、旅人を救う昆陽施院（現在の昆陽寺）が開かれ、平安時代には2度、遷都の候補地となる。要塞化した、全国的にも珍しい「惣構え」の有岡城は、難攻不落の名城として知られたが、城主・荒木村重が織田信長に反抗、攻め滅ぼされた。

　伊丹市が工業地帯を形成し始め、工場数や労働者数の上で他の業種が酒造業をしのぐようになったのは、第一次世界大戦後と言われる。それ以前は、酒造業が圧倒的な地位を占めていた。明治維新の変革期において大きな変化を遂げ、明治の始めから10年足らずのうちに伊丹の酒造業者は半減した。第二次世界大戦から戦後にかけて、食品工業や繊維産業に加えて、金属・機械工業や化学工業の工場進出がめざましく、阪神間に位置する工業地帯として体制を確立し、大きな変貌を遂げた（伊丹市資料修史等専門委員会1994、372-384頁）。

　酒造業がおこったのは江戸時代初期、有岡城の城下町（伊丹郷町と呼ばれる）である。全国に先駆けて産業としての清酒醸造法を確立、清酒出荷量全国一の地位は途中で灘に譲ったものの、味の良さで人気を集める。伊丹市は江戸時代の始め、都の貴族・近衛家の領地になり、その保護のもと酒造業が栄えた歴史的に注目すべき町で、伊丹の酒は、上方から江戸に送られた「下り酒」の中でも高級酒としてとくに珍重された。伊丹が、旧摂津国のほぼ中心にあった。関西の経済や文化の中枢として栄え、大坂の人間が遊びに来ていたと言う。それが、後に輸送面で有利であった灘の酒造業にとってかわられ、今では3つしか残っていない。

　近世伊丹郷町の起源は、1574年（天正2年）に有岡城を占拠した荒木村重の城下町にある。その特質を発揮するのは近衛家の所領になってからである。日本の近世都市（城下町・宿場町・港町・門前町・寺内町）のうち圧倒的多数を占めるのは城下町で、武士階級の封建的支配体制を維持するために

営まれた政治都市である。宿場町・港町なども、物資あるいは人間の移動による経済活動に基盤を置いたものであった。他の近世都市と比べて封建支配機構が弱かった伊丹郷町は、近衛家の産業奨励政策もあって酒造業と綿加工業を軸にした産業都市の道を歩んだ。江戸時代の中期には自立した産業都市としての形態を供えていた。現代の都市の多くは複合的機能を有しながら産業を基幹にして急激に発達し、多くの矛盾点が露呈している。それに対し、近世伊丹郷町は同質の産業都市として、近代化以前の古い伝統に培われた町なのである（前掲書、156-157頁）。

「伊丹酒」がもたらした豊かな経済力は俳諧文化が華開き、文人墨客を惹き付けた。地元からは松尾芭蕉と並び称される俳人上島鬼貫を生んだ。伊丹郷町の文化活動の担い手は酒造家の旧旦那衆を中心とした階層だった（麻田他 2000）。

明治の廃藩置県によって、旧摂津国は大阪と兵庫に分断され、伊丹郷町は兵庫県に編入され、明治22年川辺郡伊丹町が誕生した。昭和15年（1940年）には稲野村と合併して県内で7番目、全国で174番目の市、伊丹市となった。面積25.09km²、191,780人（2002年12月時点）。

冬が比較的暖かく、夏は暑く雨の少ない瀬戸内沿岸気候に当たる。伊丹市の北部は、隣接する宝塚市山本地区と共に古くから園芸業が盛んで、日本三大植木生産地のひとつである。野鳥の宝庫となっている昆陽池公園を始め、瑞ヶ池、猪名川や武庫川、大きな社寺林や植樹園など鳥が訪れる場所が残っている。

(2) 伊丹市の小売業

1995年の国勢調査によると、伊丹市は、阪神間地域（尼崎市、西宮市、芦屋市、宝塚市、川西市、三田市、猪名川町）の中でも第2次産業就業者の割合が最も高く、37.8％である。第3次産業就業者の割合が最も低く60.3％である（『伊丹市中心市街地活性化基本計画』、12頁）。

商業統計調査によると、1999年における飲食店を除く商店数は1,910店（そのうち小売業は1,607店）、従業員数は13,629人、年間商品販売額は38,898,344万円である（商店数、従業員数、年間商品販売額ともに、尼崎市、

西宮市に次いで3位である)。1994年から1997年までの年間販売額の増加率は、伊丹市は21.1%減となっており、阪神間地域では最も高い(『平成13年度版　伊丹市統計書』、43頁)。

　小売業中心地性指数[6]は、1997年で83.6%となり、阪神間地域の中で最も高かった1994年の94.7%と比べると減少しており、購買力の流出傾向が強まっていることを示している。1997年に阪神間地域で中心地性指数が高いのは、川西市、尼崎市、芦屋市、伊丹市の順となっている。1994年の伊丹市商業動向調査によると、伊丹市内での購買率は、買回品と最寄品を合わせて72%であるが、1989年の81%よりも減少傾向にある(『伊丹市中心市街地活性化基本計画』、62、71頁)。

　1988年から1997年までの商業統計調査による中心市街地商店街の推移を見ると、商店数、従業者数、年間販売額、売場面積のいずれにおいても減少傾向にある。1997年における商店数は200、従業者数は1,250人、年間販売額2,201,400万円である。全体の商業施設数(小売、飲食、サービス業)は、1,120店である(『いたみTMO構想』、15、19頁)。

　1998年に400人の経営者に郵送によりアンケート調査が行われ、217人の回答を得ている(回収率54.3%)。営業年数は20年以上が155店と一番多く、雇用従業者が1〜2名が65店、「家族のみで雇用従業者はいない」が62店で、58.5%を占める。経営者の年代は、50代が80人、60代が64人である。後継者が「決まっている」という回答は74人で、「決まっていない」という回答は73人、「まだ分からない」という回答は26人である(『伊丹市中心市街地活性化基本計画』、118-125頁)。

〈注〉

(1)　フィールドワークについては、山田編(1996)、好井・桜井編(2000)、好井・三浦編(2004)、エマーソン・フレッツ・ショウ(1998)、クレイン・アグロシーノ(1994)、マーネン(1999)においても説明さ

(2) 他には、ある私立女子短期大学において 10 カ月にわたる学生や教員とのインタビューと授業参観という参与観察をした松井（1997）、デルタ航空の客室乗務員の世界へのさまざまな参与観察と関係者へのインタビューをして公的感情システムを明らかにしたホックシールド（2000）がある。

(3) 2003 年に一橋大学大学院で「定性的調査法」を受講してフィールドワーク実習をしたとき、フィールドで起こったことを詳しく記述するように指導され、そのことの重要さを痛感した。しかし、どんなデータが重要なのか、最終段階になって初めて分かってくることもある。

(4) 伊丹市の概要については、以下の文献も参考にした。伊丹市立博物館友の会編（2002）、宮崎編（1991）、『平成 13 年度版　伊丹市統計書』、『まちに活気　きみに元気　ビタミンブック伊丹』、『伊丹シティガイド』、『伊丹マップ＆ガイド』、『もっとく？　伊丹』。

(5) 伊丹市の歴史について詳しくは、伊丹市史編纂専門委員会編（1968、1969、1970a、1970b、1971、1972）、安達（1983）、真鍋（1990）、伊丹市立博物館編（1989）、麻田他（2000）を参照されたい。

(6) 小売業中心地性指数とは、都市の商業力を評価する指数で、100％を超えれば購買力が周辺都市から流入傾向であることを示し、100％を下回れば周辺都市へ購買力が流出していることを示す。阪神間地域ではいずれも 100％を下回り、購買力の流出傾向が見られる。

第Ⅱ部

小売店と地域社会

小売業は、地域の暮らしに密着している。そうしたイメージを人びとが抱きやすい。これまで、日本における小売商業論で地域社会における小売業について、何人かの論者によって、論じられている。
　向山（2001a）において、中小商業の新たな役割として、地域需要への高度な適合が述べられている。渡辺達朗（2002）において、「小売業は都市ににぎわいをもたらし、地域社会の活力の源となる」（269頁）という指摘がなされている。
　石井（1996）においては、商店街の商人へのインタビューから「地域の人びとは、商店街を盛り立てる協力者でもあれば、現実の働き手にもなって、いろいろな役割を持って商店街に関わっている。そういう複雑な生活を持った場が商店街で、商店主と地域の人びととの関係も、商人と顧客という『割り切った単純な関係』におさまるものではない」（26頁）と言われている。
　三好（2000）は、小売商業が持つ社会的な役割のうち、地域コミュニティに関わる役割を商業の「コミュニティ機能」とし、こうした役割を果たす要因となる小売商業の特性を「小売商業のコミュニティ性」と呼んでいる（16－17頁）。小売商業が地域コミュニティとどのように関わっているのか、地域コミュニティ活動への参加の程度を実態調査で明らかにしている。そこで、家族従業者数が多いほど参加の程度が高く、家族で商売をすることが地域との関わりを深めると言う（44頁）。
　零細小売商の成り立ちをもう少し視野を広げて考えてみたい。三好（2000）によると、小売商業が、コミュニティ性を発揮できるのは、商品・サービスの販売によって、商業者と顧客、あるいは顧客同士の間に、売買関係ではないある種の人間関係を構築させうるからである。こうした可能性を小売商業の「人間関係形成能力」と呼んでいる（103頁）。一方で、地域コミュニティの形成をしつつ、それを破壊する二重性があると述べ、「まちづくり」による小売商業の振興の問題点も指摘されている（107－111頁）。
　こうした人間関係形成能力が小売商業にあるとしたら、この零細小売商も家族だけで成り立っているのではないと考えられる。本研究において、この人間関係形成能力に関わると思われる側面を記述してみたい。中でも顧客関係の構築に焦点を当ててそれぞれの店舗において記述していきたい。加えて、なぜそうした顧客関係が構築されるのかを店主の考え方や行動も合わせて記

述していく。

　商人家族に関しての記述は少ないものの、都市家族の社会的ネットワークの構造的特徴として、親族ネットワークの比重の大きさと、家族の近隣ネットワークに対する消極性が言われている（落合　2000）。

　これらの既存研究から、商人家族にとっては、何らかの地域社会との関わりなくして小売経営は成り立たないと言えるだろう。顧客を始め、地域社会の人びととのさまざまな関係が前提にあった。

　以下の記述は、筆者が8年をかけて兵庫県伊丹市において調査したある商人家族についての記録（エスノグラフィー）である。記述は断わりがない限り、すべて 2003 年 12 月時点のものになっている。尚、登場する人物はすべて仮名である。また、プライバシー保護のため、詳しく記載しない事項もあることをお断りしておく。

　まず、記述をする前に、具体的にそれぞれの店主のプロフィールを紹介しておきたい。店で扱っている商品も全く異なるものの、顧客関係や家族従業に関して、以下に述べる共通点を持っていた。登場するのは、親の代から商売をしている男性店主の店が 3 店、商売とは全く無縁の家庭で育った女性店主の店 1 店である。豆腐店のみ例外的な扱いで、この店では 8 人の兄弟のうち 7 人が豆腐の製造小売に携わっていて、社長は 2 番目の兄である。調査対象となった小売店の責任者となっている男性を店主として扱っている。

表　商人家族の紹介

	性別	生年	営業歴	家族従業者
手芸店	男性	1938 年生まれ	36 年	（妻）
豆腐店	男性	1949 年生まれ	11 年	妻（両親・兄弟）
メガネ店	男性	1938 年生まれ	37 年	妻・長男・次男
手工芸品店	女性	1936 年生まれ	26 年	なし

　詳しい概要は後述するが、あらかじめ簡単な概要だけ紹介しておきたい。（外販を除いた 2003 年時点での）営業歴や家族従業者については、調査時点で店舗に出ていた人たちに限定している。調査時点では出ていなくてもそれ

以前には出ていたり、出ていなくても何らかの関わりをしていたりしている。

(1) 手芸店の概要

1988年より第1種大型店（住居を含む）1Fに現在の店舗（43m²）を構えるようになった。開店当時は、長女（1968年生まれ）が主に手伝い、2003年も仕入れをしたり、店のディスプレーをしたりしている。

現在店には店主1人が出ている。営業時間は10：00～20：00で、月1回休業日がある。店主の妻は、孫ができるまでは店に出ていたものの、1997年8月に調査を開始したときから店には出ることはほとんどなかった。2004年になって、ピエロ人形を再び作るようになった。

商品は、生地・糸・ボタン・フェルト・ビーズ・テープ・ロープ・毛糸・洋裁道具・手作りのぬいぐるみなどがあり、その中にさまざまな種類があるため、店主によればその数は1万点に及ぶ。

(2) 豆腐店の概要

豆腐店は商店街にあるスーパーの一角にある。スーパーは年中無休で、10：00～20：00営業。かつては、それぞれの個人商店が市場で売っていた形であったが、大阪市の豆腐資材業者の紹介で、1989年、スーパーにテナントとして入店することになった。両親の代から豆腐製造卸をしていて、大阪市で父と兄弟7人で経営していた。亡くなった母に言われて、店に関わることになった弟もいる。2番目の兄（次男）が社長になっている。3番目の姉（長女）は接客上手、4番目の兄（三男）と6番目の弟（五男）、7番目の妹（次女）は、おとなしい。大阪市の工場から、4番目の兄と一緒に豆腐を運んでくる。

妻が店に常時出るようになったのは1994年から2000年までである。それ以前は開業のとき、忙しい年末や日曜日のパック詰めなど、臨時で手伝っていた。妻は8：30～15：00で、入れ替わりに従業員の女性が来て閉店まで出ている。妻が常時店に出る以前は他に従業員の女性がいたのだが、その女性が亡くなり、妻が店に出ることになった。

豆腐は、絹ごし豆腐、木綿豆腐、焼き豆腐が、それぞれ 80 円、嵯峨豆腐、寄せ豆腐、ざる豆腐、ゆず豆腐がある。うす揚げ 1 枚、すし揚げ 5 枚がそれぞれ 70 円、厚揚げ、がんも、一口がんも、豆腐ステーキ、おからも並べていた。作業場で大豆を水に浸しておいたり、豆腐やところてんをパックしたりすることもあった。夏は、ところてんも扱っていた。常時、こんにゃくも仕入れて売っていた。精算はスーパーのレジでするため、来店客には商品をナイロン袋に入れて渡すのみだった。電話で注文が入り、料理店に配達することもある。

　店主は 1949 年大阪府大阪市で生まれる。妻は 1954 年東京都で生まれる。夫婦は妻の母と 3 人の子供（1979 年生まれの長男、1982 年生まれの長女、1984 生まれの次男）と大阪市に住む。2000 年 10 月 13 日、店主が 51 歳で亡くなり、妻もしばらくして店をやめ、同じ場所で営業していたが、現在は他の豆腐店が入店している。

（3）メガネ店の概要

　店主は、時計・宝飾・メガネ店を営んでいた両親の長男（4 人兄弟）として和歌山県和歌山市で生まれる。1956 年に大阪市の公立高校卒業後、和歌山市に住み込みの丁稚として 4 年間の修業に入る。住み込みの丁稚時代の月給は 3,000 円、休日は月に 1 回だった。

　父の店を基点に 6 年間外販をした後、1966 年に、兵庫県伊丹市に住居兼の店舗 1 号店（約 26m²）を開いた。出店場所として大阪府と兵庫県のいろいろな場所を検討した結果、その当時、メガネ専門店が 1 店しかなかったという伊丹市に発展性を感じて出店することにした。1967 年に株式会社組織となった。1 号店が住居兼となっていたのは 1975 年頃までである。1977 年に 2 号店を大阪市に出店、1978 年に 3 号店（住居兼としていた）を閉店して、4 号店として移転した（2003 年 8 月に、閉店）。1985 年に 5 号店、1997 年に 6 号店を尼崎市にそれぞれ出店した。3 人の子供のうち、長男（1969 年生まれ）は、2004 年 1 月まで 4 号店に、次男（1970 年生まれ）は、5 号店に勤務している。営業時間は 9：30 〜 19：00、定休日は週 1 回。

(4) 手工芸品店の概要

　手工芸品店は、女性が経営している。手工芸品、陶器、ガラス、木工、織りの商品を置いている（ときおり、委託販売の商品を置いている）。2003年の営業時間は 11：00 〜 17：00 で、定休日は週2回ある。金曜日と土曜日に店主が出ている。月曜日と水曜日は、従業員（アルバイト）の丸井さんと村中さんが出ている。月曜日と木曜日は、山梨県の展示場に置いている作家が木彫教室を開いている。

　店主は、5人兄弟の末っ子として、愛知県Y町で生まれた。父は大蔵省勤務で、母は薬剤師のサラリーマン家庭で育った。

　第3章から第5章までは、手工芸品店、手芸店、メガネ店を取り上げ、マーケティングと顧客関係についてのエスノグラフィーが記述される。

　第6章では、手芸店とメガネ店の顧客を取り上げ、ライフスタイルを記述している。

第3章

手工芸品店のフィールドワーク

手工芸品店のディスプレー
店では、木の枝と栗を使って、ふくろうの置物を飾っている。

3-1 手工芸品店の課題

　手工芸品店は、陶器、漆器、ガラス、木工、織り、七宝を主に扱う。手工芸を扱う店として、百貨店、ギャラリー、茶小売店、コーヒー専門店などがある。例えば、九谷焼の産地に行くと、九谷陶芸村には専門店が何店か集まっている[1]。
　この店の場合は作家の展覧会も開くものの、小売店の位置づけになるだろう。手工芸品業界全体でどのような問題があるのかは、それぞれの店において店主がどのような思いで商品を消費者に提供しているのかを明らかにしな

ければならない。しかし、産地ごとに生産者や卸あるいは小売の組合はあるようだが、現段階で手工芸品業界全体の組織があるのかどうか不明である。そのため、業界においてどのような問題があるのかは論じることができない。

　手工芸品業界においてどのような課題があるのかは、それぞれの店舗でどのような問題に取り組もうとしているかを積み重ねていかなければならないと思われる。まず、この店舗でのマーケティングおよび顧客関係を記述していくことにする。

　調査は2003年4月19日に開始した。店舗にて店主に5回、従業員の村中さんに1回それぞれインタビューを行った。その際に、来店客とどのように接しているか、接客場面の参与観察を行っている。自宅にて店主に3回インタビューを行った。また、資料として、家族や店舗に関するアルバム、店舗が掲載された記事[2]のスクラップ・ブック、店主が書いたノートやメモ、顧客が書いたノートを活用した。自宅以外に、画廊Bにて、店主と一緒に作品展を見に行き、店主と作家にインタビューを行った。

3-2　手工芸品店の提供する価値

　店主の横山さんによると、これまで店をやってこれたのは、家族や地域社会、友人・知人、顧客からの支えがあったと言う。店主を慕う人たちの話を聞いてみると、店は店主のライフスタイルを反映し、店主自身の努力で店を維持してきた様子が伺えた。

　店主は、店を大きくするとか、売上を伸ばそうとかはあまり考えていないようだ。店は、「棚卸ししても200～300万程度」と長男に言われる規模である。「一主婦がやっている」と即座に言われた。「主人の会社と比べて、納める税金も少ない」そうで、年金と夫の収入（現在は長男からの援助）で生計を立てている[3]。家族から資金的に援助を受けていたとは言え、その店主としての活動ぶりは、顧客の女性たちから高く評価されている。

　店主は、美術館や展覧会が好きで、宝石や服を見るより、手工芸を見てい

るのが好きだった。第 11 章で詳述するが、あるスーパーにテナントで入っていた手工芸品店によく見に行っていたそうだ。あるとき、女性店主がもう店をやめると言ったとき、次の経営者として店を継承することになったのだ。店の名前はそのまま引き継いだ。

サラリーマン家庭で育ち、最初は商売など全く分からず、「いらっしゃいませ」が恥ずかしくて言えないくらいだったが、友達や近所の人に助けてもらった。食事だけはきちんと作ってほしいというのが夫の条件だったため、午後 5 時から 8 時は他の人に任せた（詳しくは参考資料 1 の小売店年表を参照されたい）。

10 年目にスーパーが改装することになり、その改装費を等分で割り当てられたが、午前 10 時から午後 8 時まで開店しなくてはならないし、抽選会などの参加をしないといけないなど、もうのんびりしたいと思っていたところなので、今の店舗に移った。

広告活動はとくにしていないようだが、店を取り上げた記事が何点かあり、それ以外に、FM ラジオの 30 分番組に出演が 1 回ある。亡くなった兄は、生前、商品を買って助けてくれたそうだ。ラジオ番組を聞いてもらって、心配を掛けていた兄や姉に自分の足跡を見てもらいたかったと語る。訪れる来店客も、通りすがりか、紹介のようである。

1995 年、伊丹工芸センターにて展示会も行い、伊丹市始まって以来の売上で、伊丹市長も来場した。さらに、もっと作品を見てもらうことを考え、20 年目の 1996 年に、山梨県に展示場を作った（店は従業員の 2 人に任せて、その展示場へは、5 月から 11 月までの間、月に何回か行っている）。

（1）価格設定と品揃え

特価の商品はない。商品を大量に安く仕入れることもできるが、大量に仕入れることができる百貨店には負けてしまう。年表を見ても、何周年記念という特別なとき以外「バーゲンセールはしない」ようだ。商品に愛情を持つゆえ、その値打ちを認め、特価扱いの商品はないということなのだろう。これは手芸店店主と同じ考え方だ。その上、消費税も取らない。

手工芸品店で重要なのは、商品の品揃えだと思われる。伝統工芸品を扱う

ような店だと美術に関連する知識も必要とされるだろう。この店では、委託販売の七宝などを除いて、作家の工房や展覧会に行って仕入れるという、作家からの直接仕入れをしている。仕入は、夫婦で、伊万里（佐賀県伊万里市）、多治見・美濃（岐阜県多治見市・土岐市など）に行くそうだ。その他、信楽（滋賀県信楽町）、伊賀（三重県阿山町・上野市）、益子（栃木県益子町）、砥部（愛媛県砥部町）に行っていた(4)。その様子は、「主人と2人で。初日は、ホテルを取って、2日目は、ビジネスホテルに泊まって、主人も旅行好き。夜ご飯食べて青函トンネルに行ったこともある」と楽しそうである。好きな作家、好きな物を集めている(5)。

　店主のポリシーから、店に並べた商品には一切作家名が入っていない。展示即売の展覧会や手工芸品を扱う店に行くと、大抵作家の名前が書いてある。しかし、横山さんは、どの商品も「作家」の作品として置いておきたいという思いがあり、敢えて作家の名前を伏せているのだ。顧客にも、作家の名前で商品を選ぶのではなく、自分がいいと思った商品を選んでほしいようだ。

（2）店主のライフスタイル提案

　食器も、陶器に興味のない夫と子供に合わせて土もの以外も置いているが、ほとんどが土ものの陶器である。「お客様用の食器はない」。普段から陶器を使っている（写真3-1）。

　店主の提案で、作家に作ってもらった漆器もある。自宅で使っているその漆器は、器ではなく、蓋に絵柄を付けるように注文したもので、可愛らしいカニやエビなどの絵柄がポイントになっている。

　そして、常に整理整頓と掃除は欠かさない。陶器や漆器など、商品の種類によって、手入れの仕方が違っている。従業員の2人にも同じように手入れをしてもらっている。店主は、自宅でも整理整頓が行き届いている。引き出しの中には、ふきん、タオル、おしぼりと分類され、食器棚も1段ずつこまめに拭いているそうで、飾られている場所には埃は付いていない。家庭での生活も楽しんでいる店主であったが、主婦としてきちんと家事をしているのだ。

　手工芸品店では、商品の品揃えが重要であるが、加えて、商品のディスプ

写真 3-1　食卓の上の陶器

写真 3-2　お菓子に葉っぱを添える

レーのセンスの良さも価値を生み出す要素だと思われる。顧客には、店で見ているのと自宅に飾るのでは雰囲気が変わってしまうと言われ、陶器をどのように飾ったらいいかも提案している。写真(73頁)のふくろうの置物のディスプレーも店主が考案したものだ。ふくろうだけを飾るのではなく、木の枝に乗せて飾っている。自宅でもふくろうを飾る場所に困らないように、4つのふくろう全部買った人には木の枝も付けてあげる。つまり、商品を売り渡すだけではなく、それをどのように引き立てるかというアイディアも提供している。そのため、購入した顧客には、商品を飾るのに必要な、木の切れ端や木で編んだ籠を付けるのだ。

店主の自宅では、抹茶と一緒にいただくお菓子にも、椿の葉っぱが添えられていた（写真3-2）。庭から葉っぱを取ってきてお菓子に飾るのだ。
　「お洋服も、バッグも、おかずも、器で映える」
もうひと工夫で、もっと商品が生きてくる。そうしたアイディアを数多く持っていて、次々と紹介してくれる。角砂糖1つでも、菓子箱に付いてきた紙を取っておいて、その紙で包んでみる。綿を丸くくるみ、それにネットをかぶせて、てるてる坊主を作る。それを、手紙に同封するそうだ。そうしたことを考えて作っているから、「いつも、いそがしい」[6]。ノートや手紙に、紅葉した葉っぱや四つ葉のクローバーを添える店主であった。
　毎年東京ドームにて「テーブルウェア・フェスティバル」が開かれ、テーブル・コーディネート・コンテストがある[7]。店主はそうしたコンテストに応募した経験もなく、テーブル・コーディネートについての専門知識を持っているわけではない。店主自身「自己流」だと言う。しかし、常にテーブル・コーディネートにあたって感性を日々養う習慣があるように見えた。その目的は、売上を伸ばすとか、店を大きくするためではなく、自分の喜び、あるいは人に喜んでもらうためであった。

3-3　手工芸品店の顧客関係

　店主は、「お客様からいただいた喜びノート」を書き残したことがある。顧客に言われて嬉しかったことをつづった1冊のノートには、顧客に喜んでもらったことが書かれ、それらの言葉には、そうした顧客に対する感謝を惜しまない姿が見えてくるようだった。店主の魅力にひかれてやってくる顧客の女性たち。「そう言ってくれる人しか来ない」と言う店主であるが、顧客の意見を聞いてみよう。

（1）店や店主に癒される顧客

　6回来店客調査をしたうち、偶然3回もお会いした顧客の河井さん（60代）は、2回商品を購入していた。1回目は、デザート皿2客、2回目は、柄が異なる小鉢5客である。食器が好きなので、もう高い服は買わないで、食器に注ぎ込むと言う。黒やブルーのジーンズ・ジャケット姿を着ているお洒落な女性であった。「この人（店主）のファン」だと自ら言う。
　「ここに来ると、ホッとする」
　「息抜きさせてもらってる」
と言って、家族のことなど近況を店主と話す。
　「（横山さんは）センスがいいからね。いつも勉強になる」
と言って、毎回店主のことを絶賛する河井さんであった。店には、毎回自転車で来店している。
　店に飾られている商品をいろいろ見る。出された梅昆布茶を飲んで、筆者が「おいしいですねぇ」と言うと、河井さんも、
　「ここで飲むと何でもおいしく感じるねん」
　河井さんは、家では、食器が増えるのが嫌で、整理しないと増える一方なので、「友達にあげる」そうだ。
　「わたしの家、ここで買った食器ばかり（置いている）」
　「（その食器を）どこで買ったの？と聞かれる」
と言う。それに対して、店主は、河井さんにも、
　「喜んで使ってくれるから、物も喜んでる」
と言ってあげている。それは、購入客の中には、買ってもしまっておいて使わない人もいるからだ。
　店主が河井さんの自宅に自転車で行くこともあるそうだが、店主の自宅には誘われるが「（まだ）行ったことない」と話す。

（2）店主のライフスタイル提案に頼る顧客

　店舗と同じビルに入っている会社に勤める従業員の川崎さん（50代）も、2回購入した女性だ。会社の昼休みに店を覗くそうだ。おかずを差し入れる

と、そのお返しに店主の好きなぜんざいを持ってきてくれる。

　1回目は、魚の形の箸置きだ。これは、店主のアイディアで、木の切れ端に貼って飾ってあるのを目に留めた。最初箸置きだけ見たときは「どうしようか、迷ってたけど」、木に貼ってあるのを見て、やっぱり欲しいと思い、購入することにした。

　2回目は、絹の織りのマフラーを購入した。店主が他の顧客と話しているときでも、川崎さんは1人で、テーブルの上に置いてあるマフラーをいろいろ試していた。鏡を見ながら着けてみて、その度、店主に感想を聞く。2枚目を試したところ、「地味やね、さっきのがいい」。その場にいた顧客の女性も、感想を言う。何回か試してみて、「最初のがいいね」と店主が言うと、取り置きしていた方のマフラーではなく、店主がいいと言ったマフラーに決めた。

「（店主に）見てもらおうと思って。こっちのがいいって言われて、のけてもらったのは、やめた」

「（着ている）服によって、（付けてみたマフラーの）感じが変わるからね」と店主が言う。

　顧客に言われてうれしい言葉をつづった「喜びノート」には、顧客からもらったと言う、178の文章が書かれている。川崎さんの言葉を見つけた。

「今日、上でいやなことがあった。でも今ここに入って来たら、ホッとして……。又上に行ってくるわ。私が出勤する日はいつも開けておいて欲しいわ」

「シャッターが開いている日は、一度はここに寄らないと落ち着かない」

（3）顧客関係から生まれる店主の喜び

　他にも、東京、九州、四国から、店主に会いたいという便りが来る。引っ越した人とは年賀状のやりとりをする。顧客の紹介で、知人や親戚の人が訪ねてくれるそうだ。

　店主が、顧客同士の交流を目的として顧客に渡していた「寄せ書きノート」がある。その中に、ある顧客の女性が、店主との関わりについて書いた文章がある。それは、この店での顧客関係を象徴しているようなエピソードであった。古賀さんがこの文章を書いたのは、1992年6月20日（土）である。

いつも私が自慢にしている店にサインノートがある事を初めて知り、私の嬉しかったことを皆様方にもお話ししたくなりました。

今年の春、結婚前勤務していた職場の交流会に出席の為、郷里に帰る前日、店に寄らせていただき、桜の花びらがえがかれている陶額を買い求め、大切な方へおみやげがわりに差し上げ、大層喜ばれたことを横山様に報告しながら、彼女の上着のポケットに視線が。何とポケットチーフがわりに桜の造花が。すかさず私は

「素敵なポケットチーフですね」と……。

「あっ、これは今外で落ちていたものだけど、よかったらあなたにあげる」

「まぁ、うれしい！ お礼に私さくらの歌を唄いますね」

♪さくらの花の咲く頃は

うらら　うららと　日はうらら

学校の庭さえ　日はうらら

ガラスの窓さえ　日はうらら

♪畑で雲雀の鳴く頃は

うらら　うららと　日はうらら

乳屋の牛さえ　日はうらら

とり屋の鶏さえ　日はうらら

パチパチパチと拍手。横山様ともう１人のお方（聴いてくださった二人のみ）。

これから先が驚かないでくださいよ。

「古賀さん、私の着ているこのスーツ要らない？　よろしかったら、この服もあげる」

「えっ！　本当ですか？」

この会話は４月６日（月）のことでした。

５月５日（日）晴れ

クリーニングされたスーツが早朝の宅急便でちゃんと届いたのです。しかも、純金茶まで添えてのプレゼントに、87才になる母とやさしい夫、息子、娘にいきさつを話ながら、早速試着。私によく似合うのです。寸法もピッタシでした。横山様程には品よく着こなせませんが、秋が待た

れます。いただいたスーツを着て、お店をお訪ねしようと楽しみです。
　熱い純金茶をおいしくいただき「こいつぁ、春から縁起がよいわぁ」
桜の花から、子供の日までのうれしい物語です。おしまい。

　古賀さんが、このエピソードを事細かに書いているように、とても嬉しい経験として持っていることが伺えた。それだけではなく、ここには、顧客が喜んでくれたことに対し、喜ぶ店主がいることが伝わってくる。古賀さんが陶額を贈ったらその人に大層喜ばれたこと、それを古賀さんが店主に知らせに来てくれたこと、桜の花をあげたお礼に古賀さんが歌を唄ってくれたこと、その喜びの表れとして、店主が、顧客に対して、何らかのプレゼントをしたかったのだと思われる。
　後日、そのエピソードの裏話を聞くと、そのスーツは、1、2回着ただけの服で、スーツを着るのをやめようと思っていたときだったそうだ。この文章の後、「ここにいただいたスーツを着て写った写真を貼る予定です」と書いてあり、スーツを着た写真が貼付されていた。撮影されたのは、金木犀の花が香る頃、10月10日に自宅の金木犀の木の前で撮影したものだ。丈の長いジャケットで、白地に黒の格子模様が品良く、そのスーツは古賀さんにも似合っていた。気に入って着ている様子がノートに貼られた写真から伝わってきた。
　店主の長女には、「ゼッタイ、そんなことない！」、「ウソや」と言われるそうだが、こうして、店主と顧客たちとの交流によって、何らかの価値が店にとっても、顧客たちにとっても、生まれているようだ。
　この店主は「〇〇（店名）の日」と題したメモを書いていた（一部修正して引用）。店主にとって、店で過ごすことは以下のような意味を持つようだ。
　　店に行くまでの時間　用事が出来て嬉しい
　　店の商品とお客様のことを考える時間が持たれて嬉しい
　　手紙を書いたり出来て嬉しい
　　お客様のいない時間　ゆっくり整理が出来て嬉しい

3-4　手工芸品店店主のセンスが支持される

　ファンの顧客によると、店主のセンスやライフスタイル提案を支持していることが分かった。こうした零細小売商では、店主の個性やライフスタイルがそのまま反映されている。では、自宅での店主のライフスタイルを見ていきたい。

(1)「人が好き。出会いが宝」

　店主を見ていると、人好きでないと商売はやっていけないと感じる。人を自宅に招き入れるのも好きだし、近所の人とも付き合いを苦にしている様子がない。最初は店でも「いらっしゃいませ」が恥ずかしくて言えなかったそうだが、今では、人見知りなど全くなく、初対面の人間に対しても全く動じない態度だった。

　おしゃべりな店主は、いつも話が弾み、自宅の庭に来た鳥や偶然咲いた花、枯れてしまった木、いろいろなエピソードが次々と出てきて話が止まらない。T病院の先生と夫と一緒に店主が自宅の外に出たら、「奥さんの声が聞こえたから」と近所の人に声を掛けられ、その人の庭に入ると、ガーベラやら、つるりんどうやらいっぱい咲いていた。そしたら、「たくさんあるからどうぞ」と水草、浮き草やら、睡蓮をもらった、と店主はうれしそうに話す。「そのときは話に夢中になって主人を置いてきた」、といつも和やかな話題が多い店主であった。

　この店が縁で結婚した夫婦が、11組あると言う。店の顧客からの紹介で、店でまず会ってもらう。店主の2人の子供の結婚相手も、顧客の紹介である。店主は、お世話をした家からの中元や歳暮は断って、年賀状の行き来だけをしている。これには、店主の人を見る目が影響しているようだ。親子関係については洞察が働くようで、子供は親のコピーで、「親を見れば、子が分かる！　子を見れば、親が分かる！」ため、この方の子供さんなら、あの方の子供さんと合うんじゃないか、と推察する。11組は、どの組も離婚してい

ない。店主の仲人としての人柄や人との出会いをプロデュースする力も関係あると思われる。

(2) センスを養う習慣と人間関係

　店主の生活の信条がそのまま商売哲学となっているように感じられた。元々、戸塚刺繡をたしなんでいた。この10年は読んでいないそうだが、14歳から小説を読んで読書ノートをつけている程、読書家である。店を始めてからも、短歌を詠むのを始め、作文（参考資料2）はある映画の原作にも採用され、歌詞もある冊子に掲載されるなど、文才のある人である。絵本が好きで、孫のためではなく、自分のために買うほどだ。とくに安野光雅氏のファンである。

　そうした店主のセンスを養う人間関係もあるのではないか。まず、幼いときの陶器に関わる人たちからの影響がある。母は、織りや染色をしていたし、瀬戸や多治見の友達からお皿をもらってうれしかったと言う。

　店主は、著名な芸術家との接点がある。大好きな映画音楽の作曲家に天川で買った鈴を1つもらったというエピソードもある。中国人の音楽家の女性とは、展示場近くの喫茶店での演奏会を聴きに行ったとき、「展示場にお立ち寄りください」と店主が声を掛けたら、来てくれたのだ。気軽に「（自宅に）泊まらせてほしい」と言われる間柄だ。夫の姉の息子は、TV番組の音楽を手がけている音楽家で、店のBGMはすべてこの人の音楽である。そうした交流も店主のセンスの良さに影響しているように思われた。

(3) 「花が好き。木が好き」

　押し花もアルバムや手紙にはさんだり（写真3-3）、ドライフラワーにしてグラスに入れて飾ったり、花が咲いたことを詩で詠んだり（それも、花の気持ちになって詠んだもの）、その話しぶりは、自分の好きなことをただ楽しんでいると感じられる。アルバムには日々の暮らしで起こった出来事をつづっているが、落ち葉も大事に取っていて（写真3-4）、陶器だけでなく木や花に対する細やかな愛情を持つ店主である。玄関には花が生けてあり、小

写真 3-3 落ち葉を挟んだアルバム

写真 3-4 落ち葉を箱に入れておく

石を敷いた石や埴輪が飾られ、そういう自然を取り入れたインテリアを心掛けている。このように、陶器や木を日々の暮らしの中に取り入れ、優雅なライフスタイルのように見えた。

　キッチンの家具（キッチン台、テーブル、椅子、食器棚）は、木で作られたものだ。木の小枝で作った箸置きや取り箸、切り落とした枯れ枝もガラスの花瓶に生けて並べている。その花瓶も形はさまざまで、大きな壺にも生けてある（写真3-5）。枯れ枝であってもガラスの花瓶に大事に入れて飾っているくらい、店主は、自然を大切にする心の持ち主なのだろう。

　自然を慈しんで日常生活に取り入れる心情はそのまま、商品を大切にする

写真3-5　枝を飾ったキッチン

心につながるようだ。「物も生きている」と語る。ある記事には、商品が売れたときは、さみしいと書いてあった。こうした物に対する愛情を持った店主は、気に入って顧客が買った商品には、
　「いい所、行けて良かったね」
と言う。
　「作家にも儲けてもらいたい、お客さんにも喜びという儲けをしてもらいたい」
というのが店主の信条である。
　このように、店主独自のライフスタイルが、品揃えだけではなく、さまざまな活動に色濃く反映されている。店の紹介文には、右のような文章が書かれている。

> 素材のもつあたたかさを
> 　　　作る人のやさしさを
> 　作品に感じて
> 　　　作家のもとより取りそろえ
> 　あなた様の　お暮らしに
> 　　ひと色　添えさせていただく
> 　　　　私のよろこびです
> 　大切なお方様への贈り物にも
> 　　　自信をもって　おすすめいたします

3-5　まとめ

　本章で取り上げた手工芸品店の事例は、小宮（2003）による「自己目的志向」の小売業者の議論を参照に分析することができると考える。自己目的志向の小売業者は、自らの関心や嗜好を基点とした意思決定を行う傾向にあり、店舗経営に関わるさまざまな行動自体から喜びや楽しみを得ている。そのような経営意識を反映し、自己目的志向による品揃え形成は独特の性質を持つ。それは、需要量の極めて小さい特殊商品を継続的に取り扱う可能性を持つ。特殊商品の取り扱いは、消費者にとって商品の選択肢を増加させ、いくつかの社会的な価値を持つと考えられている（89-90頁）。その例として、本研究の手工芸品店が挙げられるのではないだろうか。

　小宮氏は、「経済的志向」以外に「自己目的志向」という経営意識が存在すると言う。自分の関心や嗜好を優先した行動は経済的報酬を最大化させようとする行動と相容れないことが強調させる場合もあると言う（82-83頁）。この店舗の場合は、夫の会社経営によって生計を営んでいる。まさしく趣味としての店舗の位置づけになる。

　本章では、むしろ、人間関係の側面から、存続のメカニズムを考察した。小宮氏は、従来商業者とは、消費者の代理として商品を調達し、市場の動向を反映した形で品揃え物を形成すると考えられてきたが、自己目的志向の小売業者は、自己の関心・嗜好を反映させるが故に、そのような社会的性質が弱い（91頁）と述べている点に関しての考察にもつながるだろう。

　手工芸品店の場合は、小売経営には、店主あるいは店主夫婦のライフスタイルが反映されている。それによって、顧客に対してライフスタイル提案をしている。それに魅力を感じて、顧客が継続的に来店し、さまざまな関わりをしている。この店の存続のメカニズムは顧客からの支持にあるようだ。

〈注〉

(1) 2004年10月31日、石川県寺井町九谷陶芸村にて、九谷焼資料館（常設展と企画展「笠間竹雪作陶展」）、浅蔵五十吉美術館にて、それぞれ作品鑑賞。「第22回　九谷陶芸村まつり」が開かれ、陶器店にて、徳田八十吉、吉田美統他、作品鑑賞。
(2) 1986年に『サンケイリビング』、1987年に『リビング東阪神』、『読売阪神ライフ』、1993年に『読売阪神ライフ』、『いたみティ』、1994年に『朝日新聞』、『読売新聞』に手工芸品店の記事が掲載されている。
(3) 小売経営によって生計を立てているわけではないという点が、本調査で取り上げた他の店と異なる。しかし、その違いが顧客関係には影響していないと思われた。
(4) それぞれの産地の特徴について詳しくは、佐々木（2000）を参照されたい。
(5) 手工芸品店では、店主の商品を選ぶ目が顧客関係においても重要な鍵となっている。そのため、横山さんがどのような作家を好んで仕入れているかを分析することは重要であると思われるが、フィールドワーカー自身も手工芸品に関する審美眼を持つ必要があり、さらに手工芸品に関するフィールドワークを続けなければならない。
(6) 「（お客さんいなくても）結構やることあるでしょ」と言うメガネ店店主や常に体を動かしている手芸店店主と同じだ。
(7) 2004年2月12日と2005年2月14日に東京ドームにて、「テーブルウェア・フェスティバル暮らしを彩る器展」で陶器と漆器に関する資料収集をした。

参考資料1：小売店年表

　1936年、愛知県で5人兄弟の末っ子（四女）として生まれる。1958年に、長男の兄が仙台に転勤になり、知り合いの人に紹介され、22歳で6歳上の夫（1930年生まれ）と見合結婚。1959年に長女、1960年に長男誕生。1963年より、伊丹市に住む。

　1977年より、「新しい構想の下にスタートする事となりました」という挨拶の葉書を出す。初めて店の経営者になる。長女は高校3年生、長男が高校2年生だった。

　1978年、2年目を迎えたとき、「無事一年の誕生日を迎えることになります」という葉書を出す。6月24日から30日まで粗品を用意。1979年、3年目を迎えたとき、「開店二周年を迎えることができ」、6月24日から30日まで一部手持ち商品を特価にして、景品の当たるくじ引きを用意。毎年、陶器を中心に、染色・七宝・織り・輪島塗・創作人形・ガラス・刺しゅうなど、いろいろな作品展を開催する。

　1986年、10年目に、現在の場所に店を構える。

　いくつかの小冊子や雑誌に取り上げられ、その記事をアルバムに挟んでいる。

　1995年、1月17日（火）の阪神・淡路大震災のお見舞いの葉書にて、雑器を2～3割引にすることを通知。

　1996年、20年目を迎え、山梨県に展示場を開く。名前の由来は、「質感、量感をしっかりと意識したデザイン感覚を目指すことを自らの姿勢として、という意味」だ。母の五十回忌の代わりだと言う。2人の従業員のうちどちらかに店に出てもらって、8月のお盆と5月～11月の第1・第2土日に展示場に行くことにしている。FMいたみの取材があり、30分番組に取り上げられる。

　1997年、長男が夫の会社に入社して3年目、10月に夫が倒れる。最初は2週間意識不明で、味覚がなく、右半身不随であった。いくつかの病院への入退院を繰り返し、リハビリを行った。週1日通院し、週3日リハビリをして、週1回は自宅に往診してもらい、現在に至る。介護保険により、40万円まで1割負担で利用している。

> **参考資料２：横山さんの「息子が探した故郷」の作文**

　電話のベルが鳴った。息子だった。
　学校が休みになって、きょう東京から帰省してくることになっている。
「いま、どこから電話してるか、当ててみないか」
息子は笑って、言った。
　いいかげん待たせて、心配させて、何をのんきなことをいって──腹が立つより、おかしくなって、こちらも笑ってしまった。
「お母さんの生まれ故郷の駅前の電話ボックスからだよ。お母さんの話を頼りに、住んでいた辺りを歩いてみたけど、家もないし、梅林も小川もどこにもないよ。もう昔の村やない。すっかり町になっている。いまから夜行で帰る」
一気にしゃべると息子は電話を切った。
　私は、子供が初めて私の故郷の土を踏み、そこから電話をかけてきた心境を推し測った。しばらく忘れていた望郷の思いに胸が熱くなった。
　私の生まれ育ったのは、愛知県Ｋ郡南部の農村。そこを離れて三十年がたつ。私が描くのは──のどかな田園風景、古い家並み、伊勢湾へと続く河口の木曽川の清冽な流れ。いまごろは伊吹おろしが冷たかった。
　母は、戦後間もなく、幼い私を残して病没した。兄一家に育てられたが、悲しみは心の底にかくれて沈んでいた。ただ、移り変わる四季の自然と、恩師、友人、周りの人たちの人情のやさしさ、温かさが私を包んでくれた。
　春には、れんげ堂のお祭りで海のほおずきを買う。夏が来て、泳ぐ木曽川の水の底は砂までキラキラと光る。秋の祭りで繰り出される村のおみこしには、ずうっと後をついて歩き、境内でニッキ棒や水あめを買う。冬には土手の上から雪ぞりですべり落ちスリルを楽しむ。記憶は鮮やかに、美しくよみがえった。
　息子は、何を思って、私の故郷を訪ねたのだろう。息子の電話で、遠のいていた故郷が戻ってきた。
　私には故郷があった。近いうちに、必ずいこう。そう決めただけで、気持ちはたかぶり、満ち足りた。
　息子を迎える夕食の準備に、私は勢いよく台所へ立ち上がった。

出典：『市民文集「伊丹」』、伊丹市立中央公民館成人学校「文章教室」、1984 年。

第4章

手芸店のフィールドワーク

手芸店のディスプレー
店には、たくさんの手芸作品が飾られている。

4-1 手芸店の課題

　女性がたしなむ趣味として、手芸が挙げられよう。ホビー市場規模は、3,600〜3,800億円だと言われる（『洋装産業新聞』2003年5月1日付）。
　『CLOVER NEWS』2003年春号によると、ここ数年、生地類やソーイング関連の資材関係が伸び悩んでおり、「ソーイングの活性化」が課題として挙げられている（1-2頁）。
　詳しい分析を見ていくと、総務省の家計調査によると、2001年の1世帯あたりの生地類支出金額は2,826円となり、1992年の6,216円と比べて半分

以下に減少している。ミシン世帯保有率も1992年の81％と比べて72.5％で年々減少傾向にある。その原因については、総務省の社会生活基本調査のデータ分析により探っている。和裁・洋裁行動者率（10歳以上人口に対する過去1年間に和裁・洋裁を行った者の割合）は、1996年と比べて、すべての年齢階層において3〜4ポイント増加している。中でも、35〜39歳の行動者率は25％で一番高くなっている。しかし、和裁・洋裁の1年間の平均行動日数を見ると、全体の平均は年間26日である。45歳以上が20日以上で比較的高くなっており、ソーイングのメインターゲットになっていることが伺える。それ以外の年齢では、15〜19歳以外は20日に満たなくなっている。

　このように、ソーイングする人は増加しているが、ソーイング行動日数は減少傾向にあり、それが生地類支出金額の減少の原因であるようだ。「2000 OSAKA手づくりフェア」でクロバー株式会社が実施したアンケート調査によると、「この1年間に作ったソーイングの作品」を尋ねた結果（複数回答）では、バッグ類が59％で、スカート32％、ブラウス23％と比べて圧倒的に多数を占めている。時間と生地を多く要する衣服から、短時間で簡単にできる小物へと小物作りがソーイングの中心を占めているのではないかという仮説を立てている。

　こうして、クロバー株式会社は、ソーイングの活性化として、行動者率の増加、そして、いかにして行動日数の増加を図るかが重要な課題であるとしている。

　手芸には和裁・洋裁以外にさまざまなジャンルがある。日本手芸普及協会は、ホームページによると、1969年に設立され、「手芸指導者の育成」と「手芸の一般への普及」を目的とする。本協会が定める「講師科」の課程を学習し、講師の資格認定を受けた人が会員となる。2003年3月で12,000名ほどの会員が登録されており、生涯学習をテーマに全国各地で手芸のカルチャー教室、展示会、イベントへの参加などの活動をしている。手あみ、パッチワークキルト、刺しゅう、レース、レザークラフト、手織り、押し花、トールペイントの8部門がある。

　しかし、そうした団体に所属せずに活躍する作家や店舗もある。例えば、パッチワークキルト作家は、パッチワークキルトの店を経営しながら、生徒を教えている。日本手芸普及協会に含まれない、紙工芸、創作人形、ビーズ、

ちりめん細工など、それ以外の手芸に関しては、それぞれのジャンルごとに全体組織を調べなければならない。そのため、現段階では、手芸業界全体についてデータ収集した上で課題を提示することができなかった。そこで、手芸店経営にあたって、とりあえずは「ソーイングの活性化」という課題にどのように取り組んでいるのかを中心に見ていきたい。

後述するように、妻の貢献度が大きかった手芸店であるが、1996年より妻は孫の世話をするため、以前よりも店には関わらなくなった。本章では、店主の考え方や行動、顧客関係の構築を記述していく。零細小売商の顧客関係に関して、手芸店に関しては、第1回目は1997年8月6日で、1997年から1998年に20回、2001年に数回、2002年に18回、2003年に17回フィールドワークを行った。2004年から2005年に10回補足的なデータ収集をした。参与観察による来店客調査や店主と顧客へのインタビューを行った。

4-2 手芸店の提供する価値

とにかく「商売が好き！」と言う店主である。店にいて、女性客と接するのが何より生きがいだと話す。

店主は5人兄弟である。1938年に商売を営んでいた両親の長男として伊丹市で生まれ、2人の姉妹にはさまれて育った。男の子1人だったため、大事に育てられたそうだが、女性に囲まれたせいか、姉妹には優しい性格だと言われる。

元々商売には興味があった。兵庫県伊丹市にある公立高校商業科で簿記を習う。高校卒業後、いくつかの就職先を考え、サラリーマンになる可能性もあったし、他の業種の商売も考えたそうだが、最終的に大阪市の手芸問屋に通いの丁稚として勤めることになった。1956年から12年間修業に入る。

一番安い給料の店で働いたため、苦労をしたそうだが、
「いっこも苦労だとは思ってへん」
と答える店主であった。修業中も、店番のときに、手で触って布の種類を覚

えるなど、熱心に学んだ。当時同じ店で修業していた人たちが 20 数人いた中で、現在でも商売を続けているのは、2003 年にはこの店主だけになってしまった。親戚から、会社に入ってくれるよう頼まれたこともあるそうだが、自分の店を構えて店主になりたかったため、その話を断り、惜しまれたそうだ。

店主は 1965 年に、結婚した。店主の妻になったのは、お針子として働いていた島根県の農家出身の女性（1943 年生まれ）である。情熱家の店主は、当時のデートの様子を熱烈に語ってくれた。

1968 年に住居兼の店舗を構えた。得意先を回る行商もしていた。妻は自転車、店主は軽ライトバンに布地を積んで、手芸用品を売り歩いた。1971 年に、父の屋号で店と住居が一緒の小売店で商売をするようになった（1985 年まで）。

商品アイテムだけでなく、その種類も数多く、「幅広い品揃え」も付加価値としている。いつ売れるか分からない、在庫を抱えながらも、回転率が悪い商品でも、全色（例えば、糸であれば 200 色）あるいは全種類を揃える。それは、顧客にとって「ここに来たら（欲しい物が）ある」という信頼を重要としているためである。それゆえ、来店客は、欲しい商品が他の店にないため、店主に「他の店を探されたら」と言われても、また店に戻って来ることもある。

商品の販売は、ほとんど定価販売である。たまに、お金の足りない小学生に「まけて」あげることはあるが、安く売らない。商売人として、値を引くのは最後の手段と考えているからである。どんな商品であっても、その価値を認めたいため、定価販売を基本とする。では、定価販売で、どのようにして顧客を満足させているのか、その仕組みを見ていきたい。

消費者サイドに立って、利益を上げるための簿記を知っている。高校時代に全商連の 1 級を取得した店主は、簿記の知識は経営活動を行うための必要条件で、最低商業簿記 3 級は必要だと語る。経営の「健康診断」のために、簿記は身体にあたり、売上高より利益率が大事だと言う。通常価格より商品を安く売る店舗について、以下のように批判する。商品の値打ちを下げることを商品を売る側がすることに対する批判、加えて、売上の数字を挙げたとしても、利益が減少するようであれば、健全な経営とは言えないという批判、

そして一番強調しているのが、商品の価格を下げても顧客満足や店への支持に繋がらないという批判である。

　店主はできるだけ、費用を使わずに、商品の付加価値を付けることを強調する。例えば、広告活動は、主に口コミによる宣伝活動を利用している。子供会で使う御輿の布をボランティアで提供することで、広告費を使わずに店の評判を広げるのが何よりの宣伝となると考えている。例えば、1989 年と 1990 年に『神戸新聞』、2003 年に『読売ライフ』に店のことが紹介されている。

　ボタン付けやファスナーの加工なども、素早くしてもらえることに顧客の満足があると考え、その場ですぐに付けることで利益を確保し、顧客にも喜んでもらう。店主によれば、「他の店では邪魔くさいから、後回しにしかやらない」ため、「ありがとう、わずかなことを」と言って喜んでくれる。

　こうして、簿記の知識を活かしながら、新聞記事で他店の経営問題について実際に原価率や粗利率を計算したり、時間を掛けて味わうことが好きで小説を読んだり、NHK ラジオ「こころの時代」を聴いたりして、常に商売に活かすアイディアがないかと学ぶ意欲を持っている。

　店主が気に入っているのは松下政経塾の話である。ある店主が北海道へ 100 円のラーメンを食べてもらいに行くことになり、タレを作って持って行った。100 円のラーメンでもタレにこだわっているため、持って行かなければならないとその店主に教えられ、「100 円なのにどうしてそこまでするのかと考えた自分は浅はかだった」と反省したという話である。また、掃除は業者に頼まず、自分たちでやることを松下幸之助氏が説いたのに、10 年経ってもまだ掃除の大切さが分からない人がいることを嘆いたという話もあった。

　この店では毎朝、掃除を欠かさないため、整理整頓も行き届いている。手芸品が置かれている棚はいつも埃がなく、常にきれいにすることを心掛けている様子が伺えた。

　1,000 万円を掛けた間接照明、タイルへの工夫も店主のこだわりを示している。また、商品の並べ方も、「あなたのお針箱」ということで、いつも同じ場所に置いて、顧客が探しやすいように配慮している。

4-3 顧客へのもてなし

　顧客との情報交換を何より大事にしているため、力を入れているのは、接客である。フィールドワークをしてみると、手芸店には、20～30代の人も訪れるし、小学生も訪れるように来店客の年齢層が幅広い。
　圧倒的に、50代以上の女性客が多い。男性客もいるが、調査した期間、数えても10人いるだろうかという程度である。そのため、何より女性客に好かれる店主であることが必要とされる。手芸が好きと言うより、手芸をする女性が好きな店主であった。いつも元気な声で、女性客に声を掛ける店主であった。
　「いつも、すんませーん」
　「春ちゃん、お花ありがとう」
　「まいど、おぉきに」
　「あつう、なりましたなぁ」
　2001年12月に来店客へのインタビューを行ったとき、回答者は5人程度であったが、それ以外は、ほとんど店主に回答してもらうことになった（調査概要と結果は参考資料1を参照されたい）。ただし、来店した人の回答を確認することはしていない。
　店主の判断によって、来店客に回答を依頼するかどうかを決めていた。急いでいる人や、夫が同行している人には、その事情を汲んで話し掛けない店主であった。日曜日の実施であったため、「レギュラー・メンバー」は少なかったようだが、店主によると、来店客との付き合いの長さは、ほとんど2年以上だった。初めて来た人は店主と話さないため、すぐに分かるそうだ。2回目から話すようになる。また、何回か来る人でも話したくない、話さない人も2割ほどいる。
　顧客のほとんどが伊丹市内に住んでいる。母も常連という、親子代々と利用する顧客もいる。
　小学生も来店することがある。子供を6人育てた経験があり、日頃から孫とよく遊んでいるため、その扱いも慣れている。小学生の間で「手品のおっ

ちゃん」として知られ、買い物に来たわけでなくても、せがまれて手品を披露する。全く知らない子どもにも、そのときレジの横に置いてあった水槽をきっかけにして話し掛ける様子が見られた。店主によると「牛には牛の飼い方、馬には馬の飼い方」がある。子どもには、子どもがして欲しいことをしてあげると喜ぶとのことだった。こうして、性別・年齢などに関係なく、孫が店に来たときは小遣いをあげることもあるそうだが、基本的に誰にでも同じように扱っている店主であった。

　自分が誰より、一番低いと思っており、いつでも親切にもてなすのがモットーの店主だ。とにかく、聞き上手である。

　会話のきっかけとして、例えば、店主がレベルの低い質問をする。すると、来店客が得意になって話してくれる。女性客のいいところを見つけてあげて、引き立てることがコツのようだ。ただし、話す内容については、家族のことなど、聞きすぎてもいけないし、一方的に話したいことを話してもらうようにしている。店主は、そうした女性客に対して「やさしい・親切・(速くて)丁寧」が特徴である。そのため、顧客との関係は非常に長期的で、妻がこぼすくらいに「誰にでも親切」である。

4-4　手芸店の顧客関係

(1)「お客さんは恋人」

　どんな人でも平等に扱うものの、店にとっていい顧客を育てるように仕向けている。そのために、この店では、来店客への平等主義を徹底している。わずかな金額しか買わない人にも、丁寧に「ありがとうございました」と挨拶する。両手で小銭のお釣りを丁寧に渡す。定価販売が基本であるので、単に値切るだけの来店客は、丁重に断るか、定価販売させてもらう。これまで何度も定価で買っているお客さんに申し訳ないから、と言って、店の方針を理解してもらい、顧客になってもらうよう仕向ける。

　加えて、顧客の女性たちとは、店以外の付き合いを一切しないことを徹底

している。それは、店主によると、他の顧客が「焼き餅を妬くから」ということで、顧客の女性心理を気遣ってのことだった。

一緒に買い物に来ている同伴者の夫に対しても配慮をしている。それは、店主が顧客の妻と仲良く話すと、夫が嫉妬するためである。店主がその顧客とは長い時間話さないように配慮し、顧客の方も「1人で来たときにゆっくり話すわ」と言って帰るそうだ。

何人かの「レギュラー・メンバー」がいるが、その人たちは、商品を買うときもあれば、買わないときもある。しかし、足繁く、店に何度も通っている。参考資料2にあるように、「いつものおばあちゃん」は、1日に2回も訪れることがある。春ちゃんには、入院したとき、わざわざ病院から店に電話をしたと言われる程だ。

このように、手芸店では、買う目的がなくとも、店に立ち寄る「ファン」のような顧客が何人かいて、それを「許している」店主がいる。すなわち、商売人は利益が上がるかどうかで人と付き合うわけではなく、店を顧客とのコミュニケーションの場としている。

店主は、顧客に対して、たくさん買ってくれるのがいいというわけではない。店主にとって、「いいお客さん」とは、「買わせていただく」という態度の人だ。たくさん買ったからと言って偉ぶらず、無料で何かサービスしようとしても「そんなん、せんでええ」と言われる。店主も、そういう人をどうやってもてなしたらいいかと考える。手芸店では店主よりも年齢が20〜30歳上の人からいろいろ教えられると話す。

手芸店店主には気持ちのいいサービスだとか、お釣りを渡すときの心構えも教えてもらった。そうした気配りをする店主に魅力を感じる顧客がいるということなのだろう。

(2) 顧客情報の活用

手芸店でも、来店したらすべての顧客が長々と話すことはないが、わざわざ店主と話しに来る顧客もいることから、話を聞くことが商売につながらないものの、店主は、手芸のアイディアなど顧客からいろいろな情報を教えてもらえるのがいいのだと言う。常に、「お客さんの心を掴むには」と考え、

顧客にとっての価値を提供する品揃えをして、顧客が求めているものを顧客とのコミュニケーションにより探し出す。

店主は、「千両みかん」の落語[1]が好きで、その話を何度も聞いたと言う。典型的な商売人の話であった。店においてもこの「千両みかん」と同じ価値がある商品として、30年前のボタンを値を付けずに持っていて、欲しい人がいたら見せようと思っている。店主にとって、数が揃っていないボタンには商品価値がないと思っていたところ、20代の女性から「今流行っている」という話を聞いて、「30年前のボタン」を商品価値のあるものとして活かそうと考えたのだ。写真（91頁）にあるように、ボタンを並べた色紙が10枚ほど店に展示してあった。その影響は少なからずあったようだ。

次男（1970年生まれ）からのメールの文面から、店主の考えを紹介しよう。

> 「親父はボタンというものは洋服で使うものという固定概念があり、大6個小4個が揃って1着分であり、半端なボタンは価値がないと思い込んでいました。バラ10個で50円とかで店の片隅に眠っていましたが、今雑貨のワンポイントとして流行っていることを伝え、1個300円程度で売れています」

「お客さんの需要、ニーズに耳を傾けて、商品の価値が分かって、ピシャっと合うように」と店主が語っている。

2001年11月に店主の次男が立ち上げたホームページには、次のような店主の言葉が載っている。

> 「当店には特売日というものはございません。
> お客さまとのコミュニケーションを第一に
> 素敵な商品を真心こめて販売させて頂いております」

4-5 まとめ

手芸店において、男性店主にもかかわらず、手芸をする女性たちと顧客関係を築いている光景を描いてきた。女性をもてなすのが好きな店主は、1人

ひとりの顧客に適応するために、さまざまな行動パターンを身に付けている。そして、顧客からのいろいろな情報収集に基づき、商品や店の価値を高めようと実践していた。

　手芸店では、ソーイングの活性化として、ソーイング行動の増加や行動日数の増加にどのようにつなげるかが重要な課題であったが、その点については、第6章で詳述したい。

〈注〉

(1)　冷蔵庫がなかった昔、夏の暑い日に病気の息子が「みかんが食べたい」と言い出した。息子思いの旦那は、番頭に買いに行かせた。すると、たくさんのみかんを倉庫に保存している店に行き、ほとんどが腐っている中、1つだけ腐っていないみかんがあった。事情を聞いた店主は、「差し上げます」と言ってみかんを渡してくれた。同じく商売をしているその旦那は、お金は支払うと言った。すると、「1個千両です」。息子の命と引き換えなら安いと言って、旦那は千両支払った。

参考資料1：来店客に関する調査概要

　1日の来店客の全数調査として、2001年12月9日（日）10:00〜20:00に、店主および商品の購入客へのインタビューおよび接客場面の参与観察によりデータ収集を行った（調査にご協力いただいた方々に感謝申し上げたい）。店主とどのような話をするか、買った商品について参与観察を基に記録しながら、居住地、来店頻度、店との付き合いの長さなどの質問項目を用意して顧客へのインタビューを試みた。

　結果的に店主から顧客情報を聞くことになり、来店したうち24人について記録した。男性が1人いたが、24人が女性で、そのうち、22人が伊丹市在住だった。20代が2人、30代が6人、40代が3人、50代が4人、60代が3人、70代が2人である（不明4人）。来店頻度は、1カ月に1回が11人、1カ月に2回が7人、1週間に1回が3人、1週間に2、3回が1人である（不明2人）。初めて来店したのは、10年以上前が11人、2〜5年前が8人、6〜10年前が3人である（不明2人）。35年の付き合いの顧客もいた。

参考資料2：2002年4月22日（月）の店主の活動記録
（前日は雨。この日は晴れて20℃を超える暑さ。店主と客の間では、天気の話題が3回あった）

7：00	起床
	朝食（食パン1枚とコーヒー）
	毎日新聞を読む
	家の燃えるゴミをゴミ置き場に持っていく
8：40	店にて花の水替え。食器を洗う。レジの横の台を拭く
	近所のお地蔵さんのお掃除　お供え、ローソク、線香、お賽銭、花の水替え、お参り
9：20	銀行へ振り込みに行く
10：00～10：10	開店。ビルへの来店客を入り口でお迎えする
10：15	調査開始
10：15	テープ買う女性客1
10：25	買う商品はすぐに決めた女性客1が、店主と話し込む
	肩の痛み、健康のこと、食べ物のことを話す
10：38	ファスナー2本の加工を頼んで帰る女性客2。10：56に戻る。息子がドイツに出張中という話をする
10：40	ひもを見ている女性客。店主が声を掛ける。帰る？
10：42	ファスナーの加工を待っている女性客3
10：49	見ている
10：52	小物買う女性客4
10：55	ひも買う女性客5
11：00	店主が、ビルの外に駐輪している自転車を移動する
？	ファスナー買う女性客6
11：08	手芸ボンド買う女性客7。紙人形見ている
11：13	名札買う女性客8。話をすると、店主の孫と同学年であることが分かる
11：17	購入する？　女性客9
11：20	スーパーの袋を椅子に載せる。布を買う女性客10
11：37	「いつものおばあちゃん」がパンを持ってくる
11：49	購入する女性客11
11：53	店主の妻がお弁当を持ってくる。店主が接客中なので、

	そのまま置いていく
12：06	「コインランドリーありますか」と尋ねる来店客
12：07	かぎ針7号買う女性客12
12：15	ひも買う女性客13
12：20	店主が、トイレに行く（灰皿に水を入れて回る）
12：25	女性客14が来店し、店主が留守のため、待ってもらう
12：35	ひも買う女性客14
（12：50～13：50	筆者昼食）
？	店主の昼食
13：55	小学生の女の子が2人来店して、「手品見せて」と言って、店主が手品をする
14：04	パンヤ買う女性客15
14：15	「いつものおばあちゃん」が2度目の来店
14：18	糸切りばさみ買う女性客16
14：37	ビーズを見ている女性客17。店主が声を掛ける しばらくして帰る
14：44	藤木さん来店。しばらく店主と会話。藤木さんに調査依頼をして、閉店まで話を聞く （そのため、これ以降は記録漏れがある）
14：53	「春ちゃん」来店
15：03	購入する？　女性客18
15：06	購入する？　女性客19
19：50？	ビルに犬をつれて入店した人があると連絡があり（？）、腕章を付け、店主が入店を断りに行く。すると、その女性（30代？）がわざわざ来店し、「こんな所、二度と来ません！」と店主に言う。黙って聞いている店主
19：50～20：00	ビルの来店客に挨拶することになっているが、藤木さんが来店していたため、この日はしなかった
20：00	藤木さんが帰る。調査終了 いつもの日は、はたき・ダスキン・雑巾で清掃。整頓 花の水替え。モップがけをする 夕食　用意は妻、片付けは店主がすべてやる 風呂
23：00	就寝

第5章

メガネ店のフィールドワーク

メガネ店のディスプレー
陶器も好きなので、店では、陶器と一緒にメガネを飾っていた。

5-1 メガネ店の課題

　現在、日本の眼鏡人口は6,000万人を超えると言われ、全人口の約40％を占める[1]。眼鏡関係小売市場規模は2001年では、約6,241億円と言われる（眼鏡小売市場は、5,623億円）。年間眼鏡購買人口は、19,618千人である。1999年から上昇し、過去最高となった（株式会社サクスィード出版部編　2002、20頁）。眼鏡店舗数は、低価格均一ショップも増えて前年に比べ469店増加し、12,530店となった（前掲書、46頁）[2]。
　赤木(1996a)によると、「顧客一人ひとりに合わせた眼鏡を提供することが、

眼鏡業界の発展にとって最大の課題となる」(174 頁)。後述するように、社団法人日本眼鏡技術者協会、全日本眼鏡連盟も同様の主旨を掲げている[3]。では、そのような課題に、調査対象のメガネ店がどのように取り組んでいるのかを見ていきたい。

本章では、顧客関係の構築、店主の考え方や行動について記述していく。零細小売商の顧客関係に関して、メガネ店では、第 1 回目は 2002 年 2 月 21 日に行い、主に 1 号店で 2002 年に 14 回、2003 年に 17 回フィールドワークを行った。2004 年から 2005 年に 7 回補足的なデータ収集をした。同様に、参与観察による来店客調査や店主と顧客へのインタビューを行った。

5-2　メガネ店においては専門技術が必要

専門店でも顧客に支持されることを裏付けるデータとして、メガネ消費者 (装着者) に対する首都圏での直接面接法によるアンケート調査がある (株式会社サクシード出版部編　2002、94-141 頁)。2,188 人の回答者のメガネの購入店舗は、「大手眼鏡専門店チェーン」(37.7％)「地元の眼鏡専門店」(26.1％)「デパート内のメガネ売場」(13.1％) の順であった。そして、均一価格の店は 4.7％であった。年代別の集計では、15 〜 24 歳と 55 〜 64 歳、65 歳以上で、「地元の眼鏡専門店」の利用が 30％を超えている。

調査対象のメガネ店もやはり、地域密着型で固定客を中心としている。店舗販売のみで、顧客のほとんどが同じ市内に住んでいる。2003 年 12 月時点で兵庫県の伊丹市と尼崎市にそれぞれ 2 店、大阪府大阪市に 1 店を構える。7 人の従業員が勤務している。長男と妻は、2003 年 8 月に閉店した 4 号店に勤務していた。次男は、5 号店の店長として勤務している[4]。

店のホームページは作成しておらず、従業員が作成したポスターが貼ってあるのみである。その代わり、店内には、認定店のステッカー、認定店登録証と認定店眼鏡技術者登録証、(社) 日本眼鏡技術者協会の眼鏡士認定登録証、1966 年に大阪眼衛生協会より交付された眼鏡士登録証が掲げられてい

る。店主はメガネ創りの技術に自信があり、全日本眼鏡連盟認定店、眼鏡技術者、(社) 日本眼鏡技術者協会会員であることが、来店客に渡す店のステッカーにも書かれている。

(1) 全日本眼鏡連盟の認定店

　このメガネ店は、全日本眼鏡連盟の認定店である。全日本眼鏡連盟は、ホームページによると、標準以上の専門知識と技術を持った全国のメガネ店を自主的に設けた基準によって認定し、安心してメガネをお求めいただけるようにすることを目的としている。また、自由な経済競争の中において、公正な競争の促進とメガネの安全性の確保を図るなど、単に知識や技術だけではなく、倫理観や道徳観を兼ね備えることも認定店に要求している。

　そして、標準以上の専門的な知識と技術と測定器や加工機器などの設備を持つ眼鏡店を毎年度審査し認定店として登録し、管理している。1店ごとに、認定眼鏡技術者と店の加工設備・視力測定設備等の申請を行い、それを審査し、資格基準を満たしている場合は、眼鏡公正取引協議会（眼鏡販売における不当表示を自主規制する組織）の会員になることを条件に、認定店証、認定店眼鏡技術者登録証を交付する。認定店の認定眼鏡技術者の資格基準は、全日本眼鏡連盟が認定する眼鏡専門学校卒業後、1年以上の実務経験がある者、(社) 日本眼鏡技術者協会の正会員登録をしている者、後述する認定眼鏡士の登録をしている者、あるいは3年以上の実務経験があり同協会の試験に合格した者である。

　2003年では、兵庫県の認定店は102店、そのうち伊丹市には5店ある。

(2) 認定眼鏡士AAA級を取得した店主

　社団法人日本眼鏡技術者協会は、ホームページによると、眼鏡に関する技術・知識を通じて、広く社会に貢献しようという団体である。

　　「眼鏡関連の技術は日々進歩しています。消費者の皆様のお役に立てるには、新しい技術や知識の修得が欠かせません。既存の技術者には毎年の講習会により、また、新しく眼鏡業務に携わる人には入会試験を行っ

て、眼鏡技術者の知識技術レベルの標準化と、新技術への対応をはかることが中心的な業務です」

　会員資格は、学歴ごとに定められた眼鏡従事経験年数を満たした23歳以上の人で、学科と実技の入会試験に合格することが必要とされている。1988年に設立され、2002年の会員数は、約8,000人である。資格維持のためには生涯にわたって講習受講の回数が定められ、認定眼鏡士の資格有効期間は3年間のみである。

　2002年では、兵庫県の認定眼鏡士は409人、伊丹市では店主夫妻を含め18人である。4人の従業員も眼鏡士の資格を取得している。店主は、認定眼鏡士ＡＡＡ級を取得している。『VISION CARE』によると、認定眼鏡士とは、ビジョンケアを提供する上で豊富な知識と確かな技術を持った眼鏡技術者づくりを目的とした資格である。一般コース（Ａ・ＡＡ・ＡＡＡ）とアカデミックコース（Ｓ・ＳＳ・ＳＳＳ）に分かれているが、いずれも定期的な生涯教育認定講習を受けなければ資格が停止される。ＡＡＡ級は、ＡＡ級取得後2年以上の眼鏡実務経験を有し、ＡＡＡ級認定試験に合格した者である[5]。

5-3　顧客のライフスタイルに合ったメガネ創り

　では、実際に、この店主がどのような考えでメガネを作っているのか、紹介しよう。

（1）メガネ創りのプロセス

　この店では、1回の滞在時間も長い。なぜなら、顧客に「きっちり合うた」メガネを創るために、メガネ一式を購入するまでに、視力測定から枠（フレーム）選び、レンズ選び、アイポイントを取る[6]（とくに遠近両用の場合）という一連の作業に2時間程要するためである。出来上がってからも再度フィッティング調整をして確認する。そのときに、顧客とはメガネの取り扱

い等の会話をする。

　このメガネ店においては、顧客カルテは家族ごとに管理している。1人1人カルテを作成して、それを家族ごとにファイリングしているが、2003年1月26日時点で、約2万件のデータがある。そこには、連絡先、職業、趣味、家族構成だけでなく、メガネ創りに必要な情報収集として、眼に関する病歴等、視生活に関連する事柄を細かく記述するようにしている。どういうときにメガネを使うかを知って、それに合わせて使いやすいメガネ創りをするのだ。

　技術的なことも含めて、その人のライフスタイルに合ったメガネを提供するよう心掛け、その人のライフスタイルに関する情報収集をしている。まず、どういったシーンでメガネを使用するかを把握するためにどんな趣味を持っているか、カルテを作るためにいろいろ聞き出していた。その人のメガネを使う生活環境がどういったものなのか、それだけでなく、その人の品格、仕事の業績や家柄、メガネの使用状況に合わせたメガネも提供することを心掛けているようだった。

　正しい視力測定も、測定距離は5mだと言われている（村松　1999a、33頁）。そのメガネ店では、すべての店で5mの測定距離を取っており、1号店ではわざわざ改装したほどだった[7]。

　レンズを選び終えると、次はフレーム選びである。顔に合っているかという肉体的なフィッティングだけでなく、その人に似合うかどうかということも考慮している。その人の年齢や顔立ち、肌の色なども考慮しているのだろう。

　顧客自身ではなく店主自らいくつかフレームを選択し、その上で顧客に選んでもらっている。その人に似合うフレームを選ぶのも、肌の色や顔の形を見ながら、瞬時に探し出すように見えた。そして、店主が探してきたいくつかのフレームの中であっさり決まってしまうことがあった。店主によると、長年やってるから、大体その人に似合うフレームの形や色が分かるとのことだった[8]。似合っているフレームに納得してもらうよう説得を試みることもある。また、フレーム選びのとき、高齢者には若く見えるようにお洒落を気遣ったアドバイスもしている。

　協同組合オールジャパンメガネチェーン（All Japan Optometric Cooperative、略称アジョック AJOC）の基本理念は、ビジョンケアを推進し、人びとの快適な視力を通じて社会文化の発展に寄与することである。とくにメガネのフィッティングに時間を掛けている。「まずお客様の使用される状況やお好みを詳しくお伺いしたうえで、常に快適な掛け心地を保てるよう一番適したフレーム・レンズをお勧めして」いる。次に、一人ひとりのお顔に合わせてフィッティング前の調整(型直し)、プレフィッティング(基本調整)、セミフィッティング（加工時の枠入れ後の型直し）、最終フィッティング（お渡し前の調整）をきちんと行う。正しくフィッティングされていないと、とりわけ遠近両用メガネのように手元から2mくらいの中間距離、そして遠方を見るといった複数の機能を持つメガネほど快適な見え心地は得られず、その性能を十分発揮することができない[9]。

　長い間使っているうちに、フレームのゆがみやネジのゆるみなどによってメガネが下がってくることがある[10]。そのため、この店でも、購入後あるいは他店で購入のメガネのアフター・サービスを気軽に引き受け、来店客が直ったメガネに満足して帰る光景が何度も見受けられた。

（2）メガネ創りへのこだわり

　「メガネを創るのが好きやねん」
と店主が話してくれた。それを象徴するかのように、初めて調査に行ったとき、いきなり視力測定を受けることになった。持っているメガネが筆者の視力に合っているかどうかを確認するために、レンズの測定やメガネをかけての視力測定をさせられた。「○○店」で作ったと話すと、そのメガネ店はそれ程悪くはないと答え、もう少し乱視に合わせて調整すると良いとコメントされた。しかし、そのときも、調査を続ける中でも、手芸店や手工芸品店と同じように、この店主も、うちでメガネを作るようにと強制するようなことは一切なかった。

　「メガネではなく、自分を売ろう、思うてる」
　店主は、視力測定だけの来店客であっても、自身のメガネ創りのこだわりについて語る。このメガネ店において重要なのは、メガネ創りに対する技術者としてのこだわり（専門知識や技術力）であった。店主によると、専門知

識と技術力の要するメガネと、日用品のネクタイでは商品が全く違う[11]。ディスカウント店の商品は企業努力と称して中国製の安物を仕入れて、格安商品のように販売しているにすぎない。また、技術屋ではなく、商売人を目指すのは間違いで、

「40年やっとっても0.1mm合わすのに苦労すんのに。（メガネを創る技術は）そんな簡単なもんやない」

と力説する[12]。

「それだけの仕事してはんのやったら、もっといいメガネをつくらな」

店主が安い老眼鏡を掛けていた70代の男性に語りかけると、「納得した！」と言って、10万円のメガネを作ったこともあるそうだ。ただし、どんな人に対しても、高いメガネが望ましいわけではなく、店主がその人の話を聞いて、高いメガネを買った方がいいと思われる人物にすすめている。どんな人にも高いメガネをすすめるわけではないし、老眼鏡だけ作りたいと言う人に、遠近両用メガネを作るよう強制することもない（ついでに、作りたいと反応する人はいる）。

メガネ店は、半医半商と言われるように、医学的な知識も必要である。店主は、ある病院の先生に誘われて、2年間高等看護学校の眼科部門の聴講生として眼に関する医学的な知識を学んだ。メガネを創る前に、網膜剥離など眼の病気がないかどうか、知るためである。

店主によると、他店では、安売りばかりに走り、不勉強で技術力がないためしないという、測定に高度の技術と時間を要する「プリズム調整」（潜在性斜視の視力補正のこと）を得意とする。「きっちりと測って調整しないと気が済まない」店主である。物を見るのは最終的には脳で見えているということを来店客に説明し、自身も絶えず心に留めて測定に当たっている。そのため、メガネ創りの過程で、顧客からも、

「ここまで（入念にプリズムの測定を）してもらったことないですわ」

と言われていた。

そのため、顧客は「他の店では満足せえへん」ようで、他店には行かず、この店主のメガネ創りに信頼を寄せているようだ。次男によると、「社長が作ったんじゃないと、メガネじゃない」と言うファンもいるようだ。

「メガネ創りに対する心構え」を初めて店舗を訪れた来店客に渡す。以下、

全文を紹介してみよう。

　　メガネは眼に見えない精密な技術が込められての値打ちです。
　物を見るのは、最終的には脳で見えています。その脳や眼を疲れさせない快適な視生活の為に、正しいメガネ作りが必要です。
　①お客様の生活環境及びその習慣、年齢に合った適切な視力測定。
　②眼幅、鼻幅、お鼻の高さ、耳までの距離・頭の大きさ・肌の色等に合った枠選び及びレンズの選定のアドバイス。
　③遠近両用の場合、特にアイポイントの設計が大切です。
　　（瞳孔の位置が左右も上下も微妙に違います。）
　④アイポイントに合わせた精密な加工調整。
　⑤正しいフィッティング：顔幅、鼻幅、お鼻の高さや耳までの奥行き、左右の相違に合わせた調整。
　どれもが不可欠です。
　単眼視力の向上も大切な事ですが、矯正視力に於いて左右バランスの取れた両眼同時視・立体視が最終的に重要になります。開店以来、そのことにも留意し製作させて頂いております。
　メガネは、大きな店構えやチラシ広告・テレビのコマーシャルが作ってくれるものではありません。技術者がお一人、お一人、一眼一眼入念にお創りする物です。
・当○○では、以上各所に於いて眼に見えない技術を込めて、視力補正用としてのメガネを創らせて頂いております。お客様の品位を大切に、誇りを持ってご愛用頂けるよう心掛けております。
　お知り合いのお方様をご紹介賜れば幸甚です。
　　　　　　　　　　　　　　　　　　　　　　　　店主　敬白

5-4　メガネ店の顧客関係

（1）メガネ店の顧客

　メガネ店の顧客は、1回購入して、再購入するまでの期間が長いという特徴がある。前述したメガネ消費者（装着者）アンケート調査によると、2,188人の回答者のうち、買い替える周期は、2〜3年が28.6％、3〜4年が22.0％の順になっている（前掲書、123頁）。
　この店では、店主に会いたいと訪れる「ファン」のような顧客たちも多い。だから、メガネの購入以外でも来店する。ここで言う顧客とは、メガネ関連商品の購入者であり、購入目的に限らず2回以上来店している来店客に当たる。
　眼科医院からの紹介以外に、来店は口コミによる紹介が多いと思われた。「家族でのご利用が多い」ようで、親子3代で顧客であったり、職場の人に勧められて来店したりしているケースが見られた。大阪府など遠く離れた所からも紹介で来店する。息子が伊丹市に住んでいるという鹿児島県の徳之島の男性も顧客である。顧客の家族以外の紹介を重視しているようで、店主は、すぐにその紹介者に連絡を取り、お礼を述べていた。顧客とはまめに電話による連絡を取っており、筆まめでもある。

（2）顧客との会話

　来店客には気を遣う店主であり、初めての来店であっても、あらゆる年代の来店客と、住んでいる場所や名前だけで話を弾ませる店主である。そうした質問や丁寧な対応に、徐々に心を開くようになるのか、多く話し始める様子が見受けられた。来店客に質問をしながら、いろいろなことを聞き出すのは、その人へのもてなしだけでなく、その人に関する情報収集にもなっているようだ。
　この店で特徴的なのは、長い時間滞在することになる来店客や長く付き合いのある顧客には、お茶を出してもてなすことである。お茶は、炭を入れた

水道水を湧かして淹れている。湯飲みは、陶器の好きな店主が気に入って買ったものである。最近は薬草のお茶も出すそうだ。店主は「習慣やから」とあまり意識していない、お茶のサービスは、「お客様のメガネ創りに、当店では長時間要するために出している」そうだ。お茶好きな店主の習慣が影響しているものと思われた。

　この店主独自の顧客データベースの特徴としては、伊丹市の住宅地図を購入し、1件1件顧客の自宅をマーカーで色づけしていることが挙げられる。全体の数は、落ちているデータもあるが、2002年7月16日の時点で、3,600件ほどある。地図好きな店主の個性が表れているものだが、これも店主の顧客情報収集なのである。顧客との会話の最中にマークして、それで会話を進めることもある。もう1つの例として、店内にある書棚に『全日本道路地図』がある。これには、顧客との会話で出てきた地名、山や滝の名前などをマーカーで印を付けている。それは、顧客との会話の足跡なのである。

　中でも、芸術的な価値やいろいろな旅行のエピソードを話す人たちと話が弾むようだ。メガネ店では、顧客が持ってきた、店内の芸術作品（書や写真、水彩画）を介して、店主と顧客あるいは顧客同士の会話が生まれる光景が見られた。

　店主は、芸術作品を鑑賞するのも、描くのも好きで、自身は水彩画サークルに所属している。そのサークルでは毎月1回スケッチに行き、年に1回作品展を開催している。店主が描くのは、静物画、風景画、肖像である。陶芸、茶器、書道も好きで、展覧会があれば、大阪市立美術館や伊丹市工芸センターに足を運んでいる。店内にも、店主が描いた絵がいくつか飾られている。スケッチした水彩画を顧客にわざわざ見せることもあり、そのときは、とりわけ生き生きとした表情を見せる店主であった。

　また、市や国の政策に関しても、店主独自の提言を持っていて、顧客との会話の中で語られることもある[13]。店主によると、顧客と会話するのは、顧客の生活を詳しく聞き出して、メガネ創りに役立てるためでもある。技術者として、顧客のライフスタイルにも合わせたメガネを創りたいというこだわりの表れなのだ。そして、話の聞き役に徹するタイプであった。このように、店主のライフスタイルや個性が、顧客との会話の中で語られ、顧客との関係を作っている。

(3) 店主に関わる顧客

　店主と親しい顧客は、従業員と同じような感覚で、店主のことを気安く「社長」と呼んでいるように見受けられた。店主ととくに親しいお客さんは、30歳くらい上の人で、みんな亡くなったそうだ。親しくなるのは、メガネの購入に関係なく、頻繁に訪れる人たちだと言う。仕事をしている職人に教えられるそうだ。

　顧客との関係は、顧客が店主や店にかなり深く関わっていることにも表れている。例として、大学生の池田さん（男性）のケースを紹介しよう。CDを整理している店主のためにCDを入れる入れ物を作ったり、「(CD拭くの)自分、手伝いますよ」と言ってCDを拭こうとしたりする。その後、ケースに入っていないCDが20枚ほど出てきて、空のケースに入れようと店主が探していると、「手伝いますよ」とまた声を掛け、空のケースに該当のCDを入れるという作業を手伝う光景が見受けられた。また、何かと店主がしている作業に口を出し、「CD、裏にしないと傷がつきますよ」、「濡れたもので拭かない方がいいですよ」、「メガネのクリーナーで拭いた方がいいですよ」とアドバイスしている。これは、2003年1月26日に見られた光景だが、2002年11月2日にも、4号店にFAXを届けるという手伝いをしていたことから、特別な理由がなくても、店主や店に関わろうとしているのではないかと思われた。

　また、宮本さん（第6章に登場する男性）が夏にたくさんのしそを持ってきたときのことを紹介すると、しそ酒のレシピつきだったので、早速作ろうとした店主は、その作業を顧客の菊池さん（女性）に手伝ってもらったと言う。しその葉を全部洗って水気を切り、ホワイトリカーと氷砂糖を入れて作るそうだが、洗って拭くのが大変で、たまたま居合わせた菊池さんに手伝ってもらったそうだ。

　他にも、他の来店客と居合わせて待たされたときなど、顧客が店の書棚にある雑誌を見ながら待っている光景も見受けられた。

5-5 まとめ

　眼鏡業界では、顧客に合わせたメガネを提供することが課題として挙げられていた。その課題に対して、真摯に取り組むメガネ店店主の姿を中心に記述した。メガネ創りが好きな店主は、眼鏡業界に関する情報に関心が高く、常に情報収集しているようだ。ある従業員によると、たくさんメガネを売らなくていいから、いいメガネを作りなさいと言われているそうだ。メガネ創りの技術を磨くというポリシーを従業員にも徹底している店主であった。

　何より1人ひとりの顧客に合わせたメガネ創りが必要なため、さまざまな顧客について、店主のライフスタイルに合わせて情報収集をしていた。そして、購入以外の目的で来店し、店主の手伝いをしたり、何らかの品物を持参したりする顧客の姿があった。

〈注〉

(1)　『キクチ眼鏡専門学校』パンフレットの記述に基づく。
(2)　『平成11年（1999年度）商業統計速報』によるデータを紹介すると、「時計・眼鏡・光学機械小売業」は21,648店あり、そのうち、従業員が10人以下の店舗数は、21,493店であった（経済産業省ホームページ http://www.meti.go.jp/index.html）。
(3)　キクチ眼鏡専門学校教授のF氏にインタビューを行った所、同じ意見が出された。
(4)　2003年に妻とは離婚している。長男もメガネ店での勤務をやめ、他業種で働いている。
(5)　A級は、中学卒業後8年以上、高校卒業後5年以上、短大卒業後3年以上、大学卒業後1年以上の眼鏡実務経験を有し、年齢23歳以上の者でA級認定試験に合格した者、AA級は、A級取得後3年以上の眼鏡実務経験を有し、AA級認定試験に合格した者である。

(6) アイポイントを取るとは、左右の光学中心を左右別々に合わせる作業を指す。目の位置は、①左右対称ではなく、鼻梁中心から左右の瞳孔間距離が違う、②上下にもずれている、③前後もずれている。そのため、それらを総合的に測定しなければならないと店主は語っている。

(7) 前述したキクチ眼鏡専門学校でのインタビューより、3m 離れていても正確には測定できないとのことだった。

(8) それを明らかにするには、さらにメガネ創りについての知識を持って、データ収集しなければならない。しかし、本研究のフィールドワークでは、他店での測定や製造技術まではほとんどデータ収集できず、2 号店や 4 号店の店主のやり方を参考程度に比較する程度であった。今後の課題としたい。

(9) 『VISION CARE』、朝日新聞社名古屋本社広告部、2005 年。

(10) 『VISION CARE』、朝日新聞社名古屋本社広告部、2005 年。

(11) 『VISION CARE』にも、「アジョックのメガネは、『雑貨』ではありません」と書かれてある。

(12) 拙稿 (2003) では、メガネ店を取り巻く状況として、眼鏡業界とメガネ市場の概要、そして、眼鏡関連団体の取り組みを紹介し、このメガネ店の位置づけを確認するために、メガネ店の小売経営を異なる立場から論じた、冨澤 (2001) と村松 (1999a) の議論を取り上げた。その議論と比べたときの店主の見解である。

(13) 店主は『産経新聞』(2001 年 10 月 24 日〜2002 年 6 月 4 日) のいくつかの記事を切り抜いて保管していた。

第6章

小売店を支える顧客

6-1 なぜ、顧客は小売店に自らの作品を持っていくのか

(1) 店に手作りの品物を持って行く顧客

　第3章から第5章で、小売店に関わる人たちとして、地域社会の人びととの交流を記述した。地域社会の住民の中で最も大事な人たち、それは、小売店の顧客である。

　2001年春、再び本格的にフィールドワークをし始めた。何度となく訪れ、店主との会話も馴染んだせいか、質問することが少なくなってきた。そんなとき、新しい研究課題になる現象に気付いた。普段と同じように手芸店店主と話をしていると、店内の手芸品の話題になった。店内には、何十点に上る手芸品がほとんど展示場所も変わらず、常に飾られていた。店主によると、それは、お客さんからもらったものだと言う。詳しく話を聞いてみると、飾ってある手芸品はほとんど、お客さんからいただいた品物だ、と言うのだ。

　手芸店に手芸品が飾られていることに違和感もなく、店主の口から聞かなければ、この事実を発見することはなかっただろう。これまで10回以上訪れ、手芸店に手芸品が飾られていることに珍しさを感じないほど、店に馴染んでしまい、そのことについて問いただすことはそれまで考えもしなかった。大きな盲点だった。フィールドに馴染みすぎたのと、自分の思い込みで、今までそのことに意識が向かなかった。

手芸店であれば、売り物として置いてもらうよう依頼があると思われるが、常時10点ほど売り物の手芸品（フェルトやビーズで作った作品など）が置かれているものの、展示された手芸品のほとんどは、顧客が置いていったものである。フェルト、ビーズ、毛糸、モール、ロープなどさまざまな材料を使った手芸品は分類が難しく、詳細な商品ごとの紹介はできない。手芸店では、店内の4カ所にそのコーナーが設けられている（写真6-1、6-2）。

手芸店だから、手芸品を持って行くのだろうと思っていた。ところが、顧客が持って来るのは、手芸品ばかりではなかったのだ。お漬け物やたこ焼きなど、わざわざこの店主のために買って持って来る光景を何度も見た。道端に咲いている花を渡されることもある。男性客からも、スーツやネクタイ、靴下、ワイシャツなどの衣服をもらうため、着る物には困らない。新品の品物ももらうことがあると店主は話す。

なぜ顧客が、いろいろな品物を店主に持って来るという現象が見られるのだろう。このことの意味を追求するべく、手芸品の贈り主を探す調査を始めた。手芸品など、品物を持ち込む人がいたら、すかさずその事情を聞き出すように努めた。しかし、その回答は、「家にあったから」とか、「（筆者がいるのが見えたので）一緒に食べて」ということで、持ってくるときの事情を説明するだけのものだった。筆者の経験としても、ある店の人に傘を借りてそのお礼にお菓子を持って行ったことがあるが、店主と顧客の双方に聞いても、どうやらそれはお礼としての位置づけではないようだ。結局、直接聞いても、研究上の意味合いをストレートに指摘してくれる回答は望めそうもなかった。

2001年4月に、手芸店でお客さんからもらった展示品がどれくらいあるのかを数えてみた。100点以上もあった。その1点1点について記録を取り、店主にその経緯を教わろうとも思ったが、あまりにもその数が多く、店主もすべて詳細に記憶しているわけではない。印象に残っているエピソードはいくつか聞かせてもらったが、店主に誰からもらったかをすべて聞き出すことは難しかった。

それが、手芸店のみで見られる現象だと思い込んでいたところ、何カ月か経って、後述するように、豆腐店でも、メガネ店でも、そうした手芸品があることを教わった。まだ数回しか店舗での調査をしていない手工芸品店でも、

写真6-1　手芸店の展示品（1）

写真6-2　手芸店の展示品（2）

顧客が手作りの品物を持ってきた光景が見られた。
　これは一体どんな現象なのかを整理すると、「地域密着型専門店において、顧客が、手芸品や写真、食品など、手作りの品物を持参して来店する光景が見られる。一部の顧客は、こうした、贈与ではない行為を日常的にしている。なぜ顧客が、手作りの品物を店に持って行くのか」ということになる。
　では、この現象について既存研究ではどのように論じられているのか、文献を探してみた。マーケティングの教科書には全く出てこない話題であった。小売商業研究でも、贈与研究でも、店の顧客が、店主にこのような品物を持参したり、何かを見せに来たりするという現象について誰1人気にも留めな

かったのか、全く論じられていなかった。恐らく、この現象は重要な研究課題として検討されてこなかったのだろう。

とにかく、事例を集めて、検討してみることにした。顧客が持参する品物を以下のように分類した。
・手作りの品物（さまざまな手芸品、撮影した写真）
・花（切り花、鉢植え、…）
・買ってきた物（たこ焼き、お好み焼き、漬け物、お菓子、…）
・家にある物のおすそ分け（玉ねぎ、しその葉、…）

飾る品物が増え続けている店内にもかかわらず、手芸店の店主は、容易に捨てることはできないと言う。捨てることができないどころか、その「プレゼント」の置き場所も決まっていることもあり、その場所に置いていないと顧客の女性の機嫌を損ねるそうだ。店主によれば、顧客同士ライバル意識があるとのことだ。植物も枯らせたら大変らしい。

手芸品が店に飾ってあるのが珍しいと言って来店する人もいた。その中で気に入った作品について作り方を店主に尋ね、店主はそれを見本として持って帰ってもらうように言っていた。こうして、店内に展示された手芸品に目を留めた顧客と店主の会話、また顧客同士の会話が弾むことも見受けられる。

（2）なぜ、顧客は店に「作品」を持って行くのか

では、「なぜ、顧客が小売店に何らかの品物を持って行くのか」を重要な研究課題として設定しよう。結論から言うと、地域密着型専門店における顧客関係を特徴づけ、店主との関係を象徴しているのがこれらの品物であるようだ。そこで、零細小売商における顧客関係については、この現象に基づいて記述していくのが望ましいと考えた。そうした現象が見られるかどうかが、顧客関係を維持できるかどうかに大きく関わってくるようだ。

フィールドワークによって、手芸店、メガネ店、手工芸品店、元豆腐店において、手作りの品物を店に持って行く顧客がいることは分かったが、店主へのインタビューや何人かの顧客にインタビューをしただけでは全くその意味づけを掴むことができなかった。また、顧客が店に品物を持参する場面を参与観察することができたとしても、その光景を記述するだけでは、表面的

な説明しかできない。

　顧客が店に持参する手作りの品物は多種多様であるが、店主が大事に保管しているのは手作りの品物である。そのため、具体的に、2つの店の顧客の事例を取り上げて、それぞれの顧客が、店に手作りの品物を持って行く背景を探っていくことで理解を深めることにしてみた。

　以下の節では、手芸品と写真を店に持ち寄る顧客の事例が描かれる。その上、和紙人形や風景写真が制作される過程が詳述される。その内容は、小売業家族従業や小売店とどう関係するのか、不思議に思われるかもしれない。筆者自身、顧客についてのフィールドワークを終えて成果をまとめるまではそのプロセスを知ることの重要さに気付かなかった。

　ここで検討したい現象に相当する贈与行為は、贈与研究において検討されていなかった。そもそも贈与行為と呼べるのかも解釈できず、顧客が店に持ち寄る「品物」の名称もどう呼んだらいいか、フィールドワークを終えるまで随分迷った。初めて目にしたときは「店の展示品」であった。それが、来店客からもらったと手芸店店主に教えられ、「贈り物としての品物」として解釈された。しかし、店主たちへのインタビューをしていくと、贈り物としての意味は薄れ、手みやげのように解釈された。また、大事に保管している様子から「手作りの品物」という意味も付与された。そうした呼称も明確にしないまま、ある2人の顧客の和紙人形と風景写真の制作過程への参与観察を中心にフィールドワークをしていた。

　フィールドワークで分かったことは、顧客が店に持参するのは、単に「手作りの品物」と呼ぶのでは不十分であるということである。店に持参するのは、ただ顧客が手作りしたというだけではなく、たった1つしかない顧客のオリジナル作品である。顧客が店に持参する手作りの品物をその顧客の「作品」として捉えよう。

　もちろん、こうした筆者の解釈によって、それぞれの顧客の取る行動が記述されているため、別の解釈の可能性もあることは否定しない。筆者は、作品として捉えなければ、顧客だけでなく、店主の取る行動の意味が理解できないと考えた。このように、「なぜ、顧客は小売店に何らかの品物を持って行くのか」という疑問が、フィールドワークを終えて、「なぜ、顧客は小売店に自らの作品を持って行くのか」という研究課題として設定された。

では、それらの作品がどのように生まれたのか、作品が生まれる背景を調べていきたい。それには、後述するように、その作品の鑑賞力も必要であった。そうしたことを理解していくことで、ようやく、「顧客にとってその作品がどういう文脈で店に持参されるのか、その作品がどういう意味を持つのか、そもそも、どうして、店主とはそのような作品を持参するほど、親しい間柄なのか。そうした作品を大事に保管する店主は、なぜ顧客志向と解釈できるのか」といった問題に対する答えが見えてくる。

本章は、「なぜ、2人の顧客はそれぞれ、店に作品を持参するのか」という調査課題を設定し、その作品が生まれるプロセスに関わるライフスタイルについて記述する。作品が生まれるプロセスを通して、その顧客が慕っている、手芸店とメガネ店の店主の人柄をそれぞれ浮かび上がらせてみたい。

6-2 藤木さんと和紙人形の世界

顧客の藤木さんに関する資料収集は、2002年4月に調査依頼をして、手芸品を見せてもらいながら、インタビューを始めた。その中で、習っている和紙人形のことが多く話題に出た。藤木さんは、和裁や洋裁に詳しく、話を聞くには筆者の予備知識があまりにも不足していた。そこで、藤木さんが月2回習っている創作和紙人形教室に、2002年12月から見学による参与観察を始め、2003年4月より（2003年10月より教室は月1回に変更）2003年3月までの1年間、講師の桜井先生に講習を受けながら、参与観察を19回行った。桜井先生が教えているもう1つの創作和紙人形教室で、講習を受けながらの参与観察を1回行った（それにより、教室ごとの雰囲気の違いを感じ取ることができた）。最初は、インタビューのときの予備知識として活用するべく参与観察を始めたが、桜井先生に教わるうちに、和紙人形に関する世界は非常に奥深いことに気づき、教わる上で必要な資料も収集し始めることにした。そこで、桜井先生の指導方針に従い、和紙人形や和紙工芸、人形全般を鑑賞する知識を植え付けた。

写真6-3　和紙人形教室にて藤木さん

　「これ、うちにあった色紙なんやけど、良かったら、店に飾ってくれへん？」と押入にあったという色紙を持って、来店した女性がいた。その色紙を見て、「えぇなぁ」と店主が言い、早速店に飾ってみる。そうした店主とのやりとりを見たのが、藤木さんとの出会いであった。
　藤木さんが持参した手芸品は、この色紙以外に、店内にたくさん飾られていた。人形3体、毛糸で作った犬、紙で作った花が2つ、折紙や和紙人形もあった。それらの手芸品の写真撮影をお願いすると、きれいに整える藤木さんであった。
　藤木さんは店主と同じ60代の女性で、2002年4月に聞いたところ、店主とは7年くらいの付き合いで、店主のことを
　　「(手芸店の店主は大概女性なので) 男の人なのに、手芸のことに詳しいから、珍しい」
と評価していた。ときどき、同じビルの1Fにあるスーパーに行った帰りにも店に立ち寄るそうだ。そして、いろいろな話が弾む。他の店にも行くが、店員とはあまり話をしない。店主も、藤木さんは親しいお客さんだと話す。
　藤木さん[1]が桜井先生の大阪府にある創作人形教室に通うようになった経緯は、2001年秋に、偶然H百貨店の作品展で見た作品を気に入ったということだった。そのことは、藤木さんの紙手芸や人形、とくに和紙人形に関する嗜好を物語っていたため、桜井先生の作品の特徴を知るためのフィールドワークを行った[2]。藤木さんと一緒に桜井先生の和紙人形作品展（1回

は、藤木さんと長男の妻と同行）を見に行った。加えて、桜井先生が所属する全日本紙人形協会の会員の作品を見ることにした（詳しくは参考資料1を参照されたい）。すると、和紙人形を鑑賞するには、技術的なことだけでなく、題材や時代考証について知識も必要だった。和紙人形の題材は、江戸時代以降の風俗を取り上げることが多い。和紙人形に関する資料収集として、人形、着物や髪型、小物、染料、素材である和紙、題材に使われる、源氏物語や歌舞伎などの資料収集を行った。

　また、藤木さんは、和紙人形以外に、好きな染織作家の作品を所有していたり、好きな人形作家の作品展を見に行ったりしている。NHK教育テレビ「おしゃれ工房」[3]の講師の人形作家のファンで、和紙人形教室で習うまでは、自己流で作っていた。そのとき作った人形も、手芸店に飾ってあった。そのため、藤木さんの好きな作家（久保田一竹氏や辻村寿三郎氏）の作品が、藤木さんのライフスタイルにどれだけ影響しているのかを調べるために、その作家の作品展や久保田一竹美術館やジュサブロー館に足を運んだ。藤木さんのライフヒストリーについてもインタビューを行った。

（1）人形や手芸に親しむ藤木さん

　藤木さんは、愛知県に生まれた。末っ子で、母と姉が和裁と洋裁をしている環境で育ち、手芸や人形が身近であった。小さい頃は、お転婆で男の子ともよく遊んだというものの、人形遊びはその時代には女の子なら誰でもしていた。布の人形や折り紙などを作っていたし、姪のバレエの衣装も縫ったこともある。手芸だけでなく、着物や歌舞伎にも詳しい。小さい頃から人形に親しんでいた藤木さんだったため、和紙人形に限らず、人形との関わりが深いのだ。戦争で遊ぶ物がないため、何でも作ったという時代背景がそうした嗜好を生むようだ。

　和紙人形教室に通うようになったのは、2001年に病気で倒れ、医者からも、治療の施しようがなく、好きなことがあったらやりなさいと言われたことがきっかけだった。そのとき、和紙人形を習ってみたいと思っていたことを思い出した。桜井先生の作品が気に入り、教室を教えてもらって見学に行き、その日のうちに、教室を申し込んだ。それまで、正式に人形を習いに行った

写真6-4　藤木さんが作った和紙人形

ことはなく、不安もあったようだ。でも、習い始めてからは、顔色も随分良くなり、桜井先生からも見違えるようだと言われた。

　気に入った人形の展示を見つけたり、人形の作品展を見て立ち寄ったりして、日頃から人形に関心を持っている。ホテルに展示してあった桜井先生の人形を偶然見つけたこともある。

(2) 一緒に和紙人形を習う

　藤木さんは、なぜ桜井先生の人形に惹かれたのだろうか。では、藤木さんが惹かれた桜井先生の作品について、紹介したい。

　教室で作る人形の高さは 15cm くらいで、小さめである。主に江戸時代の女性、町娘、奥方、舞妓などの人形を制作している。江戸時代は、身分や年齢によって、着物や髪型が違う。和裁をしていた藤木さんは、着物の着付け教室にも通ったことがあり、着物の部位の名称や着方についても知っている。教室で一緒に習う前、人形の髪型や髪飾りなどについて筆者に詳しく話してくれたことがあったが、それは人形制作に当たって時代考証も習っていてほしいと桜井先生が教室で伝授していることであった。

　コーヒーフレッシュの容器に紐を巻いて作った帽子を藤木さんに見せてもらった。牛乳ビンの蓋を再利用して藤娘の笠（写真6-4）を作っていた。そうした廃品利用も、桜井先生からの教えのようだった。物がない時代を経験

し、物を捨てずに利用することをモットーにしている。そうした時代背景を桜井先生とは、共有しているように思われた。

　藤木さんは、習ったことは、その日のうちに復習をしていて、道具類の使い方も手慣れている。旅行したときも、切符やパンフレットを貼ったアルバムを作るなど、整理することが得意なのだ。何でも、手際がよい。

　2003年当時桜井先生は、大阪府にある2つの教室で教えていた。寸分を惜しんで人形制作に熱心な生徒たちがいる教室もある。厳重に教室の時間通りカリキュラムをこなし、桜井先生が疲れていても、教室の時間を延長して質問しに来ることもあるそうだ。その一方で、藤木さんの習っている和紙人形教室（2003年4月時点で生徒6人）は、桜井先生曰く、「世間話をしに来て、ストレスを発散させておられます」。習いに来る女性たちは、和紙や和紙人形が好き、作るのが好きなのはもちろん、ここでの人間関係が煩わしいものではなく、好きなことを言い合える空間として、安心しているようだ。この教室での様子は、世間話が中心で、話が弾むと、手を止めてしまうほどである。藤木さんは、大勢の人との話にはそれ程加わるわけではないと言うが、その日のストレスを思いっきり発散させるときもある。家族のこと、ペットのこと、病気のこと、ファッションのこと、社会や芸能のニュース、戦争体験など、いろいろなことが話題に上る。誰かが自分の話題を共有してくれる雰囲気があって、嫌なことがあると、その話題でストレス発散させているようだ。

6-3　なぜ、藤木さんは手芸店に手芸品を持って行くのか

　対照的に、講師の桜井先生はどのように和紙人形を作っているのだろうか。講師として教えている人は、独学あるいは作家に師事するかのどちらかをして独立する。コンクールに出品したり、作品展を行ったり、展示即売をしたりして、作品を発表する。作品展を開催するとなれば、一定の技術レベルと独自の作風を確立していることが必要である。桜井先生は、これまで歌舞伎役者、人形作家、日本画家に師事し、70を過ぎても現役で、和紙人形教室

を主宰して30年を超える。人形は古本屋で資料を探して調べた上で、時代考証を忠実に行い、すべて和紙を使って作品を創作する。題材となる源氏物語、歌舞伎などの日本の伝統芸能について、幅広く知識を持ち、生徒にも、人形の時代考証まで教えるようにしている。道具の使い方を始め、制作するときの細かな手順をきちんと守ることを大事にしているため、弟子であっても、展示はある一定のレベルに達していないと許されない[4]。

和紙の見本帳を作って、和紙に関する知識を存分に発揮して使っている。作品展や展示のために、制作する根気や努力が必要な厳しい世界である。作品展のために、1カ月間、朝7時から夜10時すぎまで人形制作をしていた。素材や技術的なことに妥協せず、締切に間に合わせるよう制作しなければならない。「和紙で作れない物はない」と言うくらい、いろいろな小道具（鏡台、松や杉などの木）などもほとんど和紙で作る。

「（和紙）人形が生き甲斐」と言い、日常生活すべてが和紙人形制作のアイディアとなっている。着物の柄の配色や人形の小物についてアイディアを得るために、どんなことを見ても人形制作に応用できないかを考えている。桜井先生も、入院しなければならない大病を煩ったが、強い精神力で克服してきた。60代でも東京に日帰りで人形を教えに行っていたし、何より和紙人形を作るのが好きなのだ。しかし、2004年に体調を崩し、歩くのが困難になった時期があった。そうしたときも2つの教室を半年間休まず続けた。ようやく体調が回復しかけると、和紙人形作りを1人でこなし作品展を開いた[5]。

作家とは対照的に、趣味で手芸をしている人は、そうした厳しさや守らなければならない決まり事、前提とされる知識もノルマもなく、飽くまで自己満足の世界で楽しんでいる。人形制作や指導にあたっては妥協をしない桜井先生であるが、教室では生徒の求めるレベルに合わせて楽しく人形を教えている。生徒のうち誰かが教室にお菓子を持ち寄ることもあり、ときには、手芸道具の提供もある。

藤木さんの場合は、同居している長男夫婦はあまり手芸について興味がないらしく、手芸の話はほとんどしないように見受けられた。好きな食器を買うことも遠慮しているそうだ。そのため、自宅で飾れないような作品を手芸店に持ってくるようだ。手芸店にあったフランス人形は、藤木さんが作った物で、長男の妻にあげようとしたが、興味がなかったため、手芸店に飾って

もらうよう持ってきたのだ。

　筆者も、藤木さん以外に、手芸店の顧客からもらった手芸品が何点かある。藤木さんの和紙人形3体の他、フェルト人形5体（60代の男性）、折紙のふくろう、ハンカチ2枚、ビーズ製の鼓・くじゃく・白鳥・バッグ（90代の女性）である。

　手芸をしている人たちにとって、作る過程が楽しいのはもちろん、出来上がった作品に対して、誰かに見てもらってほめてもらうこともうれしいようだ。家族が手芸に興味がないとなると、寂しい思いをするだろう。そんなとき、手芸品を見せてもらって、いろいろな言葉を掛けてもらって、感想を言ってもらうことは、手芸をしている人たちにとって、大事なことなのである。もちろんコンテストで手芸の技量を競う場があり、入賞して評価されることは望ましい。しかし、手芸に関するフィールドワークにおいて感じたのは、本来手芸は技量を評価するよりも、個人で楽しむ自己満足の世界であるということだ。独自の世界観と自己満足、手芸をする楽しさ、もらって喜んでもらえるうれしさ、そうしたことが、作り手にとって、セットになっている。どれが欠けても、作り手にとっては物足りないと感じるのである。

　ここで、手芸店において、ソーイングの活性化として、ソーイング行動の増加や行動日数の増加につなげるという課題にどのように取り組んでいるかを紹介したい。

　この店においては、顧客は、作った商品をわざわざ店主に見せに来るのだ。藤木さん以外にも、恥ずかしそうに、自分で作った木目込みの白馬の人形を見せに来た女性がいた。

　「目を入れるのがむつかしい」

　「この目が、何とも言えへんね」

と作品に対して店主がほめる。それは、初めて作品を見せに来た女性だった。

　男性客が、店内で琴を弾き始める。終わると同時に、店主は、大拍手。

　「腕を上げましたなぁ」

　その男性は、フェルト人形100体作るのを目標にし、作ったフェルト人形をガラスケースの上に並べて、店主や来店していた顧客の女性たちに見せていた。それだけでなく、「どれでも、好きなの、持って帰ってください」と声を掛ける。

この手芸店では、作家の作品は置いておらず、手芸を作るのが好きな素人の作品のみを展示している。そうした手芸品も、作り手にとっては「作品」という位置づけとした方が適切だろう。作家の作品は評価され、何らかの価値が認められ、作品展が開かれたり、展示されたりする。しかし、手芸をする人、それは女性が圧倒的に多いのだが、その人の心理を汲んで、技術的には未熟な手芸品であっても立派な作品として展示する。そう位置づけるからこそ、そうした作品をほめちぎる店主である。

　この店では、手芸品について話をしたい、話を聞いてくれる店主を慕っている。作品の作り手にとっては、作った手芸品を見せて、何らかの反応が欲しいのだ。だからと言って、手芸に関心のない人には、見せたり、それについて話したりはしない。手芸に関心があって、手芸品をほめてくれる店主は、作り手にとって、手芸品を見てもらう相手として最適なのだろう。

　店主は、手芸をしたことはなく、幅広い手芸の専門的な知識も多く持っていないと言う。どんな人の作品でも、批評をするのではなく、いろいろな言葉でほめてあげて、その人をいい気分にさせてあげる。何より手芸作品を作った人の思いに応えることが大事なのである。顧客の女性たちが、手芸品を見せに来たり、プレゼントしたりするのは、そうした店主を慕ってのことではないか。だから、「素人の作品を飾る意味」は顧客にとって大きい。

6-4　宮本さんと写真の世界

　手芸店と同じように、メガネ店にも顧客から贈られた品物が数点飾られている。「狭い店やから、飾るのは好きではない」と言うものの、数点飾られている。その中には、斜視の顧客からのお礼の品物もある。そういったお礼の品物を持ってきたり、何かを見せに来たりする顧客の行動が見受けられた。

　2003年1月26日に調査に行くと、その日に買った新垣勉のCD「さとうきび畑」をかけてもらいに来たという男性の先客があった。店内にある写真の贈り主に話を聞きたいと店主に告げていたところ、この方が、ナイアガ

ラの滝の写真をくれた人だ、と店主が教えてくれた。それがアマチュア・カメラマンの宮本さんとの出会いだった。2002年7月8日以来2003年1月26日まで来店しておらず、店主が「最近来へんなと思って電話しても、いつもおれへん」。久し振りに来店したときに丁度居合わせた願ってもない調査協力者だった。宮本さんは、2000年にあるプラスティック・メーカーを退職した60代の男性である。

ライフスタイルに関するインタビューおよび参与観察は2003年に7回行った。宮本さんがなぜ店に写真を持ってくるのかを考察するにあたって重要なのは、宮本さんの滝の写真撮影に同行することであった。それは、2回行うことができた。

その前に、宮本さんのインタビューや滝撮影の参与観察をするための予備調査を行った。近年、滝百選の滝の写真撮影に凝っている宮本さんであった。写真にはいろいろな被写体のジャンルがあるが、人物を撮影するのはあまり興味がない。宮本さんの好きな花や滝、お寺といった被写体は、風景写真というジャンルに含まれる。滝以外に、旅行先で山や海、島といったさまざまな風景を撮っている。

滝百選とは、8人の「日本の滝百選」選定委員によって選ばれた100の日本の名瀑を指す（竹内敏信・日本滝写真家協会　2002c）。宮本さんは、大阪市箕面市にある箕面大滝を始め、20数カ所に行ったとのことだった。筆者はこれまで、富山県の称名滝（滝百選に該当する、落差350mで日本一の滝）しか行ったことがなく、花の名前も地名も全く分からず、第1回目は話を聞くのに閉口した。加えて、マクロや広角など、レンズに関する用語がまるで分からなかったため、花の名前や地名、撮影用語を理解してインタビューができるよう、カメラや写真撮影についての資料収集を行った。例えば、同じ撮影地（称名滝や箕面大滝）で写真撮影をしたり、写真展を見に行ったりした。しかし、実際に一眼レフカメラで撮影しないことには理解できなかったため、宮本さんと同じメーカー（Nikon）の一眼レフカメラを購入して、花や滝の写真撮影を行ってみた（詳しくは参考資料2を参照されたい）。

加えて、宮本さんから見せていただいた写真のアルバム（プリントとネガ）やいただいた写真も、資料として活用した。すべてプリントしたもので、ワイド4つ切り（約42cm×約31cm）が8枚、ワイド6つ切り（30cm×

20cm）が8枚、はがきサイズが2枚である。この写真が送られた経緯を踏まえ、写真を「作品」として位置づけて、どのようにこの作品が生まれたのか、つまり写真撮影したのか、なぜこの写真を選んだのかを分析してみた。

(1) アマチュア・カメラマンの宮本さん

　宮本さんは親子3代で顧客である。このようなデータも店主はカルテを見ずに答えてくれる。後で顧客のカルテから、宮本さんの母が1977年に来店、初めて来店したのは1989年で測定のみ、1995年5月に遠近両用眼鏡を作った。

　カナダ滝の写真は店主に見せに来て、後日その写真を引き伸ばして持ってきた（元々引き伸ばした大きなサイズのファイルを持っている）。早速、どうして写真を持ってきたのかを質問してみると、「友達やから。プレゼント」ということで、核心となる回答は得られなかった。第1回目の調査では、店主を「社長」と呼び、親しい男性ということしか分からなかった。宮本さんは、ときどき撮影した写真を見せに来るそうだ。「なぜ、顧客の宮本さんは、この店に写真を持って来たのか」。

　ナイアガラの滝の写真は、アメリカ滝とカナダ滝の両方が写っている写真と、接近した迫力のあるカナダ滝の写真（引き伸ばしたサイズのもの）の2枚があって、飾ってあるカナダ滝の写真には、2001年7月20日撮影と宮本氏の名前が写真の左下の隅に記されていた（もらった後で、店主が書いたものを貼った）。

　店主によると「いろんなことに造詣が深」い宮本さんの話をひたすら聞くことにした。趣味は、写真以外に、テニス、スキー、現在はやめているが、競馬をやっていたこと、クラシックやジャズの音楽のこと、サラリーマン時代には、昼休みにテニス、冬はスキーをしていて、何事も入り込むそうだ。午前中は家庭菜園で畑いじり、午後は1時半より、毎日フィットネスクラブに通っている。

　写真は、勤めていたプラスティック・メーカーの社内報の表紙も飾った。その季節に合わせた風景写真で、テーマとコメントつきで1年間掲載された。残念ながら、表紙の写真はカラーではなくモノクロであった。そのとき社内

報には、表紙の写真を楽しみにしているお便りも掲載されていた。その社内報に書かれていた撮影者のプロフィールによると、宮本さんが写真を始めたのは父の影響で、1985年からである。

写真のアルバムを店に持参して見せてもらう調査依頼をした。ワイド4つ切りサイズの写真がアルバム（40～48枚入り）は10冊ほどあって、「風景の中の花」、「朝焼け」、「夕焼け」、「紅葉」、「夏の花」などに分類され、1枚ごとに撮影日と撮影場所が書かれている。そのうち、何枚かは季節ごとに自宅に飾っているそうだ。

アルバムの写真にはそれぞれ、撮影日・撮影地（あるいは被写体の名前）が書かれていた。写真の整理が苦にならない几帳面な性格が表れているようだった。こうした整理は、かなり細かいことまで行き届かないとできないと思われた。そうした行動は、製品の品質監査をしていた経験から来るようでもあった。ワープロの文書も全くミスが許されない、細かい神経を行き届かせないと務まらない仕事のようだ。仕事にも几帳面さが生かされていたようだが、写真撮影は、ストレス発散に一役買っていたのではないだろうか。写真撮影のためなら行動的な宮本さんであった。

写真家も、手芸と同じように、技術的にプロとアマチュアの差はある。伊丹市のカメラ店店主によると、プロを証明する資格はとくになく、お金がもらえるかどうかだとも言われている。しかし、アマチュアにしか撮れない作品もあると言われるし、写真コンテストでは審査員の好みで決められるそうで、必ずしも評価が一定しているわけではないようだ。クラブに所属することもなく、写真教室で習うこともなく、趣味として楽しんでいる宮本さんであった。調査を続けるにつれ、宮本さんの生活の中で、写真が大きな位置を占めることが分かってきた。どんなレベルの写真であっても、風景写真を見るのが好きな宮本さんだった。

(2) 滝の写真撮影

写真撮影には体力がいると話す宮本さんであった。日本でも滝はかなり山奥にあり、わざわざ辺鄙な場所まで行かなければならない。車で行っても滝を見るためには駐車場から坂道を30分以上歩く場合もある。その撮影のた

めに、フィットネスクラブに通っている。

　第1回目の調査では、ナイアガラの滝の写真撮影がどんなに大変か、難しいのかを話された。滝は、1/15秒以下の低速シャッターで撮影しないと、水が流れるような作品には仕上がらない。そのため、プロのカメラマンも、写真がブレないように三脚を使用する。手持ちでブレずに撮影できるのは、宮本さんの場合、1/30秒だと言う（一般には、1/60秒と言われている）。滝見台でもブレてしまう可能性があるのに、ナイアガラの滝は、船上など動いていて、さらに水しぶきがかかるような、写真撮影には悪条件で撮影したという貴重な作品であった。

　滝が紹介されるTV番組もDVDに録画してもらって見ている。とにかく何もかもどっぷりと凝る性分だ。日本の風景写真の第一人者である写真家の竹内敏信氏（前掲書）によると、滝はフォトジェニックな対象であることに加え、滝を表現するには写真が一番適していると言う。確かに、油絵や和紙のちぎり絵で滝を題材とした作品を見たことがあるが、写実的に表現できる写真が一番、風情や雰囲気の面で適している表現方法だと感じた。そうして、宮本さん以外にも、滝にはまっているカメラマンはプロでもアマチュアでも多い。

(3) 滝の写真撮影に同行する

　実際の写真撮影に2回同行したときの様子を紹介したい。車のカーナビには、日本の滝百選が入っているので、目的地には自在に行ける。しかし、猿尾滝が目的地であったのに、途中で「独鈷の滝」という看板を宮本さんが見つけ、急遽撮影することになった。そうした予定変更もすることもあるようだ。そのとき滝の名前を忘れないように、メモを取る宮本さんであった。猿尾滝に行った帰りは、『日本の滝1000』からあらかじめメモを取っていた中から、落差があるということで、新屋八反の滝（落差87m）に向かった。

　宮本さんは、撮影した滝の落差を覚えていて、店主が感心したときがあった。それは、それだけ情報収集をしっかりしていて、几帳面な性格が表れているのだが、それだけでなく、落差によって撮影するかどうかを決める面もあるので、重要な情報として記憶しているのだ。

1回の撮影で、36枚のフィルムを1本以上使う。プロのカメラマンは、プリントがきれいなリバーサル・フィルムを使っているが、宮本さんは限られたときしか使わない。しかし、感度400で、色のコントラストがきれいなフィルムを使用している。

　そうして、写真撮影にも同行すると、本当に「滝好き」で、滝を見るだけでなく、撮影するのが好きだと感じさせられた。撮影には、いろいろな状況に合わせて、たくさんの機材（カメラ、交換レンズ、三脚など）を準備して、目的地まで重い機材を背負って行くこともあるが、10kgという重い荷物を持っての移動も厭わない。

　滝は、雨の日も撮影は可能だ。どしゃ降りの中でも撮影を厭わない。どしゃ降りで撮影した原不動滝は、新緑が美しく、きれいな写真（写真6-5）に仕上がっていた。

　撮影に当たっての情報収集（天候や太陽光線の角度）など、さまざまな事前準備が必要である。被写体ごとに望ましい撮影条件があって、作品になる状況を待つこともある。シャッターチャンスを逃がさないよう、忍耐力も行動力も必要とされるのだ。

　そういうプロセスを経て、撮影した写真を持って行くのは特別なことであろう。その1枚の写真も、数多く撮影した写真の中から選んでいるから、持参する写真は、貴重な1枚である。そうした写真を多くの人の目に触れる店内に飾ってもらえるのは、光栄なことだろう。ただし、それだけの腕前も要求される。

　宮本さんから撮影に関して技術的なアドバイスをいろいろ受け、写真を見る目を養ってみた。天候は曇りの方が適していること、滝はタテの構図にすること、どんな対象を入れてフレーミングをしたらいいのかを考えること、いい写真になる被写体を見つけることなどを教わった。すると、ようやく「絵葉書の写真にならないように」という、宮本さんの目指す写真の意味も少しずつ分かってきた。

　このように、写真が宮本さんのライフスタイルの中で大きな位置を占めることが理解できた。そのことは、写真に関して会話ができる人物との関係を重視したいということに繋がる。

写真6-5　宮本さんの写真を早速飾ったメガネ店の店内

6-5　なぜ、宮本さんはメガネ店に写真を持って行くのか

　さて、アマチュア・カメラマンとしてのライフスタイルを紹介することで、宮本さんの人間像が少し見えてきただろうか。そうして、どういう意図で写真を撮ったのかが見えてくることだろう。しかし、写真に関する技術的なことは適切な評価ができないので、店主との関係を示唆するようなエピソードを紹介したい。どうやら店主に写真を見せることに意味があるのではないかと思われた。

　筆者が宮本さんからお礼としてもらうのは、引き伸ばした写真や写真のポストカードであった。撮影した写真は、この店だけでなく、「名刺代わりに渡している」ほど、いろいろな人に贈っているようだ。それも、L判ではなく、ワイド4つ切りサイズの写真である。ただし、写真に興味がない人には渡さないそうだ。

　そういう前提からして、一番店主との関わりがあるのは写真であるようだ。店主に写真を渡している場面は3回あった。宮本さんによると、最初は、店主が水彩画を描いていると言ったときに、「私も写真をやっていますよ」と話したのがきっかけだった。以前、宮本さんは店主に自分と同じNikonの一眼レフカメラ[6]を紹介したそうだが、店主は買ったカメラをほとんど使っ

てないようだ。また、店主には滝についてそれほど知識があるわけではなく、宮本さんに滝の名前や場所を教わっている。また、宮本さんは購入目的以外に来店するものの、店以外での付き合いはないようだ（店主が、写真をもらったお礼に、宮本さんの自宅までお茶を届けたことはあるそうだ）。それでは、どうして、店主に写真を見てもらいたいと思っているのだろうか。

　宮本さんには、一緒に行く人や写真の話をする人がいないわけではない。妻は、写真撮影に興味がなく、時間が掛かる（同行したところ、撮影時間は20〜30分であるが、待つ人間にとっては長いようだ）ため、滝の撮影には同行しない。花の撮影には同行して、「お父さん、この花、きれいよ」と言って、写真撮影に協力することもある（当人にとっては、余計なアドバイスのようで、苦笑いする宮本さんであった）。滝の写真撮影に同行するのは、主に、長女の夫である。旅行仲間には滝を目当てに行く旅行は誘えないそうだが、滝をビデオ撮影して妻もビデオを一緒に見るそうだ。自宅に飾られている写真は、長女が見て厳しいコメントをするそうだ。

　こうして、家族や周囲の人が写真について何らかの関わりをしているにもかかわらず、なぜ、宮本さんは、わざわざ、店主にも写真を見せに行くのだろうか。店主は、芸術的な写真を撮ることはしていないが、写真を見るのは好きなようで、写真に対して適切なコメントをしてくれることを評価していたのではないか。店主に対して、家族にはない何らかの反応を求めているのではないか。

　筆者は、写真について資料収集する前は、写真をどのように見て評価したらいいのか、さっぱり分からなかった。写真の鑑賞力を付ける以前に、その礼儀さえも分からず、宮本さんに指摘される程だ。一方、店主は、写真を汚さないように触っており、プリントした写真を見るときの礼儀を心得ていた。

　また、毎回見ていると、店主は接客中や作業中も時折宮本さんのアルバムを覗いて、写真についていろいろコメントをしていた。

　「それだけ撮れれば（ええなぁ）」

　「（宮本さんは）芸術的なセンスあるから」

そうしたコメントこそが、宮本さんにとって重要な可能性がある。

　また、宮本さんは、店内に飾ってある写真のシルバーの額縁（写真6-5）を見て、「黒の縁じゃないのが（その写真にふさわしくて）いい」と意見を言っ

ていた（逆に、店主がこだわったという壁のタイルは、話題に出す来店客がほとんどない）。前述のカメラ店店主によると、写真にふさわしい額縁を選んだ方がいいと言われる。宮本さんは、そうした店主の細かい配慮を評価していたのではないだろうか。

　調査協力のため、宮本さんに来店を依頼することがある。そのときも、店主に会うことが大前提のようで、写真撮影に行ったときは、写真のおみやげを持参する。そうして3時間以上の長時間にわたって店に滞在するときがあるが、他に来店客がいないときは、自分の店のように振る舞うものの、店主が接客中であれば「営業妨害せんように」と迷惑を掛けないように気遣う光景が見られた。車で来店した宮本さんに、店主は、2回とも駐車料金を払っていた。それに対して、「駐車料金まで払ってもらって、社長とは関係がないのに悪い」と思っている宮本さんであった（筆者が依頼したためにもかかわらず、店主は、そのことは一切口にしなかった）。このことは、宮本さんが人に気を遣うタイプであることも影響していると思うが、店主が気遣ってくれていると感じているからこそ、そうした気遣いをするのではないかと思われた。

　宮本さんは、商店街の他の店はあまり知らないようで、長期的な関係があるのはこの店だけのようだった。

6-6　店に愛情や愛着があるのは、家族だけなのか

　このように記述してみると、ここに登場している2人の顧客がそれぞれ、いかに店主を慕っているか、分かるだろう。こうした作品を持参する顧客のことを「ファン」と呼ぼう。顧客全体を代表しているとは言えないものの、ファンは、以上のような背景があって、自らの作品を持参するのだ。調査協力というものの、店に訪れる理由は、やはり、店主と話すことが大きいようだ。2人の顧客への調査は、店主抜きで行われることもあるものの、店主を交えることが大前提になっている。店主抜きでは、顧客に調査を依頼して協

力してもらうことすら成り立たない。

　メガネ店も手芸店と同じように、店内に飾られた作品をめぐって、顧客同士の交流があるという光景が見られた。宮本さん撮影のカナダ滝の写真は、2002年の春に贈られたものだが、それを飾っていたところ、2002年の夏に同じくナイアガラの滝に行った人が、店内に飾ってあった写真に目を留め、欲しがったそうだ。宮本さんに断った上で店主が写真をその人に差し上げ、宮本さんに同じ写真を持ってきてもらった。そのためか、メガネ店店主は、店に飾る写真も、来店客のことを考えて選択するようだ。宮本さんから水草と隠岐の島の写真をもらったとき、どちらか一方を飾るときに、来店客に受けると思われた隠岐の島の写真を飾っていた。

　ただし、店主側には、筆者が同行して得た顧客情報はそれほど持っていない。それぞれの店主に、和紙人形や写真について専門的な知識があるわけではない。飽くまで、店で顧客自身からの情報を基に会話をしている。それにもかかわらず、顧客の支持を得ている。ここでは、手芸品あるいは芸術作品の審美眼を発揮して、顧客に慕われる店主の姿が見られた。

　ここでは、2人の事例を取り上げただけで、それぞれの店の顧客全体に広げて言うことはできない。しかし、1人1人の事例を通してようやく、なぜ顧客が店に作品を持参するのかが理解できる。顧客が持参する作品を巡って、それがどのように作り出されたものなのかまで理解しなければ、その意味は掴めない。

　このファンと呼ばれる顧客の存在を小売店を支える人びととして位置づけると、家族従業のあり方も新しく見えてくる。それについては、第Ⅲ部で記述したい。

　最後に、顧客との関係を築くのは、やはり容易いことではないことを強調しておきたい。筆者も、顧客に対して調査依頼をするとき、継続して協力してもらえる顧客に出会うまでは、何度も調査協力依頼をしなければならなかった。メガネ店の顧客に声を掛けたのは、10人以上になるだろう。調査協力依頼ができそうな状況であれば、名刺を渡して簡単に事情を説明する。時には話し掛けられることもあったが、会話は弾むものの、2回目の調査をする機会がなかなか訪れなかった。しかも、同じ人に2回会うことは少なく、1回だけだった。

恐らく、ここに登場する店主たちも、そうした関係をすぐに築いたわけではなく、苦労をしたことだろう。そのせいなのか、その関係を維持することを大事にしていると推察された。

〈注〉────────────────────────────

(1) 1973年に、夫と一緒に、大阪に来てある銀行の寮母となった。調理を担当していた夫は、その銀行を定年後に亡くなり、当時静岡県H市に住んでいた藤木さんは、飼っていた犬を世話するため、伊丹市に住む長男夫婦と同居することになった。
(2) その結果については、別稿で論じる予定である。
(3) 『おしゃれ工房3月号』、日本放送出版協会、2001年。
(4) 藤木さんが通っている和紙人形教室では会則があって、免状をいただかないと公の場に飾ることは禁じられている。桜井先生によると、その免状をいただくまでは、それなりの技術を身に付け、弟子として恥ずかしくない作品として認められないと飾ってはならないのだ。
(5) 和紙人形作品展では、生徒の名前で展示したり、作品制作を生徒に手伝ってもらったりすることもある。
(6) カメラへのこだわりは、どの会社のカメラを使うかに最も表れている。宮本さんは操作が簡単ではないが、Nikonのカメラを愛用していた。しかし、その意味について記述するだけの情報収集ができなかった。

参考資料 1：和紙人形に関する資料収集

2003 年 2 月から 2005 年 8 月まで、和紙人形、和紙工芸（折り紙、和紙工芸、押し絵など）に関して、展覧会および展示にて資料収集。
〈桜井先生に関する作品展〉
1. 「雛人形展 2003 年」（於：I 画廊） 和紙人形（桜井先生他 2 名）藤木さんと藤木さんの長男の妻と同行、桜井先生他 1 名にインタビュー。
2. 「雛人形展 2004 年」（於：I 画廊） 和紙人形（桜井先生他 1 名）展示、藤木さんと同行。
3. 「第 21 回　ニュークリエイティブ展（現代手工芸作家協会）」（於：東京都美術館） 桜井先生の和紙人形、人形（9 名）展示。
4. 「全日本紙人形協会作品展」（於：全国伝統的工芸品センター） 和紙人形（桜井先生他 38 名）桜井先生他 2 名の作家にインタビュー。
5. 「和紙人形で見る平安時代の年中行事」（於：宇治源氏物語ミュージアム） 和紙人形（桜井先生他 1 名）展示。
6. 「朝鮮使節団ジオラマ折り紙展示」「創作和紙の花協会作品展」（於：KKR ホテル OSAKA） 和紙人形（桜井先生他 12 名）、和紙の花（38 名）展示。藤木さんと同行。和紙工芸作家 S 氏にインタビュー。

参考資料 2：滝に関する資料収集

宮本さんと共に写真撮影を行った滝。猿尾滝と箕面大滝は日本の滝百選に該当する。
1. 独鈷の滝（兵庫県氷上町）　　　2003 年 10 月 22 日　晴れ（前日雨）
2. 猿尾滝（兵庫県村岡町）　　　　2003 年 10 月 22 日　晴れ（前日雨）
3. 新屋八反の滝（兵庫県美方町）　2003 年 10 月 22 日　晴れ（前日雨）
4. 箕面大滝（大阪府箕面市）　　　2003 年 12 月 3 日　晴れ

第7章

小売店を支える地域社会

7-1 小売店に訪れる来店客

　筆者が小売店でフィールドワークをしていると、小売店には、顧客だけではなく、さまざまな人たちがやってくる。それが地域密着型専門店の特徴である。それぞれの店のエスノグラフィーとして入れることができなかったのが、本章の記述である。なぜなら、それぞれの店舗における顧客関係を構築するために店主が行っていることとして記述するにはあまりにもかけ離れた活動だったからである。具体的には、他の店の顧客となること、地域社会のために活動することなどが含まれる。

　そうした光景が兵庫県伊丹市において見受けられたことであることも記載しておきたい。地域社会の特性によって、そうした活動が見受けられるかどうかも変わってくると思われるからである。

　伊丹市民の気質を探る手がかりとして、大谷晃一（1997a、1997b、2001、2003）氏の一連の『大阪学』の著書がある。そこには、「大阪人」のさまざまな特徴が記述され、それがどういう成り立ちによるものかが論じられている。大谷氏の言う「大阪人」とは、広く、兵庫県、奈良県などを含む。伊丹市も尼崎市と共に大阪圏に入るので、参考までに見ておきたい。

　大阪人の定義は、大阪圏出身者だけではなく、大阪圏に働くなどして、住んでいる人を指している。誰もが大阪圏に住めば大阪人になり、大阪人的な

考え方や行動様式に染まっていく。実際のデータを示されていないものの、東京圏との比較で、圧倒的に地元人間の多い大阪圏の方が、東京圏よりも地元人間として受け入れられて染まっていくと述べる。したがって、伊丹市にずっと住んでいなくても、「伊丹っ子」的な考え方や行動様式に染まるのだと考えられる。

　大阪人としての伊丹っ子の分析はできるものの、『大阪学』を参考にできるのはこれまでで、大阪圏では地域ごとの文化があるのも大きな特徴であろう。阪神間では文化圏ごとに特徴がある。そのため、さらに伊丹市民の特質については、さらに資料を当たらないとならないため、検討中であるが、第2章で詳述したところ、伊丹市には古い歴史があり、俳諧など芸術を嗜むという土地柄で、人情味のある気質を形成しているようだった[1]。

　さまざまな人と触れ合う光景は、店ばかりではない。店以外でも知人に挨拶したり、会話を交わしたりする光景が頻繁に見受けられたのだ。こうした現象を記述していくと、こうした来店客も小売店を支えているのではないかと思えてきた。このように、小売店は、地域に住む人びとにも支えられていると思われた。それぞれの小売店において地域社会の人びとも小売店を支えているという現象を記述してみたい。

7-2　小売店を支え合う商業者

　メガネ店店主とは、伊丹市のある食料品店に商品を買いに来たことから、調査が始まった。食料品店店主が、筆者のことを紹介してくれたのである。それじゃあ、ということで、店に一緒に行く途中、また同じように、商店街の八百屋で大根1本買う店主であった。

　そうして、メガネ店店主には、調査をして1年経った頃、手工芸品店の店主を紹介してもらった。

　「うちのメガネ買うてくれるから、そこで買うてあげたらいい、思って」メガネ店店主は陶器が好きで、湯飲みをその店で買ってきた。横山さんのこ

とは「ママちゃんの魅力でやっている」、「品のええ人でしょ」と言い、夫を介護していることも評価している。日頃知人の店で買うことを心掛けている。

夫婦でメガネ店の顧客である手工芸品店店主は、メガネ店で自分の店の陶器が使われているのを見て、

　「うちで買った湯飲みを他のお客さんにも出されていて、気に入ってはる
　　なーと見ていた」

メガネ店店主のことは、「いい絵を描かれる」とほめている。

また、メガネ店店主は、同じ商店街の商店主たちと一緒に旅行したとき、一緒に記念写真を撮って、その写真を焼き増しして渡そうと考えるなど、同じ商業者同士で助け合う関係が見られた。同じ商店街の店同士で購買客になるということはよく言われている（時にはそのために気軽に買いには行けないという面もある）。ときには他の店の店番さえすることもあり、そうしたことは、珍しい光景ではない。その助け合いの形はさまざまで、その様子を詳述してみよう。

商業者以外にも、店主の知人が頻繁に来店するようで、店先で会話する光景が見られる。同級生が買いに来たり（メガネ店）、兄に買ってもらったことがあったり（手工芸店店主）と友人・親族も顧客なのだ。知人であれば、来店中は、飲み物を出したり、話し掛けたり、ときにはおみやげを渡したりして、気を遣う光景があった。その日に着ている服装や持ち物をほめるということさえ、もてなしなのだ。

どの店主も、子どもの相手をするのが上手だ。豆腐店では、家族と一緒に来た子どもが「もめん１ちょう、ください」と買いに来ると、そうした子どもに、店主や従業員はアメ玉をあげていた。わざわざ子どもに渡すために用意していたようだ。

子どもは、商品の利用者という来店よりも、同伴しただけのときが多い。そうした子どもに話し掛けてご機嫌を取るのが上手なのが、手芸店の店主である。不思議なことに、店主に会いにやってくる子どもたちさえいる。同じフロアの酒屋店主の孫（5歳の男の子）が遊びにやってくる。店主が注いでくれるミネラル・ウォーターが飲みたくて、「お水、ほしいか？」と聞くと、喜んでコップに注いでもらっている。それ以外にも、どこの子どもかも分からないけれど、やってきて、「手品、して」とか「シール、あげる」と遊び

に来る。

7-3　地域に対して社会貢献する商業者

　手工芸品店では、進物用は新しい包装紙を使うが、自宅用の商品は、使った包装紙を再利用しており、伊丹市から表彰されている。使わない傘をいくつか所有していて、貸したり、庭の植木を植木鉢に入れて来店した人に渡したりすることもある。

　メガネ店では、伊丹市長より、眼鏡士としていただいた技能功労賞の表彰状が掲げられている。表彰された内容は、
　　「永年同一の技能職種に従事され、卓越した技能をもって他の技術者の模範となり本市の産業発展と技能者の育成に寄与されました功績はまことに顕著であります」
というものである。

（1）清掃ボランティア

　手芸店店主は、2006年で30周年を迎える民間のボランティア団体に所属している。会長によると、会ができた経緯は、お寺のお祭りに人が来なくなり、夜師も来なくなったため、1万円ずつ出し合って、商品を買って出店（おもちゃなど18種類）を開いたことに始まる。

　JR伊丹駅前が整備されておらず汚くて、その会のメンバーで掃除をした。そのときのゴミはトラック2台分あったそうだ。1981年に伊丹市長公室つつじ賞、1982年に保健衛生推進賞をそれぞれ受賞している。店主の他、2人が個人でも受賞している。

　現在その会では、毎月1回日曜日にJR伊丹駅周辺の掃除を30分くらいしている。年会費は1,000円で、遊ぶついでにボランティアをしているのだ。会長によると、「そうでないと、ここまで続かない」。バスツアーに行っても、

写真 7-1　孫と一緒にゴミを拾いに行く手芸店店主（手前）

みんな酒が強く、大層盛り上がる。お揃いのユニホームやポロシャツを作ったこともあり、和気藹々とした雰囲気で、いろいろな人との交流を楽しんでいる。しかし、この会でも、毎回出席している人は店主以外にいるものの、遊ぶときしか参加しない人もいるようだ。店主は、環境衛生部を担当しており、店があるため、遊ぶときにはなかなか参加できないでいる。この会の人たちとは、店主にとっては「一番気安い」と言う。

　このボランティア団体の掃除には、筆者も3回参加した。参加者は10人前後である。2003年6月8日に三男の長女（小学生）も一緒に掃除をしたことがある。店主が行く場所もいくつか決まっているようだ（写真7-1）。ゴミを拾っているときに、店主が道行く人に「ごくろうさま」と声を掛けられていた。1人は知っている人で、もう1人は知らない人だと店主が答えた。

　しかし、そうしたボランティア団体との活動とは別に、掃除をコツコツ続けていた店主であった。店主が住んでいるマンションの自治会では、周辺の広場や道路の清掃を月1回行う。役員は必ず出席することになっており、1年ごとに変わる。店主はその掃除にも皆勤している。このマンションには、1989年から入居しているが、店主曰く、毎回出席しているのは自分1人だけだと言う。他の住民たちは、役員になった年には参加するものの、それ以外の年は参加しないし、役員になっても参加しない人もいるそうだ。

　この自治会の掃除には1回だけ参加した。30～40分程度で、マンションの周辺を箒を持ってゴミを集めるのだが、出欠も取らずに始まる。そのため、

何人参加しているのか、正確に把握できない状況だった。参加者それぞれ始める時間も終わる時間も、バラバラのようだ。終わったときにはジュースが配られることになっているのだが、リーダーの役目をする人がいないのか、きちんとした対応が取られていなかった。ボランティア団体の掃除のときとは違って、住民同士の会話も少なく、黙々と箒を持ち、近いところに集まって掃除をしていた。

　店主が掃除をしている場所に行ってみると、他の住民が掃除をしていた場所とは違って、たくさんゴミが落ちていた。無意識に、他の人が行かない、ゴミがたくさん落ちている場所にわざわざ行って、掃除をしている様子だった。

　実は、店主は、ボランティア団体や自治会の掃除に参加する以前から熱心に掃除をしていた。店内には店主のボランティア活動を証明する、兵庫県知事賞にあたる「のじぎく賞」の賞状が掲げられている。妻に「みんなに見てもらう方がいいから」と言われて掛けてあるのだが、これは、社会貢献をした人に贈られる賞である。1985年から10年間ほど、日の出前に1時間くらいをかけて、週2回JR伊丹駅前の掃除を1人で黙々としていたことがある。遠くて1kmくらいの範囲を歩いて、ゴミを拾っていた。そのことは妻しか知らなかったが、高校生だった次男が気付いて、そのエピソードを作文に書いた。

　　　朝早く起きたら、ガラッと戸の開く音がした。
　　　こんなに朝早くから何やってるんだろう。
　　　それは、お父さんが掃除に出掛ける時間だった。
　　　お父さんがそんなに早くから掃除をしていたなんて、今まで知らなかった。

　作文に書いた内容は、そうした文面であったと店主が話してくれた。残念ながら、その作文は次男の手元にはなく、次男には作文を書いたという記憶があるだけだった。父である店主にとって、大層感激したことだったため、話すといつも涙ぐんでしまうと言う。
　「今は、みんな、すぐに結果が出ることばかり（しようとする）。

すぐに結果が出なくても、コツコツと大事なことをしていかんと。
それが掃除やねん」
NHKラジオの「こころの時代」で聞いたという話を何度も何度もしてくれた。掃除をしていると、人に対する思いやりが生まれることを強調する。
こうした精神は、両親からの教えも影響しているようだ。呉服店を営んでいた両親も、周りの人たちにいろいろ世話を焼いており、店主は子供のときそうした姿を見てきたと言う。
修業に行くのも、給料が一番安い店に決めた。勉強させてもらいに行っているから、月謝を払わなければならない立場なのに、お給料もらえるだけありがたいという感覚だった。店主は母に、修業はお米を持って「お願いします」と言って行くものだと言われていた。
掃除の大切さは、「修業先の店の奥さんに教わった」。そのため、掃除の大切さを唱いた、松下幸之助の政経塾での話に共感するのだ。

(2) 来店客への挨拶

手芸店店主は、掃除に限らず、商売と分けて、周りの人たちに奉仕することを心掛けている。例えば、営業中に店を訪れる来店客であれば、商売とは関係のない、両替、道案内などでも、あらゆる要求に親切に応えようとする。
テナントとして店主が、毎日行っていることがある。まず、午前10時開店のときにしている、ビルの来店客への挨拶である。百貨店に来店するとき、「おはようございます」と言って、深々と頭を下げて挨拶する光景がある。その挨拶を開店後10分間、たった1人でビルの入り口に立ち、1Fの同じフロアの商業者が誰もやっていなくても行っているのだ。
「いらっしゃいませ、おはようございます」
「ありがとうございました」
と頭を下げながら声を掛けている。
それだけでなく、店主は、店の前に停めてある自転車の整理やカートの片づけ、灰皿の火消しなど、自治会の役員をしていることもあるが、自ら積極的にショッピング・ビル全体の管理を率先して行っている。それは、「(ビル全体が) だらしがないと思われないように」するためだ。そのせいで、店主

が経営者だと見られることもあるそうだ。周囲の人への心配りも行き届いており、清掃係の人に

「おはようございます」

「ごくろうさん」

「ありがとう」

という挨拶を日課にしている。

　同じ１Ｆのスーパーについては、次のように話していた。食べ物は頑張っているけど、他は疎かになっていたら、食べ物を作っている所も汚いと思われる。だから、ゴミが落ちてないように、自転車の並び方をきちんとするように。目に見えている所だけをきちんとするのではなく、バックヤードもきちんとしていること、それが品につながる。身だしなみとか、衛生面での清潔感、すなわち「商売に品があるように」と考えている。「品がある」という意味は、行いとか、身なりを清潔にすることも含まれる。

　これらは全く利益や商売に直接関係することではないにもかかわらず、店主が重要だとして日々実践していることなのである。零細小売商の経営においては、マーケティング活動だけでなく、店主が実践している勉強やボランティア活動によって成り立っていると思われる。

　また、こうした活動を周りの商業者たちはどのように見ているのか。いくつかの反応を観察したが、何らかのトラブルなどがあっても自分で解決するのではなく、この店主に代わりにやってもらう、あるいは店主がトラブルを対処していることに気付かないという無関心に近い反応ばかりであった。中には、店主のそうした気遣いを評価する商業者もいるものの、店主も言っているように、同じことをする人は１人もいないようだった。

（3）近隣住民への奉仕

　また、店主の子供が通っていた学校でＰＴＡの役員をしていたり、市役所で挨拶をきちんとしたりしているため、店主の顔を覚えられ、子供のこともいろんな人が知ってくれるようになったと言う。

　毎年８月23日に行われる地蔵盆のお世話も商売とは無関係であるが、欠かさず行っている。地蔵盆では、昔の習わしに従って、子どもたちの名前を

書いた提灯を吊り、お供えをして、町内の人びとが集まって子どもたちの無事息災を願う（伊丹市立博物館友の会編　2002）。同じマンションや近隣の住民から、お供え物を預かる役目を果たしているのが、店主の家族である。読経を唱えるのも店主であった。

　しかし、残念なことに、こうした店主のしていることに対して、評価されるどころか、苦情を言われることさえある。あるとき、店主がいつものようにバイクを移動したところ、持ち主が移動されたことで他の自転車かバイクにぶつけられたと文句を言ってきたのだ。そのバイクは、他の自転車やバイクとは違った置き方をしていたため、通行の邪魔になり、店主が移動したのだった。バイクの持ち主からの苦情は止まらず、その話し合いは閉店後に持ち越されるほど長時間に及んだ。散々一方的に苦情を言われながらも、「お客さんやから」一切反論はせず、じっと耐えている店主であった（多くの第三者を巻き込み、最後はようやくバイクの持ち主が謝まって解決した）。店主には、お客様に文句を言うわけにはいかないという考え方が染みついていると感じさせられたエピソードであった。自分の店の来店客に限らず、同じようにお客様と考える店主であった。

　店主は、こうしたトラブルがあっても、店主のしていることを誰にも気付かれなくても、「天が見ている」と考える。天が見ているとは、次のようなごほうびがもらえると考えることである。あるとき、店の近くの通りを歩いていたら、「時計、いらんか？」と知人に聞かれた。「時計、持ってないから欲しいです」と言ったら、時計を50個もらった。しかし、そうしたごほうびがなくても、何の見返りがなくても、「奉仕させていただく」という精神で、あらゆる場所で奉仕活動を実践している店主であった。

（4）天理教信者の手芸店店主夫婦

　「周りの人に、天理教や言うたら、そうやろうなーと言われる」

　店主夫婦は、天理教を信仰している。元々、妻が先に入信した。妻が住み込みで働いていたときの先生が天理教信者で、高知県の教会に所属する先生が大阪に来られた。妻は、1961年のとき18歳で修養会に行った。店主は、1968年1月から3月に行っている。

天理教の言葉でボランティアという意味の「ひのきしん」は、誰でもできることだと説いている。それは、身体が丈夫でないとできないものではなく、病人でも、お見舞いに来てくれた人に元気な笑顔を見せれば、「病人にあんな元気な笑顔見せてもらった」と思われたらそれでもいいという教えである。すぐに結果は出ないけど、奉仕をしていたら、神様がちゃんと見てくれる。そういう精神が、手芸店を支えている。時計を買うために貯めていたお金を寄付したこともある。
　「3度の飯から2度にしても、お供えしよう思って」
　店主の話では、天理教を信仰しているからと言って、信者の誰もがこうしたボランティアを実践しているわけではないそうだ。そうしたボランティアの精神が最も活かされているのが、第6章で詳しく説明している素人の手芸作品を飾っていることなのかもしれない。

7-4　まとめ

　このように、商業者たちは相互に顧客となることで助け合い、そうした顧客に対して社会貢献をしていることが分かった。
　ここで大事なのは、地域社会において、こうした支え合う商業文化を考察する必要があるのではないかということである。とくに零細小売商であれば、地域社会の住人たちと何らかの接点を持って、商売をしなければならない。現在、そのような助け合う心を持っているのは、高齢者に限られてしまうのかもしれない。しかし、そうした文化を失わせる方向に向かっていることに、商業研究者は問題意識を持つべきではないだろうか。今日商業研究で論じられているのは、他者より優れたシステムをいかに構築するかの問題ばかりである。そのため、チェーン店が全国的に広がり、地域密着というより、画一的な文化の提供ばかりで、ますます専門性が軽んじられ、商業者が提供する価値は無意味であるかのようである。むしろ、個々の商業者が、次の時代に引き継ぐべき、独自性のある文化をどのように構築していくかを考えるべき

ときに来ているのではないか。

　もちろん、今回の事例では、過去の事例と比較しているわけではないので、今日も変わらずに、商人家族は共同体に巻き込まれているとは言い切れない。しかし、手芸店、メガネ店、手工芸品店の事例を見て、それぞれの関わり方の程度は異なるものの、共同体との何らかの関わりなくして、商売は決して成り立たないことを物語っている。

〈注〉

(1)　後述する社会貢献という意識は、大阪人気質に基づくものではないかとも考えられたが、現段階ではそれを裏付ける二次データはなかった。

第8章

小売店のマーケティングと顧客関係に関する考察

8-1 地域密着型専門店は、顧客と地域住民に支えられている

　本研究は、顧客関係という観点から、零細小売商を検討してみた。第3章から第5章まで、それぞれの店舗において、具体的にどのような顧客関係を構築しているのかを記述した。その顧客関係こそ、地域密着型専門店において特徴的なものであり、また、業種や店主のライフスタイルが反映されているのは、零細小売商ゆえであろう。表面に見えるのは、店舗ごとに特徴的な店主のライフスタイル、生き様、個性である。

　マーケティング活動という名で括られた活動を記述してみた。しかし、それは店主が日々行っている活動の一面でしかない。もっと、店主のライフスタイルを分析しなければならなかった。なぜなら、店は、店主のライフスタイルや個性に惹き付けられるがゆえに、さまざまな顧客が集う場所だからである。店主が顧客志向であれば、どんな作品であっても顧客の作品を大事に保存・保管する。顧客さえも家族同様のメンバーだからだ。

　しかし、店主のライフスタイルを見ていくだけでは、不十分であった。店主のライフスタイルが、顧客関係の維持につながる重要な意味を持っていたため、なぜ店主のライフスタイルが顧客関係の維持につながっているのかを突き止めなければならなかった。店主のライフスタイルや個性が、店の魅力を作っているのだ。

石井氏も商店街・小売市場とは地域住民との共感を育む場と捉えていた。家族経営であるからこそ、顧客や地域住民との関係が大事になる。そうした人びとも、家族と同様に、小売店を成り立たせている関係者であると考えたらどうだろうか。

　顧客との関係は商品の売買にとどまらないようだ。豆腐店では、顧客に勧められて病院に行くことがあるなど、商売を抜きにした付き合いもある。手工芸品店では、店主が顧客に誘われて自宅に訪れることもある。筆者も、調査で何回も店を訪れることができたということは、たまたま調査者と相性が良かったという解釈もできるが、それだけではない。商売以外に人との付き合いを大事にしていて、そのことが商売をする上で重要だと考えている傾向がある（おかげで、このような継続的な調査ができたこと、深く感謝している）。そうした店舗では、「お客さんと話しているのが楽しい」と言って、顧客との会話風景が良く見受けられる。商売とは関係なく、顧客も来店して、まるで自分の店のような感覚を持っている。

　零細小売商における顧客関係について、共通項として浮かび上がってきたのは、「ファンの顧客」の存在である。まず、この顧客に店が大きく支えられていると思われるため、この顧客についての検討から進めてみたい。「ファンの顧客」とは、店や店主を支持して、長期的・継続的な関係を持ち、いろんな人たちにその店の良さや店主の情報を流してくれる人たちのことである。店舗にとって、単に継続的な購買者であるだけでなく、それ以上の意味がある。

（1）ファンの顧客は周囲の人に店を紹介する

　第3章から第5章にかけて紹介したどの店も地域密着型の小売店で、顧客は伊丹市内に住んでいる人が多いが、ダイレクトメールを送っているのはメガネ店のうちの1店舗だけで、駅に看板を出したり、雑誌に記事が掲載されたりすることもあるが、これらの小売店では広告活動をする頻度は高いとは言えない。口コミによる広告活動が多く、それを重視していると思われた。

　手芸店とメガネ店においては、親子代々の利用が多いと聞く。顧客は、周囲の人に、店の宣伝を自発的にするのだ。商品を目当てに遠くからやってく

るファンもいる。そういった客が客を呼ぶ構造を顧客との密接な関係から作り出しているのではないか。

　また、手芸店とメガネ店の店主によると、たまに他の店にも行くことがあるようだが、却って店の評価が高くなるのか、戻ってきて顧客になる。

(2) ファンの顧客は店主を気遣い、何らかの支えをする

　顧客が店主に何らかの作品を贈るのは「日常的な行為」で、この地域では、贈ることの意味づけをわざわざ語る必要もないような行為であった。逆に言うと、お返しなどといった特別なお礼の品物でもないようだ。もらう品物の数が多いため、贈り主が誰であるか、どういう経緯でもらったのかも近日の事例でないと店主から聞き出せないくらいだった。

　手作りの品物を持ち込むことが一番象徴しているように、顧客は店主に対して何らかの気遣いをする。店によって介在する程度は違うようだが、昼食の準備をしたり、店主の手伝いをしたり、店番をしたりなどである。ときには従業員と同じような働きをするくらい、店の内部に入り込むことがある。

　その店にファンとしての顧客がいるのかどうかは、そうした作品の存在に象徴されている。手芸店、豆腐店では、食べていくのに困らないくらいもらうこともあると聞く。ファンは、わざわざ店主に会いにやってくることさえある。その口実として、何らかの作品を渡したり、見せたりするのではないかとも考えられる。

　加えて、顧客の側では、店主に迷惑にならないこと、もらって喜んでもらえることを前提に持参するようである。そのため、それぞれの店主の趣味・好みに合わせたものが持参されているようにも見受けられた。手芸店ではあらゆる種類の手芸品、メガネ店では滝や山の写真が持ち寄られる。手芸店の店主は、それに対するお返しをしたとしても、却って気を遣わせてしまうので、遠慮なく受け取るのがいいと話す。お返しをするかどうかは、店主によって考えが異なるようだが、お返しがなかろうと、贈った物に対して喜んでくれたら、顧客は自らそうした行為を繰り返すのだ。

　顧客がいくら好意で持参しても、店主がそうした気持ちを汲み取って受け取らなければ、大事に保管することはないであろう。手芸店店主は、「役に

立つかな〜?」という品物でも、喜んで受け取り、例え手作りの品物でなくても、何年間も大事に飾っている。第10章で詳述するように、豆腐店店主の妻は、休業してからも自宅のリビングの棚に手芸品を何点も飾っている。「手作りだから、捨てられない」と言う。

　もらい上手であるとは、作品をいただいて嬉しいと言葉で示したり、すぐに飾ったりして、店主にとっての喜びを顧客に対して表すことである。なぜなら、その作品を喜んでもらってくれることが、制作した顧客にとっても喜びなのだ。第6章で見たように、オリジナル作品が制作される過程ではさまざまな手間や作業を重ねている。そうした作品を見たり、受け取ったりすることを喜んでくれる人であることが顧客にとって望まれる。そうした店舗こそ、顧客を大事にしているのだと言える。こうして、顧客がくれた作品を大切にすることで、顧客を大事にする気持ちが表現されていると解釈できる。

　ただ、店での展示によって、顧客が作品を持って行くかどうかが、決定されるわけではない。豆腐店の店頭では、そうした作品は1点しか飾っていなかったが、自宅にはたくさんの作品が置かれていた。展示していないと、そういった作品を店主夫婦が大事にしていないと解釈できるわけではない。飽くまで、店主が顧客との関係を大事にしているかどうかは、店主がもらい上手で、そうした品物を大事に保管していることを確かめた上で判断しなければならない。物理的に展示できない店もあり、その作品の保存・保管の有無を調べる必要があるのだ。逆に、保存・保管しないのは、顧客を大事にしていないことを裏付けるのかもしれないと思われた。

　こうして、本研究で対象とした小売店において、顧客が作品を店舗に持参する現象は、店舗にとっても、顧客にとっても、日常的なこととして意味づけられる。そして、顧客関係を見ていく上で重要なのは、そうした作品が持参されるという現象ではなく、むしろ、店主夫婦が作品を大事に保存・保管しているかどうかである。

8-2　顧客関係構築システム

　こうした長期的な顧客関係の構築が、顧客志向の地域密着型専門店において見受けられる。次に、熱心なファンのいる店というのは、そうした作品の保存数だけでなく、新規顧客をどれだけ継続して獲得しているかが指標となる。重要なのは、1回だけではなく、継続的に来店する顧客の構築システムを作り出していることである。店の方針に合う顧客づくり、つまり、「自分の店にとって、いい顧客とはどういう顧客か」ということを想定した上で、顧客を育てるシステムを作っている。

(1) 顧客に対しては、お客さんという立場を尊重する

　どの店舗においても、それまでの友人・知人が顧客になっていることは共通している。しかし、そうした人たちのみが顧客になっているわけではない。新たに顧客になった人が、友人となっていくと言った方が当てはまる。顔見知りが多い地域であるが、ファンのいる店とそうでない店の違いは、作品の数だけではなく、顧客そのものにも違いが見受けられる。つまり、ファンのいる店も、そうでない店も、これまで付き合いのある友達が買いに来てくれる。ファンのいる店は元々友達である人も来店するが、これまで付き合いのなかった人が来店し、親しくなっていく。

　しかし、そうして身内のように店のことを考えてくれる顧客ではあるが、店主にとって、友人とは異なるようだ。その関係は、飽くまで「店主と顧客」という限定されたものであるようだ。店主ごとにその線引きの範囲は違うものの、顧客とはある一線を越えない関係でいることを心得ている。

　例えば、ある顧客と親しくなりすぎると、公平性がなくなると言って、手芸店店主は、プライベートでどこかに行くことはしないし、サービスしたとしても、どんな人にもしているとわざわざ言うことがあると言う。

　実際、店のことを配慮するメガネ店の顧客の宮本さんは、他の顧客に対応する店主を尊重している。そういう店主を配慮する人であったとしても、購

入したレンズに不満があると、店主には苦情を言っている。しかし、その後も、店主におみやげを買って店に持参しており、トラブルがあったからと言って、店主との関係が壊れるわけではないようだ。

このように、店主は顧客とは身内のように親しくしても、甘えた関係ではいけないということを心得ているのであろう。顧客として位置づけると、店主夫婦よりも上になるが、友人として位置づけると、自分と同等になってしまう。顧客が友人となると一種馴れ合いのような関係になり、店主にとって都合の悪いことを言えないのではないか。対等の立場に置かない関係は、顧客として尊重していることの表れではないか。「店のお客さん」という関係であれば、顧客も厳しい意見や苦情を言うことができる（例えて言うなら、応援しているチームの選手にも、厳しいことを敢えて言う「阪神ファン」のような存在だ）。仮に、商品が高い、品揃えが少ない、店が自宅から遠いなど、店舗にマイナス面があっても、店主との関係を壊すことはない。

（2）顧客に店主のポリシーを押しつけない

そして、顧客は店主の考えや行動に忠実な信者ではない。信者は、その集団が社会的に望ましくないことをしていたとしても、自分たちの世界だけを考慮し、信じてそのまま従うような考え方や行動を取る。言い換えれば、顧客を洗脳させたり、あるいは、顧客に迎合したりすることである。ここでの店主と顧客の関係は、そうした関係ともまるっきり違っている。自分の考えを押しつけず、自分の提案する商品が受け入れられないときも、顧客を「泳がせ」、顧客自身が受け入れるまで待つという姿勢を持っている。迎合しない、あるいは洗脳させるわけではないのは、それだけ自分の店や商品、技術に自信を持ち、人を見る目があることも関係しているのかもしれない。手芸店、メガネ店、手工芸品店では、顧客に対して、店の方針を理解して、それを受け入れてもらう努力を何らかの形で行っている。例えば、定価販売している手芸店で、値引きを求める来店客があったとしても、顧客に迎合して、値引き販売はしない。

顧客志向は、顧客に喜んでもらうにはどうしたらいいかを常に考えることにつながる。だからこそ売っている「商品」に自信を持っていて、無理に買

わせることはしない。豆腐店ではにがりを使った豆腐、手芸店では幅広い手芸用品の品揃え、手工芸品店では百貨店では扱っていない手工芸品、メガネ店では顧客に合わせたメガネ創りの技術にこだわりを持っている。

　何より大事なのは、店舗や商品に対して、店主夫婦が愛情・愛着を持っていることである。顧客を大事に思う気持ちがあって、顧客に適切な対応をしているかどうか、人を見る目があって、その人がどういう背景の持ち主かを理解した上で対応しているか、こうした点がファンのいる小売店とそうでない小売店を分けている。

　顧客も、店も、後継者（賛同者あるいは共感者）も、育てるものである。常に、時代と共に、いろいろな状況ごとに変化していく。状況によって、必要なことが変わることもある。そのため、継続的に顧客創造をしていかないといけない。そうした状況に適応しながら、愛情を注ぎ、育てることができるかが決め手となる。大事にされたと感じる顧客は、店も、店主も大事にするのではないか。そうした互恵的な関係が、零細小売商の特徴だと言える。

8-3　地域への社会貢献

　顧客に支持されるかどうかは、店主に、人を見る目があり、その人に適切に対応するもてなし上手であることが条件になる。つまり、顧客志向で、あらゆる状況において、適切な対応ができることで顧客が構築されていく。挨拶ともてなしは、体に染みついた所作のように思える。そして、掃除と整理整頓。店の付加価値を高めるために、なくてはならない商売人の心構えであった。

　そして、継続的に顧客関係を構築していかないといけない。そのため、以下のような努力や工夫を日々行っている。

(1) 社会貢献するには、本業重視

「商売を通じて、社会貢献ができなければならない。それも本業で」と話すのは手芸店店主である。専門店として、本業で何らかの社会貢献をすることで、地域住民と顧客に支えられている。メガネ店店主も同じように、本業が大事と考えている。「(副業することに対して) そんなん、嫌や」と言う。「本業も難しいのに、副業なんて考えられない」という反応だ。店主が継続して行っていることは、「本業である商売を通じて、社会貢献をしている」につながっている。

顧客は、店主がいかに上手く商売をしているかではなく、店主が、顧客を大事にしてもてなしているか、専門的な知識や技術があるかを見ているわけである。本研究に登場した零細小売商を地域密着型専門店として位置づけると、顧客に対する価値創造は、「ライフスタイル提案」である。顧客情報を収集しながら、顧客のライフスタイルに合った具体的な提案をする。そのことに顧客は価値を見出しているのではないか。そうすることで、それぞれの店舗において、長期的な顧客関係が構築される。

店の付加価値を高める要素として、家族が熱心に関わっていることなども含まれるかもしれない。このような訓練を積むことで、他店には真似できない店づくりができるのではないか。やはり、専門店としての活動を重視しないと、いつか行き詰まってしまう。行き詰まると、副業に走ってしまい本業を大事にしなくなる。

(2) 専門知識や技術を磨く

本研究のフィールドワークで分かったのは、地域密着型専門店において大切なのは、顧客に対してその商品を含めたライフスタイル提案ができることである。そして、ライフスタイル提案力の裏付けとなる専門知識や技術が必要であることが示唆された。

まず、顧客にとって適切なライフスタイル提案をするためには、顧客の話に耳を傾けなければならない。そうしたことに意識している店舗では、顧客の話すことに耳を傾けて、顧客からの情報を引き出す工夫が見られる。

店主のライフスタイルを分析するとき、センスがあるかどうかが1つの基準になる。顧客と話をするセンス、これは最も重要かもしれない。見るところ、どの店主も得意だ。しかし、それが当たり前でないことは、そうでない店舗に行ってようやく気付く。どんな年代の人でも話せるようになるにはある程度経験が必要なことは、筆者も豆腐店での販売員経験より分かった。情報収集に余念がなかったという豆腐店店主、いろいろな女性に対応するためにいろいろなパターンをシミュレーションする手芸店店主。

　商品を見るセンスも大きい。一番経験が豊富なのは、手工芸品店店主なのかもしれない。手工芸品を見立てるのは店主に見る目がないと、絶対に顧客は着かないだろう。競合店も同じ専門店から、百貨店までさまざまである。店主は、仕入れもかねて旅行に行く回数が多く、いろいろな人との出会いもセンスを磨く上で糧になっている気がした。では、そうした手工芸品に関する知識や技術があればいいのかというと、そうではない。どうやったら身に付くのかは、さらに手工芸品についてフィールドワークによりデータ収集しなければ確かなことは言えない。

　専門知識や技術の習得に努力や工夫をしていないと、顧客は離れてしまう。しかし、顧客のどんな意見でも採り入れるべきかというと、そうではない。その取捨選択も、店主の専門知識や技術を背景に吟味する必要がある。つまり、その商品に関して、専門知識や技術のない顧客のどんな話を活かしていいのかを知っていないといけない。

(3) 商売以外のボランティア

　もうひとつの地域密着型専門店の地域社会にとっての価値は、商業者たちが商売だけでなく、何らかの形で地域社会に対して社会貢献をしていることだった。

　どの店も商品を無理に買ってもらおうという姿勢はなく、おみやげに豆腐をもらったり、食事をごちそうになったり、一緒に同行したときの交通費（電車賃やタクシー代）を店主に出してもらったことさえある。研究に協力することには金銭的なメリットはないと思われるが、この店主たちは損得勘定で行動するわけではないのだ。例えば、女性に接するのが好きな手芸店店主に

は、とりわけ、何度も「来てくれるのが嬉しい」と言われた。

とくに地域への社会貢献に熱心な手芸店店主は、ボランティア団体や自治会での清掃を熱心にしている。また、営業中に店を訪れる来店客には、両替、道案内などあらゆる要求に親切に応え、開店と閉店時に行うビルの来店客への挨拶まで行っている。地域での活動も熱心で、地蔵盆での近隣住民へのお世話や学校でのＰＴＡ役員を引き受けるなど、地域の人たちに尽くしてきている。

このように、そうした顧客である地域住民に対して何らかの社会貢献をしていることが分かった。零細小売商であれば、地域社会の住人たちと何らかの接点を持って商売をしなければならないゆえ、それぞれの関わり方の程度は異なるものの、共同体との何らかの関わりは必然的に生じているのだ。

第Ⅲ部
家族従業と後継者の問題

第Ⅱ部において、兵庫県伊丹市の小売店にて来店客調査をして、店主の活動を中心に、店主を取り巻く地域社会の人びと、とくに小売店を支える主体である顧客との関係を明らかにしてきた。店主家族と何らかの付き合いのある人が、買いに来てくれたり、助言をしたりするのが、地域に支えられた零細小売商の特色である。その中でも、店を絶対的に支持する「ファン」が、小売店を支える重要な主体であった。

　フィールドワークによって見出された新たな研究課題「なぜ、地域密着型専門店を支える顧客が、店にいろいろな作品を持ち寄るのか」を検討していったところ、いくつかの点が明らかになった。そうした作品を顧客が持ち寄るのは、どの店でも見られる現象であった。そして、第6章で記述した2つの店では持ち寄られた作品は大事に保管されており、店や店の商品が好きで、周囲の人にその店の評判を伝えてくれる役目をするファンがいることが分かった。そうしたファンを持っているかどうかで、小売経営が維持できるかどうかが決まる。つまり、ファンの存在が地域密着型専門店を大きく支えているのである。

　ファンは自然にできるのではなく、店側にファンを作る努力があることが伺えた。ファンのいる店では顧客との会話が多い。それが、顧客を大事にしている表れのようだ。したがって、ファンのいる店では、顧客を大事にしているためか、顧客との会話を重視し、顧客もそれを目的に来店するような節がある。店主との会話を求めて、来店するような顧客がファンになっていく。

　問題は、ファンのいる店では、必ずしも夫婦ともに常時店に出ているわけではないことである。そこで、次に「なぜ、家族が直接関わらなくてもファンを維持できるのか」という研究課題が立てられる。

　小売店は支えられた地域社会に対してさまざまな貢献をしていた。まず、地域社会の一員としての活動が求められているのだ。そのため、小売経営の成り立ちは、地域社会における位置づけから検討していかなければならない。

　第3章から第6章では、家族が関わらなくても、店を維持できるという石井氏の家商分離が成り立つ根拠ができた。家族が店に直接的な関わりをしなくてもやっていけるのは、小売店の成り立つ前提として、顧客や地域社会の人びとに支えられているからである。

　しかし、本当に、家族が関わらなくても店は維持できると言えるのだろう

か。エスノグラフィーの後半は、いよいよ家族従業の問題を検討する。

　小売店の中の家族従業を検討するだけでは不十分で、地域社会の中の小売店そして家族という位置づけをしないと、重要な要因を見落としてしまう。家族従業のあり方を検討するには、地域社会の中で家族がどのような位置づけにあるかを見ていかなければならない。つまり、零細小売商において、家族が重要な存続要因であるが、その家族も顧客や地域社会に支えられているのである。

　第9章と第10章では、家族従業者を含め、従業員の行動にも注目し、この両者がファンである顧客とどのような関係を構築しているのかを検討したい。

　第11章では、零細小売商において重要な問題である後継者問題も取り上げたい。商人家族のメンバーが具体的にどのように店に関わっているかを記述しながら、最終的に、小売業家族従業のジェンダー間関係のあり方を論じていきたい。

　第12章では、第9章から第11章までの家族従業について検討した結果を基に、零細小売商における家族従業とはどのようなものだったのかを考察したい。

　第13章は、エスノグラフィー全体から、どのようなインプリケーションが言えるのかを検討してみたい。

第9章

小売店における夫婦のパートナーシップ

9-1 家族従業においてジェンダー間分業があるのか

　ジェンダーにまつわる性差別の問題に真っ正面から取り組んでいるのが、伊田（1995、1998a、1998b、1998c）による「シングル単位制社会」の議論である。その他、落合（1997、2000）においても「個人を単位とする社会」が論じられており、サラリーマンと専業主婦という組み合わせが多数派でなくなりつつある今日、登場した議論である。

　伊田氏によると、現代日本社会は家族を単位とするシステムである。そして、この家族単位の制度が性別役割分業を強制すると言う。すなわち、現代日本の諸制度がこの家族（カップル）単位という仕組み（図9-1）を通して、市場領域においては男性が基幹労働者となり長時間労働で高賃金を得るが、女性は周辺市場において低賃金の補助的労働に携わるといった女性差別を生み出している。

　伊田氏の枠組みによって商人家族と家族従業を検討してみると、日本の社会は家族（カップル）単位制社会となっているため、家族従業においてジェンダーによる差別があるのではないかと考えられる。つまり、夫婦はお互いを補い合って1つとなるので、そこでの性別役割分業は問題にならないのである。サラリーマン家庭においてどちらが家事労働に従事しようとそれが問題とならないように、家族を単位としていれば、一方が主で、もう一方が従

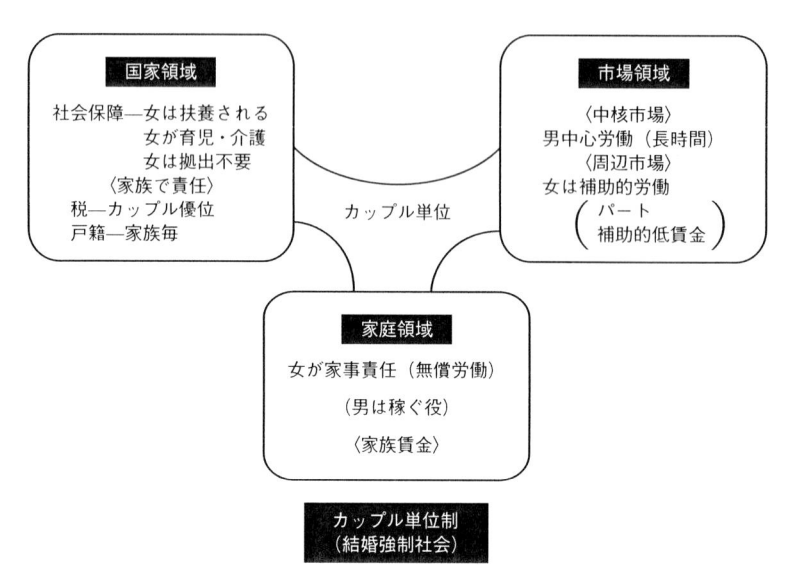

図 9-1 家族（カップル）単位制社会

国家領域		市場領域
社会保障—女は扶養される 女が育児・介護 女は拠出不要 〈家族で責任〉 税—カップル優位 戸籍—家族毎	カップル単位	〈中核市場〉 男中心労働（長時間） 〈周辺市場〉 女は補助的労働 （パート 補助的低賃金）

家庭領域

女が家事責任（無償労働）
（男は稼ぐ役）
〈家族賃金〉

カップル単位制
（結婚強制社会）

出典：伊田（1998b）、24頁。一部のみ引用。

であろうと、両者が対等であろうと、世帯主である男性の顔が見えるのみである。家族従業者は労働の内容がどうであろうと、その主体が誰であろうと、家族単位によって性差別の問題は隠されていた。商店主が男性であれば、たとえ女性が対等以上の働きをしたとしても無給であったとしたら、統計上は家族従業者と括られてしまっている可能性がある。

そこで、伊田氏はシングル単位制社会を提唱している。しかし、それを自営業や家族従業者に当てはめた記述は少ない。自営業（農林漁業、商業）について伊田（2004）が、具体的にどのような提言をしているかを紹介したい。自営業の妻が一緒に自営業を担っているときには、以下のように「家族経営協定」という考え方を提唱している。家族経営協定とは、自営業の中でもみんなで話し合い、休日や賃金、労働時間、役割分担を話し合い、文書ではっきりと決めようというものである。これを導入することで、「夫が主導権、妻・嫁は補助、賃金や労働時間は不明」という伝統をみなおし、夫婦、家族内で

個人としての地位が確保（経済的自立）され、対等に担うようにできる。女性や若い農業者が個人として尊重され、経営のパートナーとして位置づけられ、民主的近代的な家族経営を実現することになる（130-131頁）。

この記述では、自営業において「夫が主導権、妻・嫁は補助、賃金や労働時間は不明」という伝統があったのかどうかは不問にされているし、本研究のように自営業にシングル単位制社会の枠組みを家族経営の実態を知らないまま当てはめているように見える。

夫婦の共同経営を取り上げた Marshack（1993）によると、共同経営者夫婦はアメリカにおいて非常に増加しているにもかかわらず、過去10年間において焦点が当てられた研究はわずかだった。そこで、共同経営者夫婦の文献レビューから、夫婦が、夫婦と共同経営者との境界や変化をどのように管理しているのかを説明している。

Lee and Rogoff（1996）は、家族が参画している事業主とそうではない事業主の比較研究をしている。事業目的は異なるのか、コンフリクトの水準は高いのか、事業と家族のコンフリクトを業績の重要な障害としてみなすのかを検討するため、小規模事業主231人にサーベイを行った。そのうち118人の事業主が2人以上の家族メンバーを雇用していた。その結果、事業目的では2つのグループの間で差がなかったが、家族が参画している事業主は事業と家族のコンフリクトを抱えていた。ただし、このコンフリクトはうまく管理され、事業目的を妨げるものではなかった。事業主は家族が事業に関与することは積極的に見ていた。

ここで考察するのは、飽くまで、小売経営におけるパートナーシップであって、夫婦間の愛情には触れないことにする。ただ、夫婦間の愛情は、小売経営とも相互作用していると思われるため、そうした意味でのみ取り扱っている。また、小売経営ということだけを取り上げたため、家事労働の側面についても触れないことにする。「一定の給与」を払われていようと、「無給」として扱われようと、家族従業の本質的な部分にそれほど違いはない（石井1996、269頁）という立場をとっているため給与については厳密には聞いていない。

9−2　パートナーへの感謝を示す店主たち

　拙稿（2001）では、「夫婦は共同経営者で、夫婦の対等性が見られる」という結論を導き出した。その調査結果を出した時点から、3年が過ぎた。その年月の間には、店や家族にも変化があり、調査を続けることで分かった新たな事実や、その背景も見えてきた。

　やはり印象的なのは、パートナーへの感謝の気持ちを口にすることである。手工芸品店と手芸店のパートナーの貢献を紹介しよう。共通点としては、パートナーに店主の仕事に対する理解があること、パートナーへの感謝の気持ちがあることである。

　手工芸店店主も、夫に対して感謝の気持ちが大きいと話している。店主は、1997年に倒れた夫を介護することで、これまで自分や店を支えてくれたことに感謝を示している。

　店主の夫は、旅行先の長野県で車を運転中、突然意識を失った。後ろの車がクラクション鳴らして、ガードレールにぶつかる寸前に止まり、事故は避けられた。その後、旅行先や自宅のある地域を始め、病院を転々として、現在は店の近くのＴ病院にリハビリに自宅からタクシーで通う。

　一時は全く人についての記憶がなくなったが、リハビリに通う中、人も思い出すようになった。2人の子供は「必ず、お父さんを立てる」そうで、父を尊敬して慕っている。父の介護に積極的で、長女は、父が倒れたときは3日3晩千羽鶴を折ったし、今でも月1回は父の車椅子を押して、リハビリと散歩に連れて行くなど、父親思いである。長男夫婦も、月に2、3回食事に連れて行ってくれる。こうして家族が支援してのことであるが、夫に回復への強い意志があり、リハビリを続けた夫はパソコンで『朝日新聞』の「天声人語」を入力するほどまでに回復した。夫が2階の書斎で過ごせるよう、自宅もバリアフリーに改装し、椅子式階段昇降機も設置した。病気のせいで喜怒哀楽が激しくなることもあるそうだが、穏やかな表情を見せる夫である。また、人に会ったり、外に行くのを嫌がったりするのではなく、むしろ積極的に外に出たがり、車椅子で近所の喫茶店に日曜日の朝はモーニングを食べ

に行く。トイレや着替えは手助けをしないといけないが、食事も自分で食べられるし、おしめを使っていないし、お風呂も入れなくて良いため手が掛からない。現在は、介護保険を利用して、ヘルパーを依頼しながら、週2回だけ店に出ている店主であった。家庭に客を呼んだり、訪ねたりして人との関わりを持つ夫婦の姿がある。

　しかし、介護を受ける人を取り巻く環境も制度的に整ってはいるものの、すべて良くなったわけではない。例えば、身体障害者が利用する場合、タクシー料金は1割引になるのだが、車椅子をトランクに乗せなくてはならない。店主と夫がタクシーを利用するとき、運転手の対応によっては「泣きたくなる」ような嫌な思いをする。それで、車椅子の夫と一緒にタクシーに乗るときは、運転手に300円くらいのチップを渡す。親切なタクシー会社かどうか、選んで乗るなどの気苦労がある。

　このように、介護は大変な労働である。「ご主人の介護、大変ですね」と言っても、その立場になればできるとか、双方の親の介護はしていないそうで、
　　「夫の世話をするのは、これまでの感謝の気持ちで当然」
　　「(夫への) 恩返し」
　　「(病院に付き添いできている男性を見て) 私が面倒見られるより、私が
　　　面倒を見るので良かった」
という言葉が返ってくる[1]。

　今では、それまで行っていた窯元にも行かず、夫の介護をする店主であった。それは、夫への感謝の気持ち以外に、店主の前向きな姿勢があると思われた。一度も行ったことがなかった社員旅行にも夫の付き添いで行けるから、「今がいい」とさえ言う。また、小学校3年生で母を亡くし、父や年の離れた兄に育てられ、「これ以上の悲しみや苦労はない」と話す。病院に行く日という題で、店主がメモに書いていた (一部、修正して引用)。

　　　前向きになれて嬉しい
　　　病室の御夫婦8人のうち3夫婦と親しくなれて嬉しい
　　　今日よりは明日と、少うしずつ、リハビリが上達し嬉しい
　　　私もその気持ちでよくなってもらいたいと思うようになれたのが嬉しい
　　　店のこと何も考えなくっていい
　　　電車の中で本が読めて嬉しい

9-3　手工芸品店店主の夫の貢献

　簡（2002）によると、『就業構造基本調査』を分析すると、小売業では「男性は自営業主（商店主）であり、女性は家族従業者」という傾向がある。「主たる仕事」について男性家族従業者と女性家族従業者の比率の差を見ると、1987年は40.4％となり、1956年の3.6％に対して、約11倍に増加している。その理由を以下のように推論する。家族従業者に占める男女の比率の差が徐々に広がったのは、商店の経営条件の悪化や家族意識の変化により、子供が家業を継承する必然性がなくなってきた。商店を経営する限り、商店の総労働量を維持する必要があるが、コスト削減のため外部の労働力に頼ることはできない。そこで、後継予定者の労働力をカバーするため、女性家族従業者、すなわち妻が商店の仕事を主に行うようになった（57-59頁）。

　フィールドワークでは、たまたま商店に嫁いだ、あるいは商売を始めることになった女性たちが、未経験ながら顧客を確保・維持し、熱心に商売に携わっている様子を観察した。最初は挨拶できないほどだったと語る人もいるが、次第に商売にも慣れ、どんな条件であっても、不平も言わず、顧客の相手をしている。そして、「お客さんと話しているのは楽しい」という感想を口にする。妻たちは、5年、10年と商売をするにつれ、商売が楽しいとか、お客さんが喜んでくれて嬉しいという反応をするようになっていた。

　確かに、商店に関わるようになったのは、労働力をカバーするという受け身的な理由のようだ。店主の妻（豆腐店、食料品店）にインタビューすると、労働力のカバーとして商店に関わるようになった経緯が語られた。しかし、労働力のカバーだからと言って補助的な労働しかしていなかったら、妻たちはそうした反応を示すだろうか。長男に「父ちゃんより上手い」と認められるほど「商売上手」になった女性もいて、「（家のことを忘れて）ストレス発散になるでしょ」と話す。

　加えて、店主が、そうしたパートナーの労働に対して感謝を口にしていた。それは、一体どういう意味を持っていたのだろうか。パートナーが、どういう貢献をしているからなのかをさらにデータ収集しないことには、単に口が

上手い店主であったからということになってしまう。

　手工芸品店では、家族従業者ではない夫であっても、店主は夫に対して感謝の気持ちを口にする。店主の夫は、陶器には関心がないものの、理解があった。「やろうと思えば、（家では）たくさんすることがある」と夫に言われ、店主は店を始めるまでは専業主婦だった。商売未経験の店主が商売を始めるに当たって、夫の判断は、他の商売であったら、反対したかもしれないが、好きな陶器を扱うのであれば、商売ができるだろうということだった。

　旅行好きであった夫は、陶器を仕入れるに当たって車を運転して窯元まで連れて行ってくれた。窯元で陶器を見ることは興味がないため、一緒に見ることは少なかったが、旅費を負担して、嫌がることなく連れて行ってくれた。また、夫は、店主がどんな商品を仕入れても口を出すことはない。しかし、取引相手になる陶芸家との付き合い方に関しては、若干の助言をしたそうだ。例えば、店主が言うには、陶芸家と会ったとき、

「主人は、人を見る目がある。お母さん、あの夫婦と仲良くしたらいいよ」
「お母さん、いいとか言ってるけど、そうでもないよって（夫に言われる）。
　それが何年かしたら分かる！」

といったアドバイスをくれる。

　夫はある自動車会社をやめて、印刷会社を経営している。長男は防衛大学を出て自衛隊にいたのだが、父の会社に入社することになった。3年目に父が倒れ長男が会社を継いで社長になり、現在夫は会長になっている。一代で会社を築いた夫は「会社がこれまでやってこれたのは、社員のおかげ」と言い、会社の従業員への感謝の気持ちも強い。

「作家の喜び、お客さんの喜び、お母さんは、両方の喜びをつないでいる
　から、お母さんは得だね」

と夫が話す様子を店主から聞いた。

　そして、店に関わる手紙や葉書、年賀状などは、夫がワープロで作ってくれる。それ以外に、店主の自作の詩集もワープロで清書してくれる。店主の詩にピアノでメロディーを付けてくれることもあった。

　そうした夫の協力や理解は、店主にとって大変ありがたかったようで、それが夫の介護を6年もしていることに表れている。このように、夫の金銭的な援助が大きく店の経営を支え、また、店主としての行動や考え方を理解し

てもらい、間接的な労働にも支えられている。

　店も2年ほど行かずに、夫の介護をしていたとき、夫の入院中にとうとう店主も倒れてしまった。検査をしてみたが、医学的にどこも悪くなく、外出すると不整脈が治りただのストレスだったことが分かった。長男夫婦も長男の妻の両親も、店をやめずに続けるよう言ってくれた（「介護する人が倒れると、世話をしなければならなくなってしまうのは自分たちだから」と店主は言っている）。年なのに、父を看るべきだと言っていた長女夫婦も、今では店を続けたらいいと言ってくれる。

　こうした家族の貢献ぶりは、ジェンダーに関係なく、見られるのかもしれない。

9-4　手芸店店主の妻の貢献

　手芸店店主によると、夫のワンマン経営に妻が従うという形では絶対うまくいかないそうだ。
「女房は素人だけれど、そういう素人の意見というのがお客さんの立場に
　立っての見方だ」
糸の置き方にしても「お客さんには色を見せた方が分かりやすい」と妻に助言された。そういった客の立場に近い女房の意見が大事だと言い切る。

　月に1回しか休みがなく、ゆっくりと旅行に行くこともないのに、妻は「周りの友達も貧乏やから、あんまり、どこか連れてってとかいわん」そうだ。

　この妻の何より大きな貢献は、次のようなことではないかと思われる。「（女房が）ぬいぐるみをたくさん編んで、ようけ（たくさん）売れた」。妻が和裁をしていたこともあり、店の商品に直接関わる技術を持っていたためと思われる。『リビング東阪神』（1989年3月4日付）によると、当時は、毎日午後に毛糸で作る人形の無料講習会を行っていたようだ。

　社団法人日本ホビー協会が2002年の日本ホビーショー来場者1,003人を対象に行った「第2回ホビイストリサーチ」を行っていた（『洋装産業新聞』

2003年5月1日)。その調査結果によると、「手作りホビーを行う動機や目的」として、「自分で使う」、「部屋に飾る」、「贈り物として」の3つが上位を占めている。また、材料購入場所として、「量販専門店」、「最寄りの手芸店」、「品揃え専門店」が上位に挙げられる。

新しいホビー挑戦時に参考にする知識や情報として、「専門誌・雑誌」が一番多いが、「ホビーの仲間・家族・友人・知人」も同じ割合であった（どの集計結果も複数回答可であると思われる）。「店頭展示」や「店頭でのデモ」、「店内教室」は割合が低く、現状では店頭での情報収集の機会は少ないようだ。

この手作りの商品を店に置くこと、そして、その作り方を説明できることは、手芸店にとって非常に重要なことである。現在は店主1人が店頭に立って、作り方に関してアドバイスをしているそうだが、手芸をしている人にとって、手芸をしていることに関する知識の共有がいかに大切かということを和紙人形教室のフィールドワークをする中で筆者は感じた。

手芸をしている人たちの中には、作品展や手芸店に行って、興味のある材料や作品に出会うと、積極的に質問をする人がある。恐らく自分で作ってみたいと思い、専門的な技術を教わろうと熱心に作家に質問をするのだ。つまり、顧客の経験と共有度が高ければ高いほど、店への愛着や店主との会話も弾む。そのため、手作りの商品が置かれていて、その作り方の説明ができるという強みが、発揮できたのではないかと思われた。

手芸店の事例を見ると、家族従業者としての貢献度は、専門性が高いほど大きいのではないかと思われた。

〈注〉

(1) 手芸店の店主の妻と同様、夫に仕えるのが当然という意識がある。確かに、この女性たちの夫は、周りの男性と比べて、妻に理解があった方だろう。それに対する感謝なのだろうか。

第10章

豆腐店のフィールドワーク

豆腐店店主松本さん
豆腐づくりに励んでいた頃。(写真は豆腐店提供)

10-1 豆腐店の課題

　豆腐は日本における重要な伝統食品であり、タンパク質、油分、ミネラル、ビタミン類の他食物繊維、レシチン、イソフラボンなど、健康に必要な成分を多く含んでおり、注目されている。豆腐は、日本人の食生活に深く根を下ろしているが、最近では、欧米などでもヘルシーフードとして評価が高まっている(渡辺篤二　2002、3、11頁)。

　しかし、総務省の家計調査年報によると、2003年の豆腐の1世帯当たり家計支出金額は6,771円で、1999年から年間トータル減少傾向が続く。豆腐

と油揚げ類を合わせた豆腐業界の家庭向け末端市場は5,012億円と推計され、2002年と比べて1.12％の減少だった。厚生労働省によると、2003年3月末時点では全国の豆腐製造許可業者は、14,487業者となっている（トーヨー新報編　2004、48-49、68、88頁）。

　添田（2004）は、安全安心および新鮮さを中心に豆腐の市場における実態調査および消費者の意識調査に基づき、現代の豆腐とくに木綿豆腐の実態を整理し、豆腐がこれまでどのような変遷を辿ってきたか、これから豆腐が消費者に受け入れられるだけの品質はどうあるべきかを考える切り口を提案している。その結果によると、消費者が求めているこれからの豆腐のあるべき姿は、次のようにまとめられる。

　　①製造年月日の表示された新鮮なもの
　　②豆風味および甘味を持つおいしいもの
　　③原材料大豆が国産で安全安心なもの

消費者の豆腐の購入基準は、「新鮮」、「おいしい」、「安全安心」のキーワードに尽きる。

　消費者には豆腐を歓迎する傾向と、市販されている豆腐の消費規模が減少しているという相反する現象が見られる。添田氏は、そのギャップは豆腐単価の値下がりからくるものと捉えている[1]。「多くて安いお買い得感」と「自然・新鮮・作りたて感」という二極化した価値観を比べたとき、後者が今後の豆腐産業として進むべき方向の1つであると述べている。そして、従来からの豆腐をスーパーの店頭に並べて売るだけでは、豆腐消費を期待できないと言う。そのため、消費者の意向やニーズを踏まえ、安全安心および作りたて感が付与された品質にする努力に加えて、これまでにない新しい食べ方をメニューやレシピをつけて提案する役割をメーカー側が担っていかなければならない（116-119頁）。

　豆腐は日本の伝統的な食材として取り上げられるだけでなく、健康食品として大いに賞賛される重要な食品である[2]。そうした豆腐の消費拡大あるいは品質向上をするべく、豆腐店はどのような取り組みをしているのだろうか。豆腐店店主が書いた本あるいは豆腐店が取り上げらた本として、石川（2004）、江湖（2004）、木谷（1997）、佐藤他（1997）、樽見（2002、2004）、中村（2004）、仁藤（2000）、前垣（2002）、森井（2004）、山本・山本（2003）

などがある。豆腐製造にあたってのこだわりや実践が具体的に書かれていた。豆腐店をテーマとした本に書かれた内容に沿ってデータを収集しながら、エスノグラフィーを書くのが望ましい。しかし、2000年10月に店主が亡くなってしまい、豆腐製造について店主に確認することができなくなってしまった。したがって、その点については、この事例では十分に検討することができなかった。

　豆腐店において参与観察を伴う調査は、1997年8月6日から1998年12月までである。店主が亡くなってからは、店主の妻に店主や家族について5回インタビューを行った。そのため、零細小売商の顧客関係に関しては、後述する手芸品をくれた女性に1回インタビューした以外は、店主の妻に何人かの顧客について間接的にデータ収集したのみで、データ収集は十分にできなかった。そのため、豆腐店の事例では主に家族従業を中心に記述をしていく。

　家族従業に関しても限られたデータしかなかったものの、後述するように、この豆腐店では、従業員という他店と比べてより家族従業者に近い立場でデータ収集することができた。しかし限られた期間であったため、そこで得られたデータをより深く理解する必要があった。そのため、豆腐業界に関する資料収集として、2002年8月24日「2002トーヨー新報　夏季セミナー」、2003年9月27日「2003トーヨー新報　夏季セミナー」、2004年8月28日「2004トーヨー新報　夏季セミナー」、2005年4月9日から4月10日「2005豆腐フェア」(「国産大豆シンポジウム」「豆腐屋ナイト第2弾」)にて、フィールドワークを行い、さまざまな豆腐業界関係者にインタビューを行った。

10-2　こだわりの豆腐づくり

(1) にがりを使ったよせ豆腐

　初めてインタビューを行ったとき、この店の「よせ豆腐がおいしいねん！」と紹介者のKさんから聞いていた。にがりを使った豆腐を作る技術を身に付けた豆腐店の店主がいる (写真179頁)。

その店はスーパーの奥の一角にあり、来店客が目に付きやすい店の中央にワゴンが置かれ、「よせ豆腐」（写真 10-1）は 140 円で売られていた。調査を始めた日、早速店主に勧められ、よせ豆腐を試食させてもらった。自分の技術に自信のある職人は、店を訪ねたとき、自分の持っている技術を話す。メガネ店店主と同じように、この店主の場合も、早速よせ豆腐の試食をさせられた。食べた反応を静かに待っていて、少し緊張したことを覚えている。固めの食感で、大豆の味を感じた。「おいしいですね」と答えると、にがりを使った豆腐の話を聞かされた。筆者はとくに、青豆大豆のよせ豆腐がお気に入りだった。

　よせ豆腐を食べたことのない来店客にも、その都度、にがりを使ったことを自ら説明する店主であった。その際には試食をすすめる。調査に行った帰りには、筆者が 1 人暮らしだというのに食べきれないほど、おみやげにたくさんの豆腐を持たせてくれた。

(2) 豆腐店でのアルバイトを経験する

　では、再び夫婦のパートナーシップについて記述してみたい。

　次節で説明するように、豆腐店では他店よりも内部に入り込んだ参与観察調査となった。日曜日も、店主は大阪市の工場から豆腐を運んでいるが、毎週日曜日は店主夫婦の休みに当てていた。日曜日にアルバイトをしていた姪（店主の兄弟の長女）がやめたため、アルバイトを探していることを店主に聞いた筆者は、アルバイトをすることを買って出ることにした。テナントに入っているスーパーに勤めていた 50 代の従業員（パート）の女性と一緒に、10：00 から 18：00 まで豆腐を売っていた。1997 年 12 月から 1998 年 12 月までアルバイトとして 57 日間働いた。1997 年 12 月の年末 3 日間は、妻と長男、従業員の女性と働きながらの調査となった。店主によると、この豆腐店にとって年末は一番の稼ぎ時で、すべて定価で販売していた。

　そのときは、来店客に豆腐を販売するという経験が、重要なデータになるとは全く思っておらず、夫婦で豆腐を販売している経験を追体験できればいいと考えていただけだった。店主には、ボーっとしないように、常に仕事をしているように言われた。

写真 10-1　よせ豆腐

　その経験から、豆腐店で働くことは大変だということを感じた。暑い季節よりも、寒い季節が大変だ。制服は、ブラウスとエプロンが支給されるだけなのだ。気温が低いのに、水を使う商売である。冷えるせいか、何度もトイレに行ってしまう。それなのに、従業員の女性は、店が終わる午後8時までいるのに、トイレは昼食時間に行くのみだった。冬でも、ブラウスに、毛糸のベストを着ているのみだ。冬になると、このアルバイトのせいなのか、必ず風邪を引いていた。豆腐製造は朝早く、午前4時に起きて始めると聞いていた（大阪府守口市の豆腐店店主は、どんなに遅い時間に寝たとしても、その時間に目が覚めると言う）。豆腐店でアルバイトをして得たことは、製造も、小売も大変だという印象を持っただけだった。豆腐店の大変さは、参与観察によって他の店以上に理解できた気になっていた。
　しかし、豆腐店でアルバイトを経験した上で、妻に聞くと、
　「大変だと思ったことはない」
という反応だった。
　妻は店に出る以前は、スーパーにテナントで入るときに手助けした程度だったそうだ。調査を始めたとき、3人の子供は高校生と中学生になっていた。バスと電車で1時間近く掛けて店に通っていた。妻の母と一緒に暮らしていたため、助けられた面もあっただろう。しかし、調査を続けるにつれ、「補助だ」と言う妻の存在が商店に関わる人間関係を支えるべく存在しているということも見えてきた。店主も「店のことは全部できる」ことを豪語してい

たが、自分の代わりができるくらいに妻の働きを期待しているし、そうでないとやっていけないと言っていた。

店主が店や豆腐に対して掛けていた思いや、不平を言わず豆腐店で働いていた妻の気持ちは、1年間働いてみたものの、理解できていなかった。どうしてそういう風にきっぱりと答えることができるのか、妻の気持ちがまだ理解できなかった。寒さの対策も、いろいろ着込んでしていることも聞いた。他の店主の妻には商売の大変さについて聞いたことがなかったが、もしかすると、同じように答えられたかもしれない。店主夫婦の気持ちを共感するために同じ体験をしたと言うのに、逆にそれを理解できていなかったことに気付かされた。

(3) 豆腐づくりについて調べる

豆腐店でのフィールドワークで大事なのは「豆腐づくりへのこだわりや誇り」を理解することである。しかし、この店にはアルバイト店員まで経験したほど深く入り込んだにもかかわらず、夫婦で共有していた「豆腐づくりへのこだわりや誇り」が理解できていなかった。それは、豆腐店は他の店とは違って肉体的に大変だという思い込みが原因なのかもしれない。

「豆腐づくりへのこだわりや誇り」が大事であることを理解し始めることができたのは、店主が亡くなって、店主や他の豆腐店に関するフィールドワークを再開してからだった。

筆者が東京都に移って1年以上経った2000年に、店主が51歳で亡くなったことをある小売店で教えてもらった。亡くなって1カ月経っていた。何とか研究成果をまとめたいと思っていながら、中途半端だったときだ。

豆腐店をやめた妻を後日訪ねて、再び店主や店のことを尋ねた。最後に入院するまで店に出ていたこと、入院して長女に看病してもらいながら、店のことを気にしていたことを妻から聞いた。妻が店を休んで付き添うことになったその日に息を引き取ったそうだ。調査を始めて、3年が経っていた。長女は、父を看護した経験の影響があるのか、看護師を目指して専門学校に通い出した。その後、妻もその店に出ることをやめ、2002年8月には他の豆腐店が営業していた。

店主の松本さんが亡くなってからもどうしても豆腐にかけていた思いを知りたくて、亡くなった松本さんとの思い出話を聞くために、大阪府守口市の豆腐店を訪れることにした。その後も、店主の豆腐や店に掛ける思いを研究で残したくて、店主に縁のある人たちを訪ねて話を聞くことにした。

　「さが豆腐」は、結婚前に京都に行って学んだそうだ。木綿豆腐と絹ごし豆腐の中間の固さの豆腐だ。にがりを使った、よせ豆腐とざる豆腐を教えてくれた豆腐店店主とは2002年8月に連絡を取ることができた。松本さんが習っていた店主の岩井さんは、同い年の男性だった。松本さんが亡くなったことは知らなかった。

　改めて、松本さんがにがりを使った豆腐づくりを教わりに来たときの話を聞いた。松本さんは店を営業しながら、2年間、車で30分くらいの距離にあった岩井さんの店に何度か行って豆腐づくりを習っていた。岩井さんの店の豆乳を使うのは悪いと言って、自分の店の豆乳を使って作った豆腐を見せに来ていた。何度も失敗しては、また作り直して持ってくる、その繰り返しだったようだ。そうやって、にがりを使った豆腐づくりを習得しようとしたのは、兄弟の中でこの人だけだった。

　店主の命日に供えるための豆腐を作るために、守口市の豆腐店にお願いして、2002年と2003年に豆腐づくりを2回経験した。そこでようやく、豆腐製造の一連のプロセスが分かった。教えてくれた店主が言うには、1回目は、おままごとのような豆腐だったが、亡くなった店主の妻は、「おいしいお豆腐だった」と言ってくれた。

　豆腐づくりは、簡単に言えば、豆乳の中に、凝固剤を入れて固める[3]。しかし、岩井さんによると、何人もその技術を身に付けようと店に訪れるそうだが、誰でも身に付けられるわけではない難しいものだ（岩井さんは、習わずに独自で習得したようだ）。にがりの量、豆乳ににがりを入れるタイミング、しかも気温や豆乳の濃度によって変えなければならない。守口市の豆腐店でも、10人ほどいる従業員の中で、にがりを使った豆腐を作れるのは店主だけである。岩井さんも、にがりで豆腐を作るときは毎回真剣勝負だ。

　にがりを使った豆腐には自信を持っていたが、松本さんからはそれ程、大豆やにがりへのこだわりを耳にすることはなかった。師匠の岩井さん曰く、自分の作る「おぼろ豆腐」には達しなかったようだが、妻は、店主が食事を

作るのが好きで器用だったと話すように、何とかにがりを使った豆腐づくりに成功した。この店では絹ごし豆腐も少し固めで、そういう固めの豆腐が好きだったようだ。

　豆腐の世界は奥が深く、こだわろうと思えば、どんな点でもこだわっていくことができる。いろいろな豆腐店がこだわるのは、原料の大豆、水、凝固剤である。大豆で言えば、遺伝子組み換え大豆を使わないことを始め、品質の良い大豆を求めて、国内産に限定したり、国内でも産地を限定したりする。水も水道水ではなく、井戸水や湧き水を使ったりする。

　一番技術的に難しいのは、にがりを凝固剤に使うことである。にがりを使った豆腐は、大豆の自然の甘味を引き出し、おいしい豆腐ができる。しかし、にがりは凝固作用が激しく、数十秒で豆乳が固まってしまう。それゆえに、にがりを使って豆腐を作るのは難しく、熟練しても作れるとは限らない。しかも、にがりで絹ごし豆腐を作るのはさらに難しいと言われる。また、にがり自体を手に入れるのが困難な現状である。製造過程でも煮取り法がほとんどであるが、沖縄県と一部の業者は昔ながらの生搾り法で豆腐を製造しているし、煮取り法を使用する場合でも製造機械や製造工程に工夫をすることもできる。

（4）豆腐づくりへのこだわりと誇りを理解する

　こだわろうと思えば、さまざまに工夫をすることができる豆腐の世界。嵯峨豆腐を始め、にがりを使ったよせ豆腐を習得した店主であった。国産大豆にはこだわらなかったものの、新しい豆腐を作るために店を開きながら修業をし、よせ豆腐を作ることができたのだ。では、店主がこだわった豆腐はそれだけで売れるのだろうか。

　店主は豆腐を作るのが好きだったはずだ。店頭で話を聞いていた頃、一緒に働いた頃、商品である豆腐へのこだわりは、豆腐のことを勉強していなかったため、残念なことに店主が話す以上のことを聞き出すことができなかった。しかし、豆腐を「お客さんに売っていこう」とする姿勢を前面に出していた店主であった。豆腐を作って自分が売る、しかも積極的に「お客さんに訴えたい」という意気込みがあって、来店客があれば、筆者との話は中断し、必

ずお客さんの相手をした。

　松本さんが亡くなって3年目が過ぎ、豆腐づくり体験や豆腐店店主へのインタビューなど、いろいろなフィールドワークを通して、妻が大変さを口にしない理由が分かってきた。なぜ、妻が大変だと口にしなかったのかという疑問に固執し、そのことを理解することが豆腐店経営ひいては夫婦のパートナーシップを理解することにつながった。

　2003年9月に、岩井さんと一緒に豆腐業者が参加する「2003トーヨー新報夏季セミナー」に参加した。4名の講演があり、夕方から懇親会が開かれ、100名ほどの参加者がそれぞれ自己紹介することになった。そこで、豆腐店店主を始め、講演者までも豆腐製造は大変だ、大変だと口々にしていた。その話を聞きながら、やはりそうだろうと筆者は納得していた。

　すると、その会場で、目を覚まされる経験をした。ある豆腐店の主人が、
　「みなさん、豆腐屋がたいへん、たいへんと言うのは、ここだけにしてください。うちの息子に嫁が来なくなります！」
会場では笑いが起こった。次に、その男性は、
　「豆腐屋はすばらしい職業です！」
ときっぱり言い切ったのだ。その一言で、今まで理解し切れていなかったことが何であったのか、はっきりと分かった。それは、豆腐づくりが、誇りを持てるという職業だということである。そのため、豆腐店は大変だという考えは、豆腐店を本当に理解していたものではなかったのだ。店主は岩井さんから、「白いキャンバスだと思って、自分の思いをお豆腐に描く」ということを教わっていたことを思い出した。豆腐にどんな思いを託していたのか、もう一度店主に聞くことができないのは残念でならない。

10-3　豆腐づくりへの思いを共有する夫婦のパートナーシップ

(1) 店主のファン

　来店客のうちやはり女性客が多い。面白いことに、店主のキャラクターも

店のひとつの付加価値となっているかのようだ。「おっちゃんのトーク」を目当てに、80円の豆腐を買いに来て、長々と立ち話をしていた光景が目に浮ぶ。妻は、夫がラジオを聴いて情報収集していたと言う。やはり話好きで、人には親切だった。
　ただ、好き嫌いもはっきりしていて、店の商品を大事にしない来店客、例えば、スーパーの豆腐を買いながら、30円のおからだけを買いに来る来店客を嫌って、そういう人が来ると「おから、隠せ！」と言っていたそうだ。豆腐職人としてのプライドが許せなかったのだろう。
　豆腐の試食をするときは包丁でタテと横に切り目を入れて、スプーンですくって、それを来店客に手でつまんでもらう。試食した人に濡れた手を拭いてもらうために、あらかじめタオルを用意していた。豆腐が無駄にならないよう、汚くならないよう試食のやり方を松本さんに教わった。
　あるとき、弟に作らせたところ、味が違うと苦情があった。顧客は、いつもと違う味には敏感であった。
　2003年の松本さんの命日に、にがりを使った2回目の豆腐づくりに挑戦した。このときは、守口市の岩井さんの自宅に泊まり、3時に起こしてもらい、店主と一緒に店に出掛けた。
　この命日は、松本さんの自宅への4回目の訪問になった。再び妻から、店主が死ぬ直前まで店のことを気に掛けていたことが話題になった。生前松本さんが店や顧客のことを大事に考えて、豆腐づくりに掛ける情熱を聞いたことを思い出してみると、恐らく、豆腐店が好きで、誇りに思っていたのだろう。にがりを使った豆腐づくりの技術を習得したことで、自信を持って豆腐を売っていたのではないかと感じた。そうした姿を見ていたからこそ、妻も豆腐店で働くことに苦痛を感じなかったのではないか。店主の思いが、妻に一番伝わっていたのかもしれない。
　店主は、他の兄弟とは意見が合わなかった。店主夫婦や一緒に住んでいる義母は、他の兄弟は、これまでは卸をしていたため小売に関してはそれほど積極的ではなかったと言う。兄弟とは意見が合わずに、ぶつかることがあったのだろうと推察される。豆腐屋という商売を誇りに思っていたのが、この店主だったのだ。そうした店主がいたから、妻は店のことを大変に思わなかったのだ。6年を掛けてようやく、そういう理由ではないかと考えるに至った。

店主が亡くなってから、名前や住所の知らない顧客から香典をもらったと妻が話してくれた。「(店主の松本さんに) お世話になったから」と言われただけで、その人の名前は聞けなかったそうだ。店主が1人で店に出ていた頃、バレンタインデーにチョコレートをよくもらったと妻が話してくれた（妻が店に出るようになってから少なくなったのだとか）。

(2) ファンを持っていた店主の妻と従業員

　そういう店主に対して、妻はどんな商売人だったか。1994年から店に出始めた。豆腐店の妻にインタビューすると常に、
　「(主人に対して) 自分は補助だからと言ってる」
と言われ続けた。他の店のフィールドワークの中で見られるように、妻が、自ら率先して思ったことを実践して店主の「お尻を叩く」ようなことはないようだ。
　大事なのは、「ファン」となる顧客を掴んでいるかどうかである。そのファンは、店を介して、購入以外の支えをしてくれる。他の人に店の評判を広めてくれる。その象徴が、手作りの品物である。そうした作品をもらうことは、ファンが存在していると解釈できる。
　妻が「補助だから」と言うように、実際にそれほど努力をしていなかったとしたら、こうした手芸品をもらうことは少なかったのではないか。少なくとも、誰にいただいたか覚えていないのにもかかわらず、それを捨てずに保管していることは、誰にもらったかではなく、もらった品物を大事にしている、つまり顧客を大事にしている気持ちの表れでもある（写真10-2、10-3）。手芸品を手渡されたのが、妻なのか、店主なのかは分からないが、妻独自にファンがいたという印ではないか。
　従業員の女性にも、「おっちゃんがおらんときに」豆腐を買いに来る顧客がいた。豆腐店では、それぞれにファンがついていたのではないかと推察された。

（3）ファンができなかった筆者

　1年間毎週日曜日にアルバイトをしていた筆者と比較してみよう。筆者には、ファンはつかなかった。豆腐を販売するのは、購買客が言った商品をビニール袋に入れ、値段のシールを貼ってテープで結んで渡すという作業をする。最初は、その作業すら手際が悪く、度々待ってもらったり、遅いので従業員の女性に代わってもらったりした。一度に来店客からの注文があると、2人で上手く連携しなければならなかった。最初は、金額や商品を間違わずに、来店客に手渡すのが精一杯だった。

　店主に教えられたり、従業員の女性のやり方を見たりして、徐々に慣れてくると、「よせ豆腐、おいしいですよ」と言って来店客にも試食を勧めて、買ってくれることもあった。

　ただ、店の商品として買ってはくれるけど、従業員の女性のように、「おっちゃん（店主のこと）がキライだから」と言って、買いに来るような顧客はいなかったし、隣の店からの差し入れくらいで、顧客からそうした品物も受け取ったことがなかった。

　やはり、店に出ている時間や期間が少ないせいもあるが、妻との違いは、豆腐屋としての誇りや楽しさを感じる気持ちがなかったことではないか。店の豆腐も好きだったし、研究目的で始めたのでマジメに働いていたつもりだったが、そのときは「豆腐屋さんは、大変だ」という思いしかなかった。そうした気持ちで売っていたので、ファンはつかなかったのかもしれない。

　このように、店主の店の従業員というだけではファンができない。同じように、店主の配偶者だからと言っても妻のファンになるとは限らない。自分のファンをつかまえなければならない時期が必ず来る。妻自身が店主の豆腐づくりに掛ける思いを共有し、努力していたのではないか。そして、妻はファンがいたからこそ、豆腐屋が大変とは思わず、「お客さんと話すのが楽しい」と感じたのかもしれない。

第 10 章　豆腐店のフィールドワーク　　191

写真 10-2　2002 年に豆腐店店主の自宅に飾られていた手芸品
ティッシュケースは、メガネ店にも置いてある。
同じ女性から贈られたものだった。

写真 10-3　2003 年に豆腐店店主の自宅に飾られていた手芸品

10-4　店主の家族への思い

　2003 年に自宅を訪ねたとき、松本さんの母はすでに亡くなっていたが、父も亡くなり、一緒に豆腐を製造していた兄弟とは連絡が途絶えていた。妻は自分の姉夫婦を呼んで、お経をあげてもらった。この日は、お経を上げて

もらうために仏壇を客間に移動した。仏壇は、それまでは家族が出入りをしない部屋に置かれていたが、三回忌を過ぎてから家族が集う居間に置き出したのだと言う。人の出入りのない部屋では亡くなった店主が寂しいから、居間に仏壇を置くスペースを作って置いているようだ。

　その日は、昼食のお膳を用意してもらった。仕出しで取ったお寿司、鳥の唐揚げやお味噌汁など、手作りのおかずが添えられていた。

　居間には、妻の好みで、顧客からもらったという手芸品がたくさん飾られている戸棚があった（写真10-2、10-3）。「捨てられない」と言って取っているそうだが、前回見た手芸品と同じものが飾られていた。刺繍の入ったキッチンクロスやフェルトで作ったティッシュカバーも置いてあり、店主の妻は、可愛い小物が好きな様子が伺えた。テーブルの上には、水を入れたガラスの器があり、それには1枚の大きな葉っぱが浮かんでいた。2週間後に根が生えてくるからと言われ、その間浮かべていたそうだ。その様子は、その妻の和やかな雰囲気を象徴しているように思えた。

　夫が亡くなってから、長男が結婚し、その子供も産まれた。妻の様子は夫が生きていたときとあまり変わっていないようだ。仏壇を置いている場所や家族の食事風景を見て、亡くなって3年が経っても、店主の妻が、店主を大事にしている様子が伺えた。店主は一緒に暮らしていた義母にも優しかったようで、義母も店主を大事に思っているようだ。店主の生前に訪ねたことはなかった自宅であったが、生前も同じような家庭だったのではないかと推察された。

　元々、世話好きな性格だった。家にはあまりいなかったと言うが、店主の家には、今でも店主の存在があるように感じた。それから、家族を大事にする人だったと従業員も話している。時間がないながら、出歩くのも好きで、徹夜でドライブしたなど、家族思いの父だったようだ。今も元気にしている子供たちにとって、父である店主はどんな存在だったかはまだ聞けないでいる。

10-5　まとめ

　顧客から、夫婦のパートナーシップのあり方を見たとき、店主とパートナーは独立している。夫婦が一心同体でいられるのはある一定の時期までで、その後は、独立した個人でやっていかないと、顧客には支持されない。もちろん、「店の看板」というこれまでの歴史も影響している。しかし、それだけでは維持できないのである。それは、常に時代の変化に合わせて、適応して、新規顧客を作っていかなければならないからである。つまり、新しく土台を作り直す必要がある。

　フィールドワークを続けた結果、小売店での家族従業は、やはり、サラリーマン家庭の夫婦関係とは異なっていることが明らかになった。一心同体のように2人で同じような言動をすることは、小売店の存続にとって決して望ましいことではないと考えられた。それは、小売店が家族によってだけ支えられているのではなく、顧客や地域によって支えられているからである。そのため、妻も子供も、自立して店に関わっていかないと、商売人としては、顧客や地域に認めてもらうことはできない。

　専門店として、夫婦の対等性、親子の対等性が強調される。専業として維持するために、専門性を発揮する必要がある。そうした専門性を評価し、絶対的な支持をするファンを掴んでいるかどうかが、小売経営の維持に関わる。重要なのは、店ではなく、個人に対してファンになることである。それぞれがファンを掴む必要性がある。

　対等性が要求されるため、男性店主であっても、妻も商売をしているため、自分自身でお礼の手紙を書いたり、電話を掛けたりしなければならない（あるいはそれが苦にならない）。逆に、女性店主の場合は、夫がワープロを打つ、仕入に一緒に行くなど補助的な労働をして店に関わる。

　妻たちの特徴は、店に出るかどうかは、家族の事情もあるが、妻自身の意志による。もちろん、店主がそれを望んでいる場合もあるだろうが、妻自身が出ようと思う事情があるようだ。

　そして、店主の指導ももちろんあるが、妻がやる気や努力を見せないと、

自分のファンはできない。夫婦のパートナーシップは、対等で、いつまでも一心同体的な考え方や言動は通用しない。それは、店を支える構造として、顧客側の視点を入れたからこそ見えてきた。

逆に言うと、熱意のある店主は、さまざまな努力をして、顧客からの支持を得ているため、家族が全面的に支持していなくても、家族以外で支持者を増やし、小売経営を維持してきた足跡が見られるのだ。支持者である顧客が離れない限り、店は維持できるのではないか。

〈注〉

(1) 店舗面積450m² 未満の小規模店舗における木綿豆腐の価格を見ると、全業態平均は109.3円で、大規模店舗と比べて、17.7円も高い。業態別に見ると、一般小売店、生協、その他が全平均を上回り、スーパー、量販専門店、コンビニエンスストアが下回る。最高額はディスカウントしない一般小売店の115.7円であった（トーヨー新報編　2004、91頁）。

(2) アスペクト編（2000）、菅谷・友次（1995）、津村他（1984）、永山（2003）を参照されたい。

(3) にがりを使った豆腐づくりの手順については、木谷（1997）、平野・永山（1989）、永山（2003）を参照されたい。

第11章

小売店におけるファンと後継者

11-1 なぜ妻や子供が店を継ぐのか

　家族経営研究において継承は最も重要な問題である（Handler 1994）。家族経営の継承とは、創設者から、家族あるいは家族以外の後継者へ経営者の地位を譲ることを言う（134頁）。Christensen（1953）の研究に始まり、実際に家族経営が継承されるケースが少ないために多くの研究がなされている。

　Handler（1994）の文献レビューによると、研究の流れとして、①プロセスとしての継承、②創設者の役割、③次世代の視野、④複数の分析レベル、⑤効果的な継承の特徴を挙げている。継承をプロセスとしてみなすことができ、そのプロセスにおいてさまざまな段階で生じる特定の問題を明らかにしている。Handler（1990）は、継承において、創設者と後継者との間で相互に役割適応の過程があることを明らかにした。次世代の視野も研究され、Handler（1992）は、次世代にプラスに影響する要因を32人へのデプス・インタビューによって明らかにしている。また、効果的な継承をするための望ましい条件などが挙げられている。

　主に定性的な方法が取られており、デプス・インタビューや事例研究がなされている。将来の研究の方向性としては、異なる民族グループにおいてどのように継承されるかという問題、家族のダイナミクスの役割と継承への影

響、継承の有効性、継承におけるジェンダー役割の問題が挙げられている。このように、アメリカにおいても後継者問題が大きく取り上げられ、議論が活発になされているようだ。

　これまで見てきたように、地域密着型小売経営の基本は、顧客を中心に考え、顧客に喜んでもらうために、さまざまな価値を提供することである。それができる店が顧客に支持される。では、そうした考え方や行動様式を家族や従業員が、どのように身に付けるのか。こうした後継者問題は、後継者がいるかどうかが問題となっていた。実際にそのような分析もなされ、実際に後継者は少なくなっているという分析結果も出ている（石井　1996）。

　石井（1996）で指摘されるように、職住分離が進んでいて、商店街において、家が店と離れた場所にあって、やはり、自宅と店が離れている場合は、地域の活動に関わることが少なくなる傾向にあるようだ。しかし、三好（2000）では、店舗と住居が同じ商業者の方がそうでない者より、地域活動への参加が高い傾向にあったが、統計的に差があるという結論は出ていない。

　三好（2000）では、職住分離が進んでいる傾向が示され、石井（1996）では、職住分離が進むことで、家族が小売店に関わらなくなってきていることを兵庫県神戸市の商店街商人とのインタビューによって明らかにし、それを「家商分離」と呼んだことを第1章で述べた。それは、生活と店が密着することで商売を受け入れるように教えられることが重要だと考えているからである。しかし、商売をすることを「自然にすんなりと抵抗なしに受け入れる」作用についてはもう少し検討する余地がある。

　本研究では、店主の子供へのインタビューや子供との関わりを店舗において参与観察したところ、職住分離の豆腐店においても、少なからず子供たちが店に関わっている事例を見出した。手芸店の子供2人、メガネ店の子供2人にインタビューした。

　本研究で取り上げた店は、店を始める経緯はさまざまであった。現在の小売店の子供たちは、実際商売をしている両親の姿を小さい頃から見てきた人たちである。また、一緒に商売をして、両親の何らかの商売に関する知識やノウハウを受け継いでいる店もある。

　では、どのようなプロセスによって、子供は両親の「財産」を受け継ぐのか、以下の調査課題に従って、考察してみたい。本研究では「先代から、ど

のようなことを受け継いでいるのか、現在の店主は、パートナーを始め、子供や従業員にどんなことを伝達しようとしているのか」という課題を立てた。

　こうした形のないことがどのように受け継がれるかを調べる調査課題は、インタビューをすることが非常に難しい。しかも、「どうして店を継いだのか」という質問をしても、一般的な回答にとどまってしまう。例えば、メガネ店の男性従業員5人は、店主の子供を含め、それぞれメガネ店の二代目であった。そこで、メガネ店の2号店にて3回、4号店にて3回、5号店にて2回、6号店にて1回、それぞれインタビューを行った。しかし、それぞれにインタビューを試みたものの、メガネ店を継ぐという行為があまりにも、彼らにとって自然なことなのか、はっきりとした回答は得られなかった。店主に聞いても、「他に才能、ないから」という回答しか得られず、それを鵜呑みにするわけにはいかなかった。5人の従業員へのインタビューでかろうじて分かったのは、本研究のメガネ店の従業員は、親の店を継ぐことは自然なこととして考えているということだけだった。

　唯一出来たのは、夫婦および従業員が販売している現場での参与観察である。しかし、たまたま参与観察をしたとしても、店主夫婦や従業員との会話の場面を押さえなければならない。そのため、後継者問題に関するデータ収集は、断片的にしか集まらなかった。

　男性店主に限って言えば、全く素人で商売を始めた人はいない。どの店主も、親が商売をしていた、あるいは店を引き継いだという経歴を持つ。1から商売を始めたのは、男性店主の妻や女性店主が当てはまる。

　妻も二代目として位置づけるとどのようなことが言えるだろうか。男性店主の方が妻よりも商売の経験を積んでいたケースが多かったため、妻を店主の最初の後継者として位置づけることも可能なのではないかと考えた。店主が子供に対してどんな指導をしているかはなかなか調べる機会がなかったため、従業員や妻との関係についてデータ収集することで補ってみようと考えたのだ。

　それぞれの店舗において、店主に対して、「(1) 店を継いだ（あるいは始めた）経緯、(2) 一代目店主から受け継いだ物があるのか、(3) 商売や接客が好きかどうか、(4) 商売へのやる気・継続したいという意思があるか」、店主の配偶者に対して、「(5) 店主からどのようなことを受け継いだのか」、店主と

その子供（具体的には、手芸店の6人の子供のうち長女と次男、メガネ店の3人の子供のうち長男と次男）に対して、「(6) 商店の子供としてこれまでどのような生活を送ったか。(子供に親の考えが反映されているのか)」、親である店主夫婦に対しては、「(6) 子供への教育・関わり（時間）・接し方（どのような親であるのか）」について、参与観察を伴うインタビューを行った。店を継いでいないケースとして、いつ断定できるかは判断が迷うところであるため、調査終了時点のデータとして紹介する。

11-2　店に関わる子供たち

　まず、店と子供の関わりを裏付けるのは、どの店の子供たちも、店でお客さんと接することがあったせいか、サラリーマン家庭の子供と比べて、人見知りをすることが少ない。
　職住近接経験がある店があるものの、調査した時点ではどの店も「職住分離」していた。手芸店やメガネ店は、職住一致していたときもあるものの、現在は、子供も親から独立し、店主の住居も店舗とは離れた場所にある。手芸店店主は、1階にテナントとして店があり、3階から住居になっているマンションに住んでいる。一致していたのは、1968年から1985年までの17年間である。メガネ店は2回店舗と自宅の移転をしているが、店舗兼の自宅には、1966年から1985年くらい（長男や次男が高校生のとき）まで住んでいた。
　一番離れているのが、豆腐店である。自宅は大阪市にあり、店までバスと電車を使って1時間掛かる。他店で聞かれたことがほとんどないのに、この店では来店客に、当時27〜28歳だった筆者のことを「(店主の) 娘さん？」と聞かれたことである。店主夫婦にインタビューしているとき、日曜日にアルバイトをしているとき、筆者に直接ではなく、店主夫婦や従業員の女性に聞くのだ。家族が伊丹市に住んでいないせいか、顧客は、店主家族に対する情報をあまり知らないようだった。

写真 11-1　クリスマスのディスプレー

　では、職住分離が進むと、やはり店に関わらないのだろうか。この豆腐店では、1997 年の年末に長男が店に手伝いに来ていた。店主の話では、子供たちは、小遣いを目当てに店の手伝いをするようだった。豆腐店では、店の豆腐を自宅に持ち帰るようで、店の豆腐をよく食べていたようだ。そのため、長女が高校生の頃、卸していた店の豆腐を食べて「これ、うちのお豆腐！」と気が付くこともあった。
　このように、店や商品に対する愛着が形成されている事例は他にも見受けられる。では、店に直接的・間接的に関わっている子供たちをそれぞれ紹介しよう。
　手芸店では、近所に住む長女が店に関わるいろいろな雑用をしてくれる。店の窓ガラスに、クリスマスのディスプレー（写真 11-1）をするのは毎年続けていて、2003 年は 11 月 15 日に長女が三女の子供と一緒にした。「次男と一番下の娘（三女）がクリスマスの飾り付けをスプレーで窓ガラスに描いてくれた」こともある。
　次男は千葉県に住んでおり、結婚して 2 人の子供がいるサラリーマンである。次男は、店のホームページを開設し、インターネット取引をしている。ホームページは定期的に更新されているようだ。次男からのメールを紹介すると、

　　30 年以上前のアイロン接着のアップリケも売れ残りの在庫という
　　扱いでしたが、ネット上でそれを捜し求めている人と巡りあい、買

占められました。その人が編みぐるみをネット販売している人で、JINANBOU 店委託販売第 1 号です。ネット上で SOLDOUT 続出の商品を 7 掛けで仕入れて　更に定価より高く、かつ消費税をしっかりとって売れています。

　来店された方はボタン等他の商品も買っていかれました。何より今ネット上で流行っている商品が目の前で見られること。今までなかった作品、情報がお店で入手できること、伊丹にいながら全国の状況が手に入ることをお客さまは新鮮に受け止めて頂いているようです。今後メーリングリストや掲示板などを作成し、新たな客層と販売手法を取り入れお店の拡販を目指しています。対面販売とインターネット上での無店舗販売のいいところを融合したって感じですかね。

　子供たちの店への貢献は「労働」という目に見える形だけで現れない。次男からのメールには、

　　写真を見ながら思い起こしていたのですが、生まれた時から、住居兼お店で育ち、父の商売する背中をじっと見ながら育ちました。ホント入れ替わり立ちかわりお客さまやご近所の方が気軽に寄られていたのを覚えています。
　　それは今でも変わらず、正月には「お琴を弾くので聞いて欲しい」と言うお客さま（筆者注：第 6 章に登場した男性）が、長い間お店にいました。親父が持ち上げるので何度も来られるそうです。私も自然に、親父と一緒に持ち上げていました。フェルト 100 枚購入して頂いたお客様でした。
　　親父は、車に商品を積んで得意先を回り、助手席に乗ってついて行くのが楽しみでした。インターホンの押し方に特長を持たせ、「ピン」で押さえたまま、3 秒経ってから離し、「ポン！」。すると、親父が来たことをお得意様は分かります。
　　小学校の頃は、年子の弟とまったく正反対でおとなしい性格でした。学校から帰ると店番をしていました。
　　算数が得意になったのは、幼い頃からお金を扱っていたからかもしれ

ません。
　仕入れ先から商品が届くと、陳列棚に番号通りしまっていく手伝いなど、自分から好きでやっていました。

と書かれていた。

　「次男が店に来て、（店に置いていたぬいぐるみの）アンパンマンを宙に浮かせた方が子どもが喜ぶと言われた」ことを店主から聞いた。結婚して遠くに住んでいても店には何らかの関心や愛着があるようだ。手芸店の長女が次男に、店での出来事を話していたようで、店の商品のことも知っていた。

　次男がしていた店番を今度は、孫たちがするようになった。それまでも、店が遊び場のように、「じいちゃん」と言って、三男の長女や三女の3人の子供たちが店主に会いに来ていた。友達を連れてくることも多い。2003年秋からは、三男の小学校3年生の長女が、店番をしたり、買った商品を袋に入れたりする光景が見られるようになった。この孫は、第7章でも紹介したように、ボランティアのゴミ拾いにも参加している。その様子を見たところ、店主が強制したと言うより、孫が自発的に参加しているものと思われた。手芸店店主は、「（子供に）継がせることは考えていない」とキッパリ言っていたものの、2004年には、誰かが継ぐかもしれないと考えるようになった。

　メガネ店、食料品店においても、子供が小さい頃、店番をしていたという話を聞いた。このように、豆腐店や手芸店の子供は、従業員でなくても、年齢に関係なく、商売や商品のことを断片的であっても何らかの知識がある。生活（消費）と労働（生産）の場が離れているからといって、結婚して両親とは離れて暮らしていても、必ずしも家族が関わらないということはないのではないか。

11-3　店に子供を関わらせようとする店主

　では、店主が関わらせようとすれば、商人家族の子供は、商品に愛着を持ち、店に関わるのだろうか。

　手工芸品店の事例を紹介すると、子供はあまり関わっていない。では、どのような要因が妨げているのか。手工芸品店では、展示会や店に、長男や長男家族が訪れた写真があった。やはり、商人家族は店に行く機会を持つようだ。しかし、商品に関心があるかというと、長女や長男夫婦には、店主が「店や自宅にある陶器で好きな物があったら、いつでも持って行きなさい」と言っているそうだが、「今まで1個も、持っていったことがない」。手工芸品店の店主は、「子供に厳しくしすぎた」、「期待しすぎた」と話す。「自分の趣味を押しつけないで」と長女に言われたことがあるそうだ（ただし、このことを店主の長女や長男にインタビューしたわけではなく、飽くまで店主の意見に過ぎない）。手工芸品店では、顧客には評価されていたが、子供の方は陶器には全く関心がない。

　第9章で紹介した手工芸品店の事例から、店が存続しているのは、夫からの直接的・間接的な支えがあることが分かった。しかし、子供は、店主が店を続けることに賛成しているものの、商店に直接関わることはない。その理由として、子供がある程度大きくなってしまってから店主となったので、サラリーマン家庭であった歴史が長いからなのかもしれない。

　手芸店の子供たちは、生まれたときから商人家族で育っていた。6人兄弟のため、兄姉は妹弟の面倒をよくみていたようだ。手芸店の子供は、小学生のときに何らかの商売に関わることをした経験がある。おそらく、一時的にしろ、小さいときの経験が影響するのではないかと思われる。

　手芸店店主は教育方針として、いろんな人に自分の子供を教育してもらいたいと自発的に思っているようだった。親がお客さんに対して頭を下げている姿を見て、社会人となり営業をするときに役に立っている、と次男に言われたそうだ。店主は、長年商売をしていて、一生懸命苦労している姿を子供たちに見せてきたと言い、親の姿を子供に見せることの重要性を語る店主で

あった。店主は6人の子供たちのことを「親孝行だ」と言い、実際これまで子供の意見や行動が、間接的にも直接的にも小売経営に関わっていることを店主から聞かされた。子供たちが小さい頃はよく店に来ていたようだ。それには、親が子供にどれだけ店や商品に関わらせようとしてきたかも影響すると考えられる。

では、子供が店に関わるのは自然な現象なのだろうか。手芸店においても店に積極的に関わる子供や孫がいる一方で、あまり関わっていない子供もいる。

このように、家族が店に関わるかどうかは、店主夫婦の働きかけも重要だが、子供自身に商売や商品に関心があるかどうかが最も関係してくるように思われた。商人家族として生活した期間や始めた時期なども作用するのかもしれない。店に関わらせるのは、店主の働きかけだけではなく、子供の商売に対する関心ややる気も影響することが考えられた。

加えて大事なのが、店主が商売に対して誇りを持ち、商品に対して愛情を持っているかということも作用するのではないか。苦労している姿を見て、子供が商売を嫌になるケースも考えられるからである。

11-4　妻も店主の後継者

そこで、「なぜ、女性たちは、商売に素人であったにもかかわらず、上手く商売をすることができたのだろうか」という調査課題を設定した。店主がパートナーに店に関わってほしいと思っているかどうかが問題となる。店主が男性の場合、家事についての要求は夫によってさまざまであるが、店よりも家庭を重視してほしいという夫はこれまでいなかった。逆に、女性店主であれば、夫は家庭を重視してほしいと言っていた。

女性には適応力や順応性があるのか、商売をするに適した素質が備わっているのかと考えた時期もあった。しかし、店の子供たちの行動を説明するに当たって考えた条件を店主の妻にも当てはめて考えてみると、さらに、深い

分析ができる。

　妻によっては、店に関わらない時期もあるため、家族に関するいろいろな事情があるにせよ、子供の場合と同様に、やはり妻の商売に対する熱心さが影響する。

　さらに、その妻たちの言動を分析していくと、どうやら、店主が熱心に商売をしていることが、ある程度、妻の商売人にとっての活動の土台になっていると考えられた。

　夫を亡くし、現在は、ひとりで働きに出ている元豆腐店の妻に話を聞いた。
　「店に出ていたときは、奥さんということで甘く扱ってもらえたことを実感する」
　このことは、商売を始めるときの土台が店主によって作られていることを示すのではないかと思われた。

　それは、店主が商売をしているときに、妻が店に出るようになるということは、店主という土台の上でのことなのだ。「〇〇店の奥さん」という扱われ方である。それは、二代目が、一代目から店を引き継ぐときも同じである。「〇〇店の二代目」という土台が出来ているのである。

　しかし、だからと言って、それだけで商売を続けられない。第10章で分析したように、顧客にとって、商人家族のメンバーは独立した存在であるからである。つまり、「店主の奥さん」というだけでは、顧客にとって単なる店主の配偶者にすぎず、商売人として顧客に支持されるには、自分のファンを作る努力が必要なのである。ただ、そうしなければならないことに気付いたから、努力しているのか、努力しているから顧客に支持されたのかは分からない。

　また、それぞれの店の歴史を見ていくと、どうやら、一代目の土台だけで商売が成り立たない時期があるのではないか。例えば、豆腐店の店主は、製造卸だけではなく、小売をしたいと考え、そればかりか、にがりを使った豆腐づくりにチャレンジした。手芸店では、親の代では呉服店だった。外販をしていた後で、その看板を引き継いだ形で商売をしていたが、住居と一緒だった店からテナントとして入店するに当たって、手芸用品全般を扱う店に変えた。手工芸品店では、スーパーにテナントとして入店していたが、独立した店に移り、加えて、他県に展示場を設けた。メガネ店では、伊丹市以外に、

大阪市や尼崎市に出店するなど、支店を出店している。これらのことは、確実に、これまでの顧客よりも集客力をアップさせることを目指した、あるいはそれを可能にしたと思われた。本研究においては、そのことを確かめるまでは至っていないが、店主が商売をしてから、商売の形態を変更していることから、そのようなことが言えるのではないか。

　同じように、店に携わる妻も、店主の土台だけでは顧客に支持されないときが来るのではないか。顧客が、店主の妻だから、子供だからと、店主と同じように接することはあるだろう。しかし、それは飽くまで店主を介したものであるため、家族が本格的に商売に関わろうとするならば、それだけに頼ってはならない。それだけに頼れない時期が来ると言おうか。店主の土台だけで通用しなくなったとき、妻がやる気を持って、努力をしてきたかどうかが重要なのである。それは、妻だけでなく、子供も、恐らく従業員も同様であると思われた。

　顧客は、店と言うより、店主のファン、妻のファンと言ったように、個人のファンになっていく。例えば、前章で紹介したように、豆腐店の妻には手芸品を持ってくるいろいろな顧客がいた。妻がこうした手芸品を捨てずに保管していることは、誰にもらったかにかかわらず、もらった品物を大事にしている気持ちの表れであり、そうしたファンがいたという印ではないかと考えた。従業員の女性にも、「おっちゃんがおらんときに」豆腐を買いに来る顧客がいた。豆腐店では、それぞれにファンがついていたのではないかと推察された。

　加えて、それには、店主の教育も重要であることも分かってきた。豆腐店の妻は、店主に「お客の顔を覚えろ」とか「1人ですべてやれるように」と言われていたそうだ。どちらかと言うと、このことが必要条件で、妻のやる気や努力は十分条件だと推察された。つまり、店主がいくら、商売にやる気があって努力をして妻を教育したとしても、妻自身が同じように思わなければ、妻が熱心に商売をしないであろう。逆に、妻にいくらやる気があっても、店主にやる気がなく、顧客に支持されるために何をしたらいいか、適切な指導をしなければ、妻の行動は空回りをするだろう。

　このように、顧客にとって商人家族はそれぞれ独立して付き合うため、顧客を大事にするという志向をどれだけ共有できるのかが重要なのかもしれな

い。顧客志向の土台を従業員が持っているよりも、店主夫婦が持っている方がいろいろな主体との共有がしやすいと考えられる。

したがって、家族従業者とみなされる妻が、商売人として独り立ちしているかは、妻にやる気があって、顧客志向を引き継いで努力しているかどうかなのかもしれない。つまり、妻であっても子供であっても、それぞれが商売人としてやる気を持って努力しなければ、顧客に支持されない時期が来る。なぜなら、商人家族は、顧客との関係なくして、成り立たないからである。

11-5 顧客も店主の後継者

後継者問題は、後継者がいなくなった現象が取り上げられ、後継者をどのように育成するかに目が向けられる。このフィールドワークで得た事例から、店は家族だけのものではなく、従業員や顧客のものでもある可能性が示唆された。そうなると、後継者の範囲は、配偶者や子供、親族に限定されないのではないか。後継者をもう少し視野を広げて考察してみたい。

手工芸品店では、現在の二代目店主も一代目店主と同じように、女性である。この2人の関係は、親子でもなければ、姉妹でもない。ただ店主と熱心な顧客という関係だった。

現在の店主は、その手工芸品の顧客の一人で、いつものように店に立ち寄ったとき、たまたま一代目の店主にもう店をやめると告げられた。

「もったいないですねぇ。こんないいお店を閉めてしまうなんて」

「だったら、やってもらえない？」

2人の間で、このようなやり取りが交わされたと言う。第3章で詳述したように、店主は、小さい頃から陶器が大好きで、陶器に接する機会は多く、陶器に関してそれほど知識はないが、百貨店に行っても洋服よりも陶器展に行くのが好きで、自宅ではいつも陶器を使っていた。商売を始めてからは、いろいろな人たちに助けられながら、店主独自のセンスで商品を仕入れ、独自のアイディアで展示方法を考える。

最初は慣れない商売に戸惑いながらも、元々おしゃべりな店主は人と会うのが好きで、自宅に人を呼んでもてなすのも一向に苦にならない性格だ。熱心な顧客の女性たちは、「この店に来ると落ち着く」、「この人に会いに来るのよ」と通い、「今日、話を聞いてもらって良かったわ」と言って帰る。買うのをためらっていた商品も、店主のアイディアで展示をすることで、途端に魅力が増して買ってしまう人もいる。

　加えて、2人の従業員のうち村中さん（60代の女性）も、この店のファンのひとりとして、20年くらい来店していた。5、6年の間、週1回店を任されている。友人に連れられて初めて店に行った。店主と親しくなるうちに、前の従業員がやめるとき店主の横山さんに頼まれて新たに店に来ることになった。進物品やおみやげ品は「ここで買う」ことにしている。今でも店の商品はお金を出して買っているほどだ。

　「商品も魅力だけど、横山さんのアイディアが魅力」
と言う。店や店主が好きでなければ、横山さんも村中さんもそうした行為は取らなかったであろう。この事例では、後継者になるか、従業員になるかは、店主が店を継続したいかどうかというタイミングも影響していたようだ。

　そうして、二代目店主は未経験から始めた商売であったが、一代目店主とは異なる独自のやり方で経営をして、顧客に支持されていた。顧客も、いまやこの店主の代になってからの人ばかりである。経営には少なからず、店主の家族・親族・知人も関わっていること、商売とは全く無関係であっても、「続けられる限り、店を続けたい」と商売を継続したいという思いがあれば顧客を獲得することができる。

11-6　まとめ

　顧客が後継者にもなりうるということは、顧客の中でもファンと呼ばれる人たちは、やはりその店を支える重要な一員であることを示している。そうした人は、従業員予備軍とさえ言えるかもしれない。店の土台を支えるのは、

家族や従業員だけではなく、ファンも同じであるのだ。

　いくつかの事例から、後継者問題を解決する道筋が見えてきた。これまでは、店は家族が継がなければならないという前提に縛られていたようだ。ここでは、推測の域を出ないが、子供は店との関わりを作らせることで、店に対する愛着ができるのだと考えられた。しかし、本当に店の商品に対して関心がなければ決して後継者にはなりえない。そして、顧客も零細小売商を支えるメンバーであるからこそ、後継者にもなりうるのだという可能性が見えてきた。

　15の家族経営企業の定性的な研究を行ったIannarelli（1992）は、リーダーシップを開発する重要な要因として、①事業において父親と一緒にいる時間、②事業のさまざまな側面を見せること、③事業における技術の開発、④事業について両親の励ましと積極的な態度、⑤チームへの個人的な貢献、⑤参画する機会を与える時間を挙げている（Handler　1994、142頁）。この結論は、本研究の結果とも重なっている。

（1）店主の商売に対する姿勢

　親が誇りを持って、熱心に商売をしていると、子供もそういう姿勢を見習うようになる。メガネ店では、店主の2人の息子は父である店主のことを
　　「今は丸くなったけど、昔は厳しかった」
と口を揃えて言う。長男の仕事ぶりをどのように指導しているかを観察すると、ミスを注意することもあれば、「早うできたな」とほめることもあり、2人ともメガネ店に勤務したのは、上手く子供を乗せていったのかもしれない。

（2）店主の商売の将来性

　商売を継ぐに当たって、継続性があるか、商売を学ぶ機会があるか。つまり、親が子供に望むかどうかは別として、将来性が伝わるように商売をすることである。逆に、継がなくてもいいと言っていると、子供も店を継ぐことに関心が行かなくなる。

　必ずしも、それが家族や親族でない場合もある。手工芸品店では二代目が

熱心な顧客であったということは、熱心な顧客を持つような努力を一代目の店主がしていたということであり、そうしたとき、後継者が生まれる。

(3) 後継者の商売への熱意・関心

　小さい頃から、店を手伝わせることも必要であるが、強制しすぎても子供は反発してしまう。親も、それを嫌がらないように仕向ける工夫が必要となる。

　いろいろな要因が作用しながらも、最終的には後継者の意志で決まる。いかに、商売への意欲や興味があるか。そのため、店主の意見を押しつけると、逆効果である。その意志を育てるのは店主の役目ではあるものの、最終的には、後継者の意志を尊重しなければ長続きしない。

　しかし、店主から店やさまざまな情報やノウハウを継承できたことで、すぐに自分のファンができるわけではない。それには、さらに、個々人で努力しなければならない。そして、もし店主の商売に対する姿勢が不十分だとしても、それに代わる主体が小売店に存在するのが特徴的である。それは、顧客や地域住民である。そうした人たちからの情報収集を積極的にできるならば、例え店主が商売に熱心でなかったとしても、もしかしたら、顧客関係を維持できるかもしれない。なぜなら、顧客は、店主も、店主の家族も、従業員も、それぞれ別々に関係を築こうとするからである。

第12章

家族従業問題に関する考察

12-1　小売経営において夫婦の対等なパートナーシップが望まれる

　第9章から第11章で、家族従業問題と後継者問題に関して、事例を記述した。これまで家族従業者は労働力補充要員という理解がされていたが、実際はいろいろなケースが考えられる。本研究で取り上げた店舗での家族従業者の関わり方を見ると、店に妻や子供が関わるのは、その人自身の意志なのである。その人次第で、熱心に取り組みもすれば、そうでない場合もある。妻の場合は、その熱心さの度合いは、商売へのやる気だけでなく、店主1人で店をやることができるかどうかも関係していた。

　家族従業者は女性が圧倒的であるということで、学問（概念）的に考察されずに位置づけられてきた。労働の内容を検討すると、妻は、店では時間で測れないような貢献をしていた。妻が店に出ている場合は、行動面においても、意識においても、店のことを中心に行動し考えている。そうした労働を単に「家族従業者」として捉えられていたのだ。こうして、商人家族において夫婦協働型のジェンダー関係が確認できた。

　男性店主は、自分や子供のことを考えてくれる妻に感謝しているものの、店に一緒に出てくれることにこそ感謝を示している。その点、女性店主の夫は性別役割分業意識が高く、商人家族というより共働きのサラリーマン家庭に近い位置づけであると思われた。これは、商売人としては、他の店主の妻

とは対照的だ。

　では、いよいよ、夫婦のパートナーシップは、どのようなことだったのか、まとめてみたい。

　最初に「夫が主体で、妻は補助」というジェンダー間分業の図式を考えがちであるが、実際そうではない。豆腐店と手芸店に店主を訪ねた際、最初から話の中に盛んに妻の話題が出た。これまでサラリーマン家庭を訪ねたときになかった意外な話題は、夫婦の対等性を示唆しているのかもしれないと考えた（拙稿　1996a、1996b）。

　妻への感謝を口にする店主というフィールドワーク初日の印象がどういう意味を持っていたのか。それは、商売を通じて、夫婦がお互いの苦労を本当に理解して思いやっていたからではないか。同じ仕事をしていての思いやりが「女房は大変なんです」、「女房がいればこそ」というような妻を尊重する言葉に表われるのだと思えた。口の上手な店主ではあったけれど、それを差し引いても小売経営という同じ仕事をして同じように成果を求める同士の結束を感じた。

　また、手芸店と豆腐店の店主は共に、「必ず女房に相談する」と言っていた。それは、自分の意思決定を女房に断っておくという意味ではなく、女房の意見を聞くとか一緒に考えるとか、パートナーとしての妻を尊重してのことと思われた。

　長期間店主の家族と接した結果、パートナーを大事にし、パートナーの意見を聞くことは、夫婦のパートナーシップにおいて必要不可欠である。

　男性店主の個性と業種に合った女性像が形成されるように感じたのは、これも、店主の継承性によるものと推察された。パートナーが、店や店主に適応すると言ったらいいのか。店主の行動様式や考え方が身に付くのであろう。豆腐店には豆腐店の妻、手芸店には手芸店の妻といったように、店にふさわしい考え方や行動をするように伺えた（拙稿　2001）。ただし、それは、店に直接関わっていた経験から身に付くと考えられる。家族従業者としての「パートナー」とは、売っている商品や売り方など、店と店主だけでなく、店の顧客にも適応した女性であった。

　ファンと呼ばれる顧客は、店というより、ある個人に対してファンになると考えられた。ファンが持ち寄る作品は、店ではなく、ファンになった店主

に対して贈られる。そのため、ファンがいる店主の妻が店主と同じように作品を受け取るのは、店主ではなく、妻にファンができたことを意味する。

　このファンを家族や従業員と同様、小売店を支える人に含めると、興味深い結論が引き出せた。それは、夫婦のパートナーシップは、一心同体やどちらかが補助ではなく、個々に独立した存在でなければならないということである。なぜなら、顧客にとって、商人家族はそれぞれ独立した個人として位置づけられるからである。こうして、ファンのいる店の顧客関係をそれぞれ検討したところ、夫婦のパートナーシップは必然的に対等性が求められることが明らかになってきた。顧客関係を維持するには、夫婦の対等性が求められる。お互いの足りない点を補い合うような「一心同体」のような形態を長期間とっていると、それぞれが自立した商業者でないために顧客に支持されなくなってしまう。

　妻が夫の商売に携わる中で自分自身の喜びを見出し、夫に依存しなくても、商売に取り組んでいる姿が見られる一方で、妻が商売に熱心に携わらなくなるケースもある。そのため、妻自身の商売への関心ややる気がないと、商売を続けていかないのだと思われる。1人の商売人として、店に関わりたいかどうかという妻の意思が大きく作用する。豆腐店の妻のように、補助であると言うケースもあるが、実際、慎重に確かめてみなくてはならない。

　このように、「小売店における夫婦のパートナーシップは、互いに自立した関係である」と結論づけたい。

　こうして、店主を始め、店を取り巻くさまざまな人びととの触れ合いから、家族従業や商人家族のあり方を記述していくことができた。そこには小売業に特有の家族従業の実態があった。それは、小規模小売店のマクロ・レベルの実態調査では到底触れることができなかった内容であった。しかも、1回限りのインタビューではなく、長期間にわたって参与観察をしなければ分からない事実であった。

12-2 後継者を育てる条件

　次に、後継者問題も、子供に限って検討するだけでは不十分であることが明らかになった。店主の妻も、後継者として位置づけると、ファンのいる店を維持する上で重要なのは、家族を含めた従業員が、ファンのいる店主の考えをどれだけ引き継いでいるかである。したがって、夫婦のパートナーシップは、「店主とパートナーを含め、家族や従業員と顧客関係を維持するノウハウや考え方を共有しているのか」も含めて検討しなければならない。

　そして、ファンがいる店主の考えを引き継ぐのは、家族や従業員以外の主体も考えられる。小売店は地域社会に支えられているため、ファンの顧客やあるいは知人も、小売店を支える重要な主体になる可能性もある。

　最後に指摘することは、2つの可能性があるため、仮説構築には至っていない。

　一方で、全く商売には素人だった女性が顧客を維持しているのが、手工芸品店の事例である。手工芸であれば、作陶や手芸に関しても専門学校などもあれば、陶芸などの工芸全般を習う教室もある。手工芸品も、手芸品と同じように、専門的な知識や技術が必要とされる業種であろう。本研究では、この店主がどれだけ手工芸に関して専門的な知識を持っているのか、調べるには至っていない。しかし、フィールドワークで出会った顧客に店主のセンスが圧倒的に支持されているのは、メガネ店と同様である。こうした顧客からの支持は、メガネ店に限らず、豆腐店や手芸店でも見られることである。

　この場合、一代目の店主のときから顧客との付き合いがあったと考えられるものの、一代目の店主からの継承が非常に少なく、それだけでは維持できない面も見受けられる。どちらかと言うと、一部の土台しか引き継がなくても、成功できるとも考えられる。あるいは、店名を引き継ぐことが非常に大事だったのだろうか。

　もうひとつ分かったことは、商人家族は、子供に店の仕事や家事を小さい頃からさせていることで、子供は学校卒業後就職してから、その商売の経験を活かしていることである。店をやっている両親の姿を見ているだけでなく、

実際に商売を体験しており、それによって商売人気質や商売の仕方を学んでいる。それだけではなく、商売を通じて、さまざまな仕事に必要な能力を学んでいるのではないかと思われた。「後継者」とは、単に店の後継者を指すのではなく、親の商売の資産でもなく、親の商売に対する姿勢の後継者でなければならないのではないか。

ここでの結論は、「顧客を中心に考え、もてなすという小売経営の基本は、商人家族において継承されるには、2つの条件がある。1つは、店主自身がそうした土台を身に付けていること、そして、それを継承する意志を持って土台を築いていること、もう1つは、継承される側に商売へのやる気を持って努力をしようとしていることである」。

そのため、一代目店主にとっての問題は、何らかの形で後継者を育てる意志を持つことである。この後継者は、家族（妻や子供）・親族（兄弟）に当たるかもしれないし、従業員や顧客に当たるかもしれない。後継者が自分で育つ場合もあるし、育てなければならない場合もあるだろう。そして、店の後継者に限定せず、商売人としての店主の生き様の継承者を多く育てる必要がある。第7章で記述したように店主が行っている活動は、決して小売経営だけにとどまらない重要な活動であった。店主の個性やライフスタイル、信条は、他の職業に就いたときにも応用できるはずだ。

では、商売人気質は、どのように教育したらいいのか。十分条件としては、地域密着型専門店の商売は、向き・不向きがあるわけではなく、商売へのやる気を持っているか、顧客を大事にする気持ちがあるかどうかである。そのため、商売人気質は、後天的に習得できると考えられる。

小売経営は何らかの形で家族の生活に影響を及ぼし、家族は関与せざるをえない状況にもなる。一番重要な問題は、小売経営にとって重要なのは、夫婦なのか、子供なのか、あるいは、家族が関わることがどうしても必要なのかということだろう。本研究で得た結論は、「必ずしも家族が従業員としてふさわしいというわけではない」ということだ。

それを示唆するのが、手工芸品店の事例だ。店主も、この店の顧客で、店主になった。その業種に関する知識があり、小売経営に取り組む気持ちがあれば、家族でなくても十分なのではないか。家族が関わればいいとは限らないと思われた。

日本の教育問題・就職問題にも触れつつ、これらの問題の解決につながる提案をするのは、今後の課題としておきたい。教育者としての店主の姿や業界の取り組みを記述することや、店に関わっていくプロセスを追うような調査が必要であろう。

12-3　商人家族は、近代家族か

　最後に、家族社会学的な見地からも、考察を加えておきたい。家族社会学において、家族の安定期はすぎて、近代家族が揺らいでいると指摘されている現代、子供がそのまま親と同じようなライフスタイルを選択する方が極めてリスクの高い選択とされている。山田（1999a）によると、現在20代の若者には、「フリーター」を含め、結婚前に実家に家事もせず、お金も渡さずに「パラサイト」している「シングル」が増えている（この問題は、人口学的に団塊ジュニア世代によるものなのかどうかは議論が分かれているようである）。概算で1,000万人のパラサイト・シングルがいると言われている。

　現代の若者は、なぜ精神的にも経済的にも自立できないのだろうか。経済的問題に関しては、給与の低さから高い家賃を払えない問題があるなど指摘された。しかし、勉強だけをして育った「子供」たちに、20代になったからといっていきなり精神的にも経済的にも自立するように仕向けるのは無理がある。現代の社会では、若者にとって大人になるための通過儀礼がないことが「パラサイト・シングル」というライフスタイルを選ばせているのではないか。

　そうしたライフスタイルは、商人家族とは全く異なるように思われる。商人家族は地域に開かれた存在であるため、子育てに関しても、サラリーマン家庭以上にいろいろな人との接触があるだろう。とくに、子供の小さい頃の店での手伝いなどでいろいろな年代の来店客との接触の機会は多い。そして、顧客からの支持を得るために、子供だけでなく親も自立した存在であることが求められる。

「パラサイト・シングル」という現象はマクロの問題であり、個別のケースを考察するだけでは不十分である。しかし、現代の 20 代は、子供のときから家事もせず大人になった人たちが多いと指摘されている（岩村　2003）。結婚して家事能力のある人が非常に少なく、性別役割分業によってかろうじて、女性の方が料理本を見て料理をしており、親から子への家庭の味の継承も少ないだろう。「近代家族」という現象が生まれたときから指摘されているように、子供は「労働力」ではなくなり、それによって子供は「学校に行って勉強をする」という家族内での分業をするようになった。そのことが原因であると認識とされない限り、パラサイト・シングルの問題は解決されないであろう。

第13章

小売経営・マーケティングへの提案

　さて、小売経営を含めて、商人家族のエスノグラフィーを記述してきた。零細小売商において、経営の土台を築いて、それを家族・従業員・顧客および地域社会と共に維持する姿が描かれた。

　本章では、まず小売マーケティングに対してどのような示唆をすることができたのかを確認したい。第2節では、零細小売商の実践が関係性マーケティングとどのように関連があるのかを見ておきたい。第3節では、いよいよ本書の全体を通じて明らかになったことをまとめたい。零細小売商は、家族、顧客、地域社会との強い連携によって小売経営が維持されているようだ。その全体構造を紹介しておきたい。最後に、家族従業および小売経営について厚い記述を展開していくための今後の研究課題を述べておきたい。

13-1　小売マーケティングへの示唆

　石井氏において、商売人の意欲を決定づける3つの要因が挙げられている。
　(1) 商売上の「技能」
　(2) その技能と複雑に絡み合った「商人としての誇り」
　(3) 家族や仲間との「社会的連帯」
顧客に向けた技能として、商人が、特定の顧客との長くて深い交流の中で、

客と顔なじみになり、客の好みが分かり、客の顔色さえ分かるようになる。この技能は、特定の商人と特定の顧客との間に形成されるため、人に伝えることが難しい。それゆえ、技能は、商売上のかけがえのない財産になる。この関係特定的な技能を蓄積し、商売に活かすためには、その技能を生んだ特定の顧客、あるいは特定のコミュニティの存在が不可欠である。こうした豊かな技能を持った商人は、顧客やコミュニティに対して、高い「商人としての使命感」を持つことだろう。「商人としての誇り」は、家業意識、関係技能、そして家業の歴史性が複雑に支え合う中から生まれてくる。そして、家族への使命感や顧客・コミュニティへの使命感を生み出す（1996、247-250頁）。

これらの指摘を参照しながら、本研究において、顧客関係および家族従業の分析で得られた結果から、小売マーケティングへの示唆を4つの点にまとめてみた。

（1）消費者の望む商品を選択して、メッセージを伝える

向山氏が述べるように、商人は、消費者の購買代理人として消費者の望む商品を検索するだけでなく、自ら何を消費者に提供したいのかをもとにして取扱商品を選択し、購買したいと思う商品を自らの手で調達し、さらに提供したいと考える理由をメッセージとして伝えることで自ら商品を販売する積極的な存在である（2001b、246頁）ことが分かった。

では、具体的にどのようにしたらいいのかは、論じられていなかった。本研究では、その前提として、商品に愛着を持つことの重要性を加えたい。どの店主も商品に愛着を感じており、そのことが顧客を大事にすることにつながるという事例を見てきた。単に愛情を注ぐだけでなく、商品を大切に育てることも含まれる。

しかし、あまりにこだわりが強すぎても、顧客には押しつけのように思われてしまい、却って商品の魅力を損ねてしまうこともある。つまり、単なる独りよがりと愛着を持つことは違う。一面的にしか商品や人を見ることができないと、あらゆる生活背景を持つ顧客に適応できない。いろいろな角度から、その商品の付加価値を見出すといった、商品を育てようとする努力が店主に必要である。

(2) 顧客に向けた関係特殊的な技能

　第1章で見たように、向山氏は、①低い経営コスト、②近隣性、③顧客とのなじみ関係を挙げ、生業的性格を持つ中小商業も、限定的とは言いながら一定の強み（存立基盤）を持っていると述べている。

　なぜ顧客とのなじみ関係が強みを発揮するのだろうか。本研究でその理由は、ファンと呼ばれる顧客が店を支える重要な一員だからであることが分かった。ファンは、購買客というだけでなく、店や店主に関する情報を広め、顧客を連れてきてくれたり、店の手伝いをしたりして、店主を支えてくれる。手工芸品店の事例のように、ファンがそのまま従業員や二代目の店主として店に関わることさえある。地域密着型専門店では、そうしたファンを1人でも多く作ることが重要になるのだ。

　ファンを作るには、ライフスタイル提案力が必要である。ライフスタイル提案力とは、顧客の立場に立って、専門知識と専門技術に裏付けられた、新たな価値を提案することとしておく。こうしたライフスタイル提案力を持つことが、地域密着型専門店の社会貢献となる。

　地域密着型専門店が生き残っていくためには、ファンの存在が不可欠で、顧客に魅力を感じてもらうためにはライフスタイル提案力が欠かせない。ライフスタイル提案によって顧客に対して新たな価値を提供できれば社会貢献ができていると判断する。そのためには本業を大事にして熟練することが必要である。

　地域密着型専門店であれば、顧客へのライフスタイル提案が大きな価値を生むために、専門知識や専門技術が必要となる。本研究では、専門知識や技術を身につけようと、資格を取ったり（メガネ店店主）、他店に修業に行ったりする店主の姿があった。そのため、専門知識や専門技術がなければ、上手く口を合わせているだけということになる[1]。

　ただし、いくら専門知識や専門技術を持っていても、共感力がなければ、やはり顧客にとって喜ばしいアドバイスや提案にはならないだろう。全般的に話好きな店主を見掛けるが、ここに登場する店主たちは、自分の話したいことだけを話すより、話を聞こうとしているタイプであった。自分が思ってもみなかったことであっても、聞いたことを受け入れて学んでいるようだ。

ここで言う共感力は、顧客の立場に立って、アドバイスや提案ができるということである。共感力があるかどうかによって顧客情報の活用の仕方も違ってくるのではないかと思われた。店主が顧客の立場に近ければ近いほど、共感力が高いと判断する。顧客と同じライフスタイルや商品の使用など、共通点が多いことが望ましい[2]。こうした共感力を持って顧客に関して情報収集できることが大切である。

　顧客の立場に立って話を聞くことが顧客への最大の価値創造である。本研究の小売店では、そうした努力をしている光景が見られた。手芸店やメガネ店では徹底して顧客の立場に立ったアドバイスや提案を行っている。例えば、メガネ店では、ライフスタイルに合ったメガネを創るために必要な顧客情報を集め、カルテに反映させる。顧客のライフスタイルに合ったメガネ創りに必要な項目を記入するために、何度かカルテの項目を変更した。また、顧客の住所を登録するだけでなく、詳細な市内地図を見て顧客の生活背景を探り、より細かい顧客情報を収集して顧客とのコミュニケーションに役立てていた。

　これらを総合して、顧客へのライフスタイル提案力が形成される。顧客の立場に立って、専門技術や専門知識を身に付け、顧客に共感しながら、顧客にとって意味ある価値を提供する。それによって、商売を成り立たせているかどうかである。

（3）商人としての誇り

　石井氏においても、「小売商売とは、お客さんとの声を掛け合うような関係の中で成立する仕事に他ならない」、「お客さんのその期待に応えることで、自分（そして家族たち）の人生にかけがえのない意味づけを与えることができる」ことを商人たちが確かめたことが記述されている（1996、237頁）。本研究の事例では石井氏の論じていた「商人としての誇り」は、小売経営の中でも土台に当たる重要な要因であることが分かった。

　いろいろな観点から、小売マーケティングや顧客関係の検討をしてきたが、地域密着型専門店の経営が上手く行くかどうかは、店主の熱意に尽きる。少数の事例で見えてきたのは、熱意のない店主には、どんな示唆も意味をなさ

ないことである。つまり、熱意のない店主は、顧客を裏切るばかりか、家族や同業者をも悪者にしてしまう。例えば、いろいろな問題が起こったとき、熱意のない店主ほど、努力していない、あるいは努力の方向が違うにもかかわらず、自分以外の要因のせいにする。自分の努力不足と認めようとしない。

商人家族として生まれた店主で、修業経験のない店主と比較して修業経験のある店主は、店に対する誇りがある。修業経験がその後の「商人としての誇り」を持てるかどうかにつながるのかもしれない。本人の努力もあるが、修業によって商売人気質が備わるのではないか。

例えば、商売が好きで商売人になりたかったと言う手芸店店主は、午後8時に店を終えるとき毎日、窓の方に灯された照明に向かって、

「今日も一日、ありがとうございました」

と心をこめてお礼を言ってから帰る。自分の店を持つことができたことを幸せだと感じて、そのような習慣を持っているのだ。

修業経験のある店主は、他の職業を羨ましく思うことは全く口にすることなく、自分の店が好きだと語り、今の業種を扱っていることに揺るぎない自信を持っている。手工芸品店店主は、店主になる以前にあらゆる手工芸品展に行ったことが修業経験につながったのか、店にいることが大好きだと語る。

しかし、修業に行ったからといって、必ずしも成功するわけではない。手芸店の店主によると、同じ時期に一緒に修業していた人たちは、2003年ですべてやめてしまっている。そのため、商売人にとって、修業の効果は永久に継続するわけではないと思われる。

手芸店とメガネ店の店主に修業中のことを聞いた結果、以下の結論を導き出した。修業では、他者との競争をしながら、挨拶や掃除といった小さな作業をコツコツと積み重ねる訓練を受ける。商売人にとって修業は、商売人気質を築き上げる期間なのである。商売人気質がなければ、「商人としての誇り」を持つことができない。修業で学んだ専門知識と専門技術により、商売人として揺るぎない自信を身に付けられるのではないか。

手芸店とメガネ店の店主はそれぞれ、商売人の家に生まれながら、修業に行き、外販を経験してから自分の店を構えた。そのような経験は恐らく、体で覚えるとか、体で身に付けるといった言葉が適切であろう。つまり、修業を積むことで、常に経験知を身に付けてきたのではないか。実際、手芸店店

主は、講演など聞きに行っても「あかん」と言う。その理由は、商売の苦労を経験していない人間が言っていることから学ぶことはない、頭で考えるだけではダメだ、ということのようだ。

そして、小売経営の土台をどう維持していくかも問われる。店主あるいは店主夫婦で築いた土台を何年も、何代にも渡って維持していくには、土台を維持することに努力しなければならない。土台ができたら、状況や顧客の変化に合わせて、さらに強固にする必要がある。

そのために重要となるのが、後継者の育成である。後継者は、配偶者、子供はもちろん、従業員も含まれる。ときには、顧客も後継者となって、店主や従業員になる可能性さえあるのだ。なぜなら、顧客は店主や従業員など、個々人のファンになり、来店するからである。

(4) 家族や同じ商業者との社会的連帯

前述したように、「商人としての誇り」は家族や顧客・コミュニティへの使命感を生み出す。小売店を支えているのは地域社会であり、具体的には、その店固有の人間関係（師弟関係・異業種の商業者・友人関係）に支えられている。近隣の商売人とは、情報交換、取引、ときには運転手などで仕事を手伝うなど、さまざまな関わり方をして、お互いに支え合っているようだ。商業者は、周囲の商業者との関係構築も、家族や顧客同様、重要である。

また、マーケティングも、そうした点を意識しながら、お互いに切磋琢磨しなければならない。そのため、他の店から学ぶ姿勢がない店主は、周囲の変化について行けず、行き詰まるのではないか。つまり、商業者は、例え自分の店が成功することができても、周囲の商業者がそうでなければ衰退する運命共同体であると言えよう。同業種であろうと、異業種であろうと同じである。そうした構造があることが本研究で確認できたように思う。

伊丹市の事例で、そのような関係が全体的に成り立っているのかどうかは、今後データ収集してみないと分からない。これらのことを考察することで、伊丹市の小売店がなぜ存続してきたのか、さらに、伊丹市民にとってどのような小売構造が望ましいのかを示すことができると思われる。

13-2　関係性マーケティングとの関連

　伊丹市における事例から、地域密着型専門店として、零細小売商が成り立っていることを論じてきた。では、近年、着目されている「関係性マーケティング」あるいは「リレーションシップ・マーケティング」との関連から論じていこう。
　近年、売り手と買い手の長期的な関係性（リレーションシップ）に着目し、そこから行動説明や行動規範を作ろうとする動きが活発になっている（嶋口1994、179頁）。
　和田（1989）によると、日本の生活者の変化を整理すると、それらの特徴は関係性マーケティングという新しいパラダイムの必要性を示唆している。生活構造形成の成熟期に入った日本の消費者は、個性化・多様化しており、ライフスタイルにおいて、生活の豊かさ演出といった生活シーンの比重が確実に増えている。生活を物質的にも精神的にも豊かにするために、モノやサービスを購入し、消費プロセスそのものを演出し、人との交流を深め広げようとする。関係性マーケティングは、日本の消費者のこのような生活価値観・生活行動の方向性を見極めつつ議論されてきた、「マーケティングの新しい考え方」である。そこで、中小小売商の生きる道の1つとして、高付加価値型商品の品揃えに徹するといったように、顧客との関係性重視のマーケティングが浮上してくる（51-59頁）。
　リレーションシップ・マーケティングとは、関係の維持・確立・発展を目的とした長期的・継続的視点に立ったマーケティング活動である。コトラー（2002）は、リレーションシップ・マーケティングとは、長期的な愛顧と事業の維持のため、顧客、供給業者、流通業者などの有力な主体と双方にとって満足の行く長期的な関係を構築することと定義している（10頁）。
　藤岡（2002）においてリレーションシップ・マーケティングの理論的展開が紹介されている。藤岡氏によると、リレーションシップ・マーケティングは、1980年代以降にサービス・マーケティング、産業財マーケティングなど、非消費財分野において登場したマーケティング・アプローチである。マネジ

リアル・マーケティング論によって確立された枠組みを根本から問い直そうとする動きとして評価されている。現時点では、統一した見解が確立されているわけではなく、多種多様な定義が混在した状況である（21、30頁）。

　昨今では二者間の関係を超えたネットワークの枠組みの中でリレーションシップ・マーケティング活動を捉えようとする動きが見られる。しかし、リレーションシップ・マーケティングにおいては、多様な主体との関係を分析対象とするものの、その分析単位は飽くまで二者間関係である。つまり、飽くまで焦点企業から見たネットワークの形成であり、対象範囲の広がりを示すにとどまり、複数の関係者間における相互作用については考察されていない（34-36頁）。

　久保（2002）によると、マーケティングにおいて、さまざまな企業者間関係を視野に入れた多様な理論的アプローチが存在している。そのうち、マーケティングにおけるネットワーク・アプローチは、ヨーロッパにおけるIMP（Industrial Marketing and Purchasing）グループによって積極的に展開されてきた。ネットワーク・アプローチは、複雑な組織間構造やリレーションシップを理解するためのアプローチとしての重要性を増しつつある。しかし、そこでの中心は、主として産業財マーケティングや国際マーケティングである。企業と消費者との取引関係に関するマーケティング・ネットワーク研究は極めて少ない（41、44頁）。

　そこで、久保氏は、消費者間のマーケティング・ネットワークの進展を考察している。また、マーケティング・ネットワークの社会モデルとして、みやざき生協（若林　2002）、循環型チャネル・ネットワーク（田村三智子　2002）、福岡市天神地区共同輸送システム（林　2002）、自治体マーケティング（矢吹　2002）の事例がそれぞれ検討されている。

13-3　本書のまとめ：地域密着型小売店の多重ネットワーク構造

　零細小売商における家族従業、マーケティングおよび顧客関係について、その実態を兵庫県伊丹市の小売店を事例として取り上げたところ、実際、零細小売商は、関係性マーケティングとして論じられていた実践を日々行っていると考えられた。

　リレーションシップ・マーケティングの議論においては、焦点企業から見たネットワークの形成について論じられているが、零細小売商を取り巻くネットワークを本書の全体を通じて明らかになったこととして描いてみたい。

　零細小売商の事業活動の特徴は、家族、顧客、地域社会との強い連携によって維持されていることである。その連携の全体を6点にまとめてみた。それぞれの関係を番号で示した（図13-1）。これらの関係全体を「地域密着型小売店の多重ネットワーク構造」と呼んでおく。

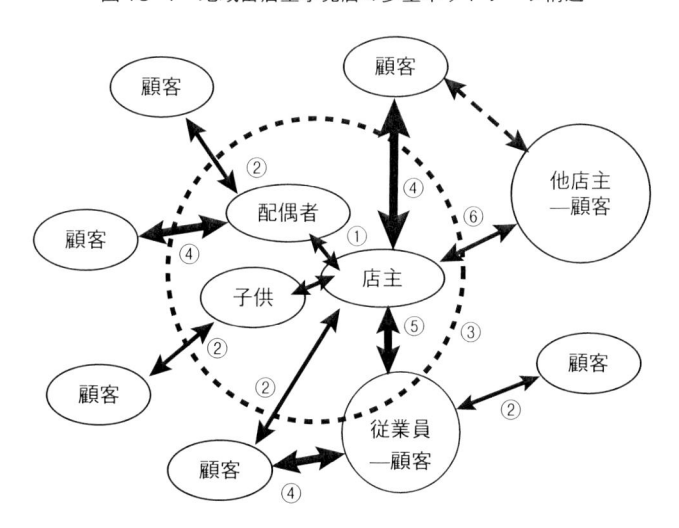

図13-1　地域密着型小売店の多重ネットワーク構造

①本研究では家族従業者として配偶者を中心に考察したが、配偶者が重要なパートナーとして経営に参画していることが明らかになった（第10章にて記述）。
②店主、配偶者と子供、従業員はそれぞれ地域社会の中で顧客との関係を結んでいる。中には共通に関係する顧客もある（第10章にて記述）。
③従業員や他の商業者、顧客さえも商人家族のメンバーとして入り込み、商人家族の境界は、それほど明確ではない（そのため、図では点線で示される）。さまざまな主体の店や家族に関わる自由度は高い。
④中でも、「ファン」と呼ばれる顧客は、店主夫婦や従業員それぞれと強い絆で結ばれている（図では、それらの関係を太い矢印で示した）。通常は、売り手と買い手という関係を想定するが、店主と話したいために来店する顧客がいる。その来店の口実に、店主に手作りの品物などを渡す光景が見られた（第6章にて記述）。
⑤ファンの顧客が、店を引き継いだり、従業員になったりするような事例もあった（第11章にて記述）。
⑥そして、顧客には、同じ地域で商売を営む商業者も含まれ、商人家族は相互にこれらの店舗の顧客になっている。同じ商業者の間では、こうした互恵関係が見受けられた（第7章にて記述）。

このように、商人家族はさまざまな立場で、それぞれの主体との関係を取り結びながら、小売経営を営んでいる。そのため、「地域密着型小売店の多重ネットワーク構造」を説明するには、リレーションシップ・マーケティングの枠組みでは不十分である。

13-4　残された課題

本書は、1997年8月から2004年3月までの限られた期間で起こった現象について裏付けを取っただけであるが、今後はさらに、「それぞれの小売店と家族の歴史的な変遷」を踏まえた上で、小売経営について厚い記述を展開

したい。
　この結果はまだフィールドワークの目的である一般化に至っていないし、結論は仮説のままであり、今後検証するための尺度の操作化についても、今回の調査ではまだ不十分な点が残る。しかし、家族従業に関するいくつかの点が明らかになったことから、新たな研究課題が多く見出され、この研究成果をどのように活かせるのか、その可能性について触れておきたい。

（1）近代家族の揺らぎなのか、商人家族の特徴なのか

　店主と配偶者、店主と子供、店主と顧客という二者間関係の分析のみで捉えられるわけではない。商人家族は一心同体ではなく、それぞれの相互作用を見ていかなければならない。店主が商売を始めたときに、家族が店に関わるように仕向けるような工夫や努力が必要なのである。つまり、家族だからといって、自然に配偶者や子供が店に関わっていくわけではない。そして、家族のメンバーの意志を尊重しなければならないし、もし店に関わったとしても、それぞれ顧客に支持されるように努力しなければならない。商人家族のメンバー間の独立性・対等性が求められている。
　それが、近代家族の揺らぎ、あるいは家族の個人化現象として捉えられるかもしれない。それについては今後の課題として残された。

（2）パートナーシップは、配偶者が重要なのか

　パートナーシップは、配偶者でなければならないのかという問題も残される。これまでのケースでは、配偶者からの支えを中心に見てきた。しかし、そうではないケースも十分に考えられる。なぜなら、子供や従業員、あるいは顧客が積極的に関わっているケースが見受けられるからである。今後、調査を続けて、配偶者でなければならないという結論が導き出されるかもしれない。そうなると、さらに事例を集めて、配偶者でなければならない理由も具体的に追求していく必要がある。
　ここで得られた重要な結果として夫婦協働型労働について取り上げるにとどめておく。夫婦のパートナーシップは、対等性が求められる反面、相互依

存性が強い側面も見られる。夫が商売人として熱心で、店や店の商品に愛情を持っていれば、妻もそれに従うようになる。逆に、夫が誇りを持って商売をしていないと、妻も熱心にその商売に関わることができない。したがって、小売経営における夫婦の自立性が低いケースを見極めなければならない。

そうした点に着目して現段階で得た結論は、「夫婦のパートナーシップが大事な時期があること、そして、商売が安定してくると、夫婦のパートナーシップも必要であるが、妻自身のさらなる努力が必要になってくる」ということである。妻自身が、商売を続ける意志を持って努力しないといけない時期が来るようだ。

また、夫婦協働型の労働パターンについての尺度化が課題である。おそらく、労働時間よりも労働の中身がポイントとなると思われる。その前提条件も検討しなくてはならない。定量調査も考えられるべき方法であるが、家族構成、業種や営業年数などの条件を一定にすることが困難だと思われる。

そのため、いくつかの事例によって検討することが望ましい。地域や業種が異なる店舗で比較研究を行って、同じように夫婦協働型の家族従業が見られるとしたら、一般化につながるだろう。この点については、今後の課題として改めて取り組んでいきたいと考える。

次に問題となるのは、「顧客への価値創造にあたって、家族はどこまで必要なのか」という点である。熱心なファンを掴み、新たな顧客を創造していく仕組みは、家族従業以外の要因がある。小売店に家族が大きく関わっていなくても、熱心なファンを持つ事例があり、熱心なファンを掴み、新たな顧客を創造していく仕組みをそれぞれの店において持っているのだ。いつ、どんな状況であれば、家族が関わった方が成功するのか、事例をさらに収集しなければならない。そして、できる限り、同じ調査対象の店舗でデータ収集を継続していきたい。家族の変化が小売経営にどのような影響を与えているかなど、新たな事実や異なる解釈が発見されることだろう。

(3) それぞれの業界における課題に答える小売店とは

手芸店、豆腐店、メガネ店、手工芸品店の事例を見てきたが、ここではそれぞれの業種の中の1店舗を取り上げたにすぎない。同じ業種の他の店舗を

調べることは現段階ではあまりしていない。また、その業界が抱えている課題ですら明らかになっていない店もある。そうなると、ここで取り上げた事例がどのような意味を持っているか、位置づけが明らかにできていないという問題が残る。

今後は、それぞれの業界においてどのような課題が言われているのか、その課題に対して調査対象の店舗がどのような取り組みをしているのか、位置づけをしながら事例研究をしていきたいと考える。

(4) 伊丹市民にとって望ましい小売商業構造とは

伊丹市という地域に限定されるが、フィールドワークによって、いくつかの小売店の成り立つ全体的な構造を描くことができた。しかし、それらが伊丹市すべての小売店に当てはまるのか、地域密着型小売店を利用しない人たちに当てはまるのかについては、データ収集があまりできていない。前節で示した「地域密着型小売店の多重ネットワーク構造」についてさらに考察していくことで、伊丹市という地域において、地域密着型小売店がなぜ存続してきたのか、さらに、伊丹市民にとってどのような小売構造が望ましいのかを示すことができると思われる。このように、最終的な目標は、地域社会に関するデータ収集不足のため、今後の課題となった。

そして、望ましい小売商業構造は地域社会によって異なるのではないかと考えられた。つまり、伊丹市民が小売店に求める価値は、伊丹市の文化的背景が影響し、伊丹市でのみ適応されることだろう。しかし、他の地域社会においても同様の現象が見られるならば、その成果を日本の小売商業構造に一般化できる。

(5) 新たな研究の可能性

石井氏は、商人の主体的条件やそれを反映した市場競争のありようは、その社会・文化のありようの中に深く組み込まれており、小売経営はその社会・文化のありようを反映すると同時に、社会・文化のありようを受けて変容する、相互作用的な関係を強調している。「社会組織としての小売業」という

問題視角を分析の中に取り込むことで、小売業の動態を、小売業の主体的な条件、あるいは広い社会的・文化的・経済的コンテクストの中でさらに深く理解できるとしていた（1996、185-187頁）。

　小売店を支えているのは地域社会であり、具体的には、その店の師弟関係・異業種の商業者・友人関係に支えられている。伊丹市にある小売店は、伊丹市の文化的背景があってこそ存在している。つまり、どんな商売も、その地域社会で育まれた文化の中でしか存在しないし、小売店は消費者と共に新たに文化を創り上げていく主体であるという仮説である。

　小売店においても、30年といった歴史・伝統文化があり、それは、一代で店舗を築いた店主であっても、何らかの地域社会の影響を受けている。取り扱う商品、店主の考え方や行動様式にいたってもそうである。また、顧客志向であるほど、地域社会の文化的背景に合わせた考え方や行動様式を取っているようである。長期的な関係を築いている顧客とは、そうした共通の文化的背景の上に乗っている。

　消費者行動研究においても、消費文化の研究者は極めて少数派である。消費者行動研究では、POSデータやパネル・データなど、主に購買者の行動データを用いて分析している。その際、消費者の文化的背景の影響はあまり考慮されていない。

　本研究で顧客の生活に密着してデータ収集したところ、消費者の行動データ以外に消費者のライフヒストリー、そして、その地域の文化的背景も考察しないと、なぜその店で長期的な顧客関係が構築されているのかが分からないことが明らかになってきた。購買行動研究においても、単なる行動データの活用ではなく、消費文化や地域の文化的背景を含めて研究する必要性を強調したい。小売経営は、ある特定の文化的背景の中で成立している。それによって、経営の成り立ちや家族の関わり方、顧客関係の構築が全く異なる可能性があるということである。文化的背景が異なれば、それに対して適応をしていかなければならない。時代背景を考慮するのはもちろんである。小売業研究においても、その文化的背景の上で成り立つ小売経営という位置づけを検討していきたい。

〈注〉

(1) これに関しては、顧客に対する商品説明を聞いて、判断できるとは限らない。専門知識や専門技術を身に付ける経験や日頃の習慣、あるいは持っている資格などについて店主にインタビューしたものの、商売人は口が上手く、誰しも力説して商品や店のことを語る。そのため、本当に専門性が高い知識なのか、その情報は新しいのか、どれだけ情報収集に努力しているのかについて判断するには調査者もその商品に関する専門知識を身に付けなければならない。

(2) エスノグラフィーの記述では、店と自宅の相関関係について具体的に触れなかったが、店と自宅のどちらに投資するかも、店主の店や顧客に対する愛着度や熱意を反映しているように思われた。つまり、店が何より生きがいとしている店主は、店を中心に行動している。自宅よりも店や店の商品に投資をしようとする。しかし、これに関しては、店主の自宅を訪問したり、持ち物を観察したりするなど、間接的にデータ収集するしか判断する方法がない。

〈参考文献〉

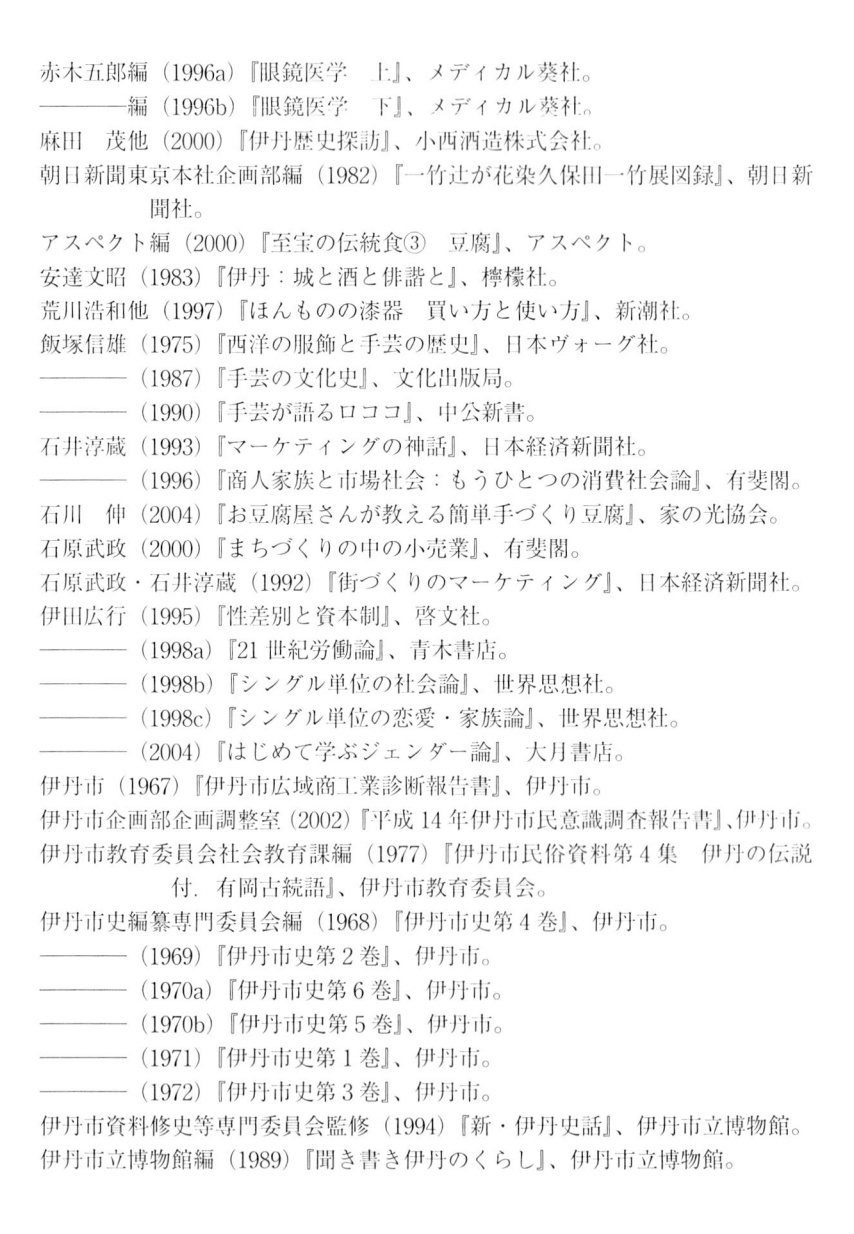

赤木五郎編（1996a）『眼鏡医学　上』、メディカル葵社。
─────編（1996b）『眼鏡医学　下』、メディカル葵社。
麻田　茂他（2000）『伊丹歴史探訪』、小西酒造株式会社。
朝日新聞東京本社企画部編（1982）『一竹辻が花染久保田一竹展図録』、朝日新聞社。
アスペクト編（2000）『至宝の伝統食③　豆腐』、アスペクト。
安達文昭（1983）『伊丹：城と酒と俳諧と』、檸檬社。
荒川浩和他（1997）『ほんものの漆器　買い方と使い方』、新潮社。
飯塚信雄（1975）『西洋の服飾と手芸の歴史』、日本ヴォーグ社。
─────（1987）『手芸の文化史』、文化出版局。
─────（1990）『手芸が語るロココ』、中公新書。
石井淳蔵（1993）『マーケティングの神話』、日本経済新聞社。
─────（1996）『商人家族と市場社会：もうひとつの消費社会論』、有斐閣。
石川　伸（2004）『お豆腐屋さんが教える簡単手づくり豆腐』、家の光協会。
石原武政（2000）『まちづくりの中の小売業』、有斐閣。
石原武政・石井淳蔵（1992）『街づくりのマーケティング』、日本経済新聞社。
伊田広行（1995）『性差別と資本制』、啓文社。
─────（1998a）『21世紀労働論』、青木書店。
─────（1998b）『シングル単位の社会論』、世界思想社。
─────（1998c）『シングル単位の恋愛・家族論』、世界思想社。
─────（2004）『はじめて学ぶジェンダー論』、大月書店。
伊丹市（1967）『伊丹市広域商工業診断報告書』、伊丹市。
伊丹市企画部企画調整室（2002）『平成14年伊丹市民意識調査報告書』、伊丹市。
伊丹市教育委員会社会教育課編（1977）『伊丹市民俗資料第4集　伊丹の伝説　付．有岡古続語』、伊丹市教育委員会。
伊丹市史編纂専門委員会編（1968）『伊丹市史第4巻』、伊丹市。
─────（1969）『伊丹市史第2巻』、伊丹市。
─────（1970a）『伊丹市史第6巻』、伊丹市。
─────（1970b）『伊丹市史第5巻』、伊丹市。
─────（1971）『伊丹市史第1巻』、伊丹市。
─────（1972）『伊丹市史第3巻』、伊丹市。
伊丹市資料修史等専門委員会監修（1994）『新・伊丹史話』、伊丹市立博物館。
伊丹市立博物館編（1989）『聞き書き伊丹のくらし』、伊丹市立博物館。

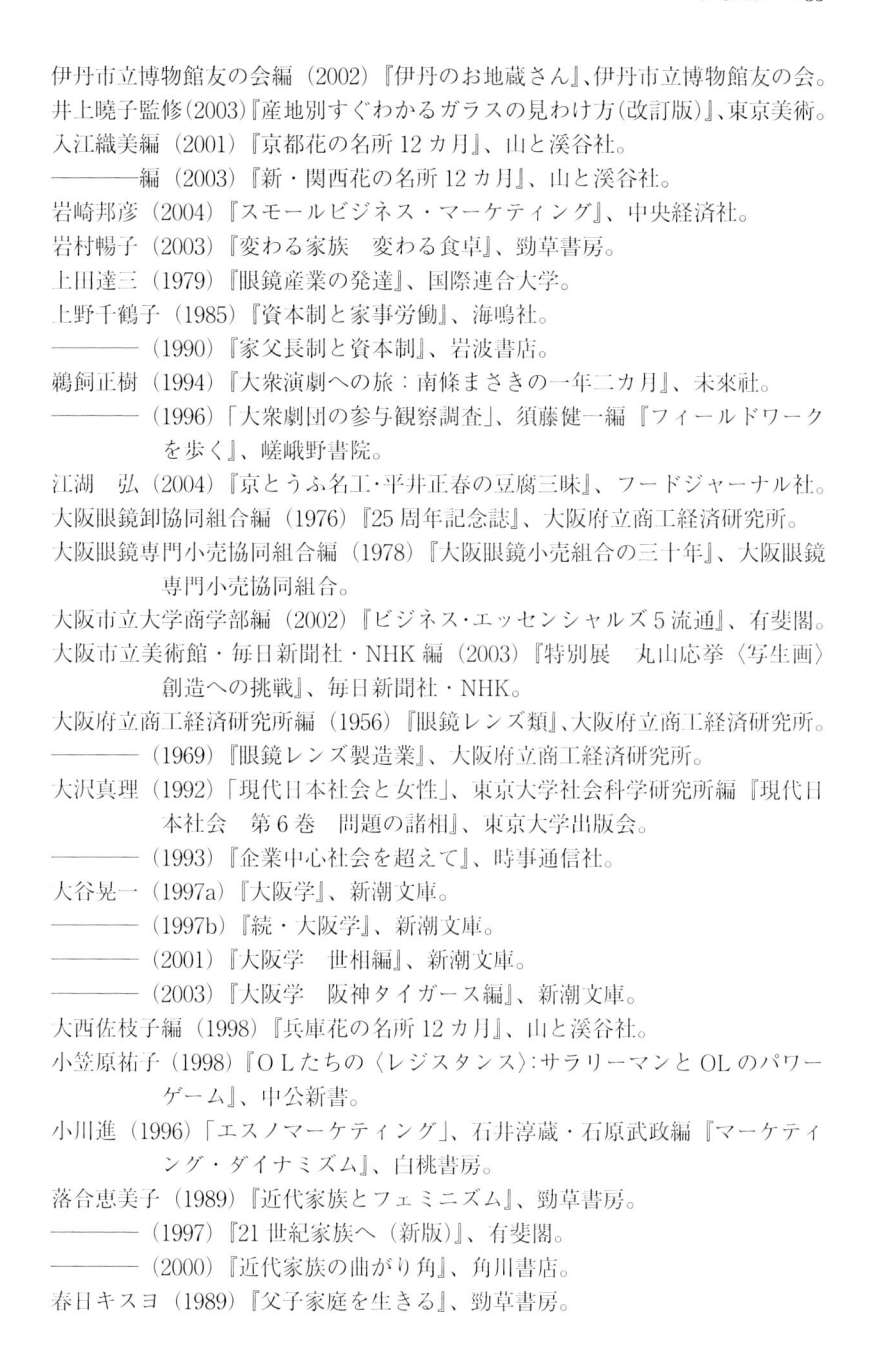

伊丹市立博物館友の会編（2002）『伊丹のお地蔵さん』、伊丹市立博物館友の会。
井上曉子監修（2003）『産地別すぐわかるガラスの見わけ方（改訂版）』、東京美術。
入江織美編（2001）『京都花の名所12カ月』、山と渓谷社。
―――編（2003）『新・関西花の名所12カ月』、山と渓谷社。
岩崎邦彦（2004）『スモールビジネス・マーケティング』、中央経済社。
岩村暢子（2003）『変わる家族　変わる食卓』、勁草書房。
上田達三（1979）『眼鏡産業の発達』、国際連合大学。
上野千鶴子（1985）『資本制と家事労働』、海鳴社。
―――（1990）『家父長制と資本制』、岩波書店。
鵜飼正樹（1994）『大衆演劇への旅：南條まさきの一年二カ月』、未來社。
―――（1996）「大衆劇団の参与観察調査」、須藤健一編『フィールドワークを歩く』、嵯峨野書院。
江湖　弘（2004）『京とうふ名工・平井正春の豆腐三昧』、フードジャーナル社。
大阪眼鏡卸協同組合編（1976）『25周年記念誌』、大阪府立商工経済研究所。
大阪眼鏡専門小売協同組合編（1978）『大阪眼鏡小売組合の三十年』、大阪眼鏡専門小売協同組合。
大阪市立大学商学部編（2002）『ビジネス・エッセンシャルズ5流通』、有斐閣。
大阪市立美術館・毎日新聞社・NHK編（2003）『特別展　丸山応挙〈写生画〉創造への挑戦』、毎日新聞社・NHK。
大阪府立商工経済研究所編（1956）『眼鏡レンズ類』、大阪府立商工経済研究所。
―――（1969）『眼鏡レンズ製造業』、大阪府立商工経済研究所。
大沢真理（1992）「現代日本社会と女性」、東京大学社会科学研究所編『現代日本社会　第6巻　問題の諸相』、東京大学出版会。
―――（1993）『企業中心社会を超えて』、時事通信社。
大谷晃一（1997a）『大阪学』、新潮文庫。
―――（1997b）『続・大阪学』、新潮文庫。
―――（2001）『大阪学　世相編』、新潮文庫。
―――（2003）『大阪学　阪神タイガース編』、新潮文庫。
大西佐枝子編（1998）『兵庫花の名所12カ月』、山と渓谷社。
小笠原祐子（1998）『OLたちの〈レジスタンス〉：サラリーマンとOLのパワーゲーム』、中公新書。
小川進（1996）「エスノマーケティング」、石井淳蔵・石原武政編『マーケティング・ダイナミズム』、白桃書房。
落合恵美子（1989）『近代家族とフェミニズム』、勁草書房。
―――（1997）『21世紀家族へ（新版）』、有斐閣。
―――（2000）『近代家族の曲がり角』、角川書店。
春日キスヨ（1989）『父子家庭を生きる』、勁草書房。

金井壽宏（1994）『企業ネットワーキングの世界』、白桃書房。
神奈川縣商工協會編（1944）『時計・眼鏡・板硝子小売商の實態：神奈川縣残存小売業者実態調査報告』、神奈川縣商工協會。
株式会社サクスィード出版部編（2002）『眼鏡白書2002-2003』、株式会社サクスィード出版部。
簡　施儀（2000）「台湾中小小売商の経営者意識」、『六甲台論集』、第47巻、第3号、神戸大学大学院経営研究会、39-49頁。
―――（2002）「小売業家族従業とジェンダー」、『流通研究』、第5巻、第2号、日本商業学会、51-62頁。
木谷富雄（1997）『豆腐づくり勘どころ』、創森社。
木本喜美子（1995）『家族・ジェンダー・企業社会』、ミネルヴァ書房。
―――（2000）「女性労働研究の到達点と課題」、木本喜美子・深澤和子編『現代日本の女性労働とジェンダー』、ミネルヴァ書房。
―――（2003）『女性労働とマネジメント』、勁草書房。
久保康彦（2002）「マーケティング・ネットワークの理論的展開」、陶山計介・宮崎昭・藤本寿良編『マーケティング・ネットワーク論』、有斐閣。
久保田一竹（1986）『命を染めし一竹辻が花』、株式会社一竹辻が花。
久保田進彦（2003）「リレーションシップ・マーケティング研究の再検討」、『流通研究』、第6巻、第2号、日本商業学会、15-33頁。
久保村隆祐・荒川祐吉（1987）『商業辞典（改訂増補版）』、同文館。
久保村隆祐・流通問題研究協会（1999）『中小流通業革新への挑戦：専門店がまちづくりを担う』、日本経済新聞社。
久米康生（2003）『産地別すぐわかる和紙の見わけ方』、東京美術。
神戸新聞総合出版センター（1996）『探訪ひょうごの滝』、神戸新聞総合出版センター。
駒井茂春（1988）『徳を積む経営』、天理教道友社。
―――（1995）『苦労を喜ぶ晴天の心』、天理教道友社。
―――（1998）『経営のこころ』、天理教道友社。
駒川智子（2000）「コース別人事管理制度の変容：都市銀行の『女性活用』」、木本喜美子・深澤和子編『現代日本の女性労働とジェンダー』、ミネルヴァ書房。
小宮一高（2003）「自己目的志向の小売業者と品揃え形成」、『流通研究』、第6巻、第1号、日本商業学会、81-93頁。
佐々木秀憲監修（2000）『産地別すぐわかるやきものの見わけ方』、東京美術。
坂田博美（1995）「消費者行動研究における定性データの活用：石毛の『家庭における食事』の議論にもとづいて」、『消費者行動研究』、第2巻、第2号、日本消費者行動研究学会、119-138頁。

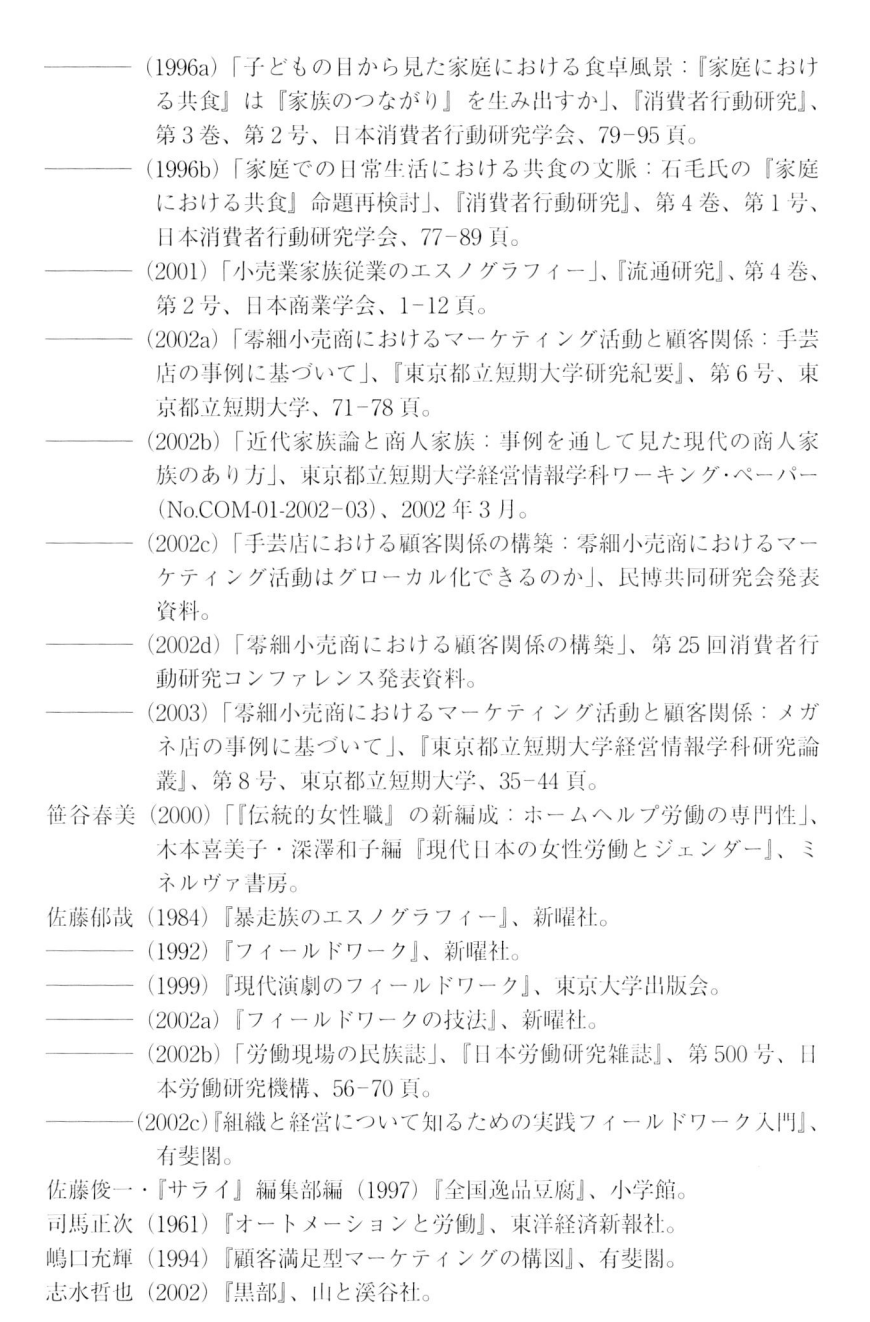

―――（1996a）「子どもの目から見た家庭における食卓風景：『家庭における共食』は『家族のつながり』を生み出すか」、『消費者行動研究』、第3巻、第2号、日本消費者行動研究学会、79-95頁。
―――（1996b）「家庭での日常生活における共食の文脈：石毛氏の『家庭における共食』命題再検討」、『消費者行動研究』、第4巻、第1号、日本消費者行動研究学会、77-89頁。
―――（2001）「小売業家族従業のエスノグラフィー」、『流通研究』、第4巻、第2号、日本商業学会、1-12頁。
―――（2002a）「零細小売商におけるマーケティング活動と顧客関係：手芸店の事例に基づいて」、『東京都立短期大学研究紀要』、第6号、東京都立短期大学、71-78頁。
―――（2002b）「近代家族論と商人家族：事例を通して見た現代の商人家族のあり方」、東京都立短期大学経営情報学科ワーキング・ペーパー（No.COM-01-2002-03）、2002年3月。
―――（2002c）「手芸店における顧客関係の構築：零細小売商におけるマーケティング活動はグローカル化できるのか」、民博共同研究会発表資料。
―――（2002d）「零細小売商における顧客関係の構築」、第25回消費者行動研究コンファレンス発表資料。
―――（2003）「零細小売商におけるマーケティング活動と顧客関係：メガネ店の事例に基づいて」、『東京都立短期大学経営情報学科研究論叢』、第8号、東京都立短期大学、35-44頁。
笹谷春美（2000）「『伝統的女性職』の新編成：ホームヘルプ労働の専門性」、木本喜美子・深澤和子編『現代日本の女性労働とジェンダー』、ミネルヴァ書房。
佐藤郁哉（1984）『暴走族のエスノグラフィー』、新曜社。
―――（1992）『フィールドワーク』、新曜社。
―――（1999）『現代演劇のフィールドワーク』、東京大学出版会。
―――（2002a）『フィールドワークの技法』、新曜社。
―――（2002b）「労働現場の民族誌」、『日本労働研究雑誌』、第500号、日本労働研究機構、56-70頁。
―――（2002c）『組織と経営について知るための実践フィールドワーク入門』、有斐閣。
佐藤俊一・『サライ』編集部編（1997）『全国逸品豆腐』、小学館。
司馬正次（1961）『オートメーションと労働』、東洋経済新報社。
嶋口充輝（1994）『顧客満足型マーケティングの構図』、有斐閣。
志水哲也（2002）『黒部』、山と渓谷社。

────（2003）『黒部　幻の滝』、ハート工房。
清水浩昭・森謙二・岩上真珠・山田昌弘編（2004）『家族革命』、弘文堂。
昭和眼鏡株式会社社編（1977）『メガネ卸商の記録』、昭和眼鏡株式会社創業60周年記念事業委員会。
菅谷文則・友次淳子（1995）『健康を食べる豆腐』、保育社。
鈴木安昭（1999）『新・流通と商業（改訂版補訂）』、有斐閣。
鈴木安昭・関根孝・矢作敏行編（1997）『マテリアル流通と商業（第2版）』、有斐閣。
須藤健一編（1996）『フィールドワークを歩く』、嵯峨野書院。
陶山計介（2002）「ネットワークとしてのマーケティング・システム」、陶山計介・宮崎昭・藤本寿良編『マーケティング・ネットワーク論』、有斐閣。
添田孝彦（2004）『日本のもめん豆腐』、幸書房。
竹内敏信・日本滝写真家協会（2002a）『日本の滝1000　遊楽の滝』、学習研究社。
────（2002b）『日本の滝1000　和みの滝』、学習研究社。
────（2002c）『日本の滝1000　幽遠の滝』、学習研究社。
竹中恵美子・久場嬉子編（1994）『労働力の女性化』、有斐閣。
田島義博・原田英生編（1997）『ゼミナール流通入門』、日本経済新聞社。
田村正紀（1986）『日本型流通システム』、千倉書房。
田村三智子（2002）「循環型チャネルとネットワーク・システム」、陶山計介・宮崎昭・藤本寿良編『マーケティング・ネットワーク論』、有斐閣。
樽見茂（2002）『おいっ！豆腐屋』、文芸社。
────（2004）『豆富バカが上場した！』、中経出版。
千葉悦子（2000）「農家女性労働の再検討」、木本喜美子・深澤和子編『現代日本の女性労働とジェンダー』、ミネルヴァ書房。
中小企業振興事業団（1972）『中小企業マーケティング調査報告書：めがね枠』、中小企業振興事業団。
辻村寿三郎（1999）『寿三郎と作る小さな人形たち』、日本放送出版協会。
────（2001）『源氏絵巻縁起』、アトリエジュサブロー。
────（2003）『辻村寿三郎作品集』、アトリエジュサブロー。
津村喬・鶴田静・井上豆彦（1984）『健康食豆腐』、農山漁村文化協会。
出家健治（2002）『零細小売業研究』、ミネルヴァ書房。
鉄弘一（1999）『日本の名景　滝①』、光村推古書院。
────（2000）『日本の名景　滝②』、光村推古書院。
────（2001）『日本の名景　滝③』、光村推古書院。
天理教表統領室調査課編（2003）『第71回天理教統計年鑑』、天理教教会本部。
天理大学おやさと研究所編（1989）『改訂天理教事典教会史篇』、天理教道友社。
トーヨー新報編（2002）『豆腐年鑑2003年版』、株式会社トーヨー新報。

―――――編（2003）『豆腐年鑑 2004 年版』、株式会社トーヨー新報。
―――――編（2004）『豆腐年鑑 2005 年版』、株式会社トーヨー新報。
トーヨー新報編集部編（2000）『2001 年版豆腐製造資機材総合ガイドブック』、株式会社トーヨー新報。
冨澤昌三（2001）『価格破壊への挑戦　メガネはもっと安くなる！』、出版文化社。
中里壽克監修（2000）『産地別すぐわかるうるし塗りの見わけ方』、東京美術。
中沢孝夫（2001）『変わる商店街』、岩波新書。
中島史子編（2003）『奈良花の名所 12 カ月』、山と渓谷社。
中谷文美（2003）『「女の仕事」のエスノグラフィ』、世界思想社。
中西栄一（1998）『日本の滝 200 選』、東方出版。
―――――（2000）『続・日本の滝 200 選』、東方出版。
中野　卓（1979）『商家同族団の研究　上（第 2 版）』、未來社。
―――――（1981）『商家同族団の研究　下（第 2 版）』、未來社。
中ノ堂一信編（2004）『すぐわかる作家別やきものの見かた』、東京美術。
中牧弘允・日置弘一郎編（1997）『経営人類学ことはじめ』、東方出版。
中村　巧（2004）『豆腐人生あし』。
永山久夫（2003）『永山豆腐店　豆腐をどーぞ』、一二三書房。
仁藤　齋（2000）『豆腐：おいしいつくり方と売り方の極意』、農山漁村文化協会。
日本生活学会編（2001）『生活学第二十五冊　食の一〇〇年』、ドメス出版。
林　優子（2002）「まちづくりと商業・物流ネットワーク」、陶山計介・宮崎昭・藤本寿良編『マーケティング・ネットワーク論』、有斐閣。
原ひろ子（1993）「農業と女性のエンパワーメント」、原ひろ子・大沢真理編『変容する男性社会』、新曜社。
原ひろ子・大沢真理編（1993）『変容する男性社会』、新曜社。
原田英生・向山雅夫・渡辺達朗（2002）『ベーシック流通と商業』、有斐閣。
平井泰太郎・米花稔・荒川祐吉（1953）『伊丹の工業と商業』、神戸大学経営研究会。
平野雅彰・永山久夫（1989）『日曜日の遊び方　豆腐・納豆あれもこれも』、雄鶏社。
深澤和子（2000a）「日本の女性労働の特徴と本書の分析視覚」、木本喜美子・深澤和子編『現代日本の女性労働とジェンダー』、ミネルヴァ書房。
―――――（2000b）「非伝統的職種への女性の進出：建設業の施工管理労働」、木本喜美子・深澤和子編『現代日本の女性労働とジェンダー』、ミネルヴァ書房。
藤井文子編（1997）『大阪花の名所 12 カ月』、山と渓谷社。
―――――編（1998）『滋賀花の名所 12 カ月』、山と渓谷社。
藤岡章子（2002）「リレーションシップ・マーケティングの理論的展開」、陶山計介・宮崎昭・藤本寿良編『マーケティング・ネットワーク論』、有斐閣。

文化服装学院編（1993）『文化ファッション講座工芸2　手芸』、文化出版局。
前垣和義（2002）『おもろい「1坪商法」で食っていく』、オーエス出版社。
増渕宗一（1981）『人形と情念』、勁草書房。
松井真知子（1997）『短大はどこへ行く』、勁草書房。
松本通晴（1977）「京都『老舗』研究」、『社会科学』、第23号、同志社大学人文科学研究所、77-107頁。
松本通晴・山本正和（1978）「都市『老舗』資料」、『社会科学』、第24号、同志社大学人文科学研究所、125-149頁。
真鍋禎男（1990）『伊丹郷町物語』、伊丹市。
丸山伸彦監修（2002）『産地別すぐわかる染め・織りの見わけ方』、東京美術。
南知惠子（2003）「リレーションシップ・マーケティングの理論的系譜とＣＲＭへの発展」、『国民経済雑誌』、第188巻、第6号、神戸大学、53-67頁。
箕浦康子編（1999）『フィールドワークの技法と実際』、ミネルヴァ書房。
宮崎一枝編（1991）『伊丹の年中行事』、伊丹市文化財保存協会。
宮澤健一・高丘季昭編（1991）『流通の再構築』、有斐閣。
宮下さおり(2000)「技術革新とジェンダー間分業：印刷業とDTP」、木本喜美子・深澤和子編『現代日本の女性労働とジェンダー』、ミネルヴァ書房。
宮本みち子・岩上真珠・山田昌弘（1997）『未婚化社会の親子関係』、有斐閣。
三好　宏（2000）『「まちづくり」による地域小売商業の振興に関する研究』、神戸大学大学院博士論文。
向山雅夫（2001a）「中小商業と流通」、渡辺幸男他『21世紀中小企業論』、有斐閣。
―――（2001b）「中小商業経営と商人性」、渡辺幸男他『21世紀中小企業論』、有斐閣。
村松美尚(1999a)『メガネ店21世紀に生き残る「小商圏」商法』、経営情報出版社。
―――（1999b）『メガネ店経営のすべて』、経営情報出版社。
森井源一（2004）『豆腐道』、新潮社。
安田龍平編（1997）『小売・サービス業勝ち残る店はここが違う⑪靴店／ハンドバッグ店／時計・宝飾店／メガネ店』、経林書房。
矢野経済研究所編（1982）『メガネ小売市場の現状と全国有力小売店のブランド評価と販売実態』、矢野経済研究所。
―――編（1983）『眼鏡市場の戦略と展望』、矢野経済研究所。
―――編（1987）『眼鏡市場白書』、矢野経済研究所。
矢作敏行（1996）『現代流通』、有斐閣。
矢吹雄平（2002）「マーケティング・ネットワークの地域モデル」、陶山計介・宮崎昭・藤本寿良編『マーケティング・ネットワーク論』、有斐閣。
山田勇編（1996）『フィールドワーク最前線』、弘文堂。

山田昌弘（1994）『近代家族のゆくえ』、新曜社。
─── (1998)「『家族』が幸福だった時代の終焉」、『AERA Mook　家族学のみかた。』、朝日新聞社。
─── (1999a)『パラサイト・シングルの時代』、ちくま新書。
─── (1999b)『家族のリストラクチュアリング』、新曜社。
─── (2001)『家族というリスク』、勁草書房。
山本久仁佳・山本成子 (2003)『豆腐屋さんの豆腐料理』、創森社。
山本正和 (1977)「京都の家業と別家」、『社会科学』、第 23 号、同志社大学人文科学研究所、165-183 頁。
好井裕明・桜井厚編 (2000)『フィールドワークの経験』、せりか書房。
好井裕明・三浦耕吉郎編 (2004)『社会学的フィールドワーク』、世界思想社。
若林靖永 (2002)「生協事業におけるマーケティング・ネットワークの展開」、陶山計介・宮崎昭・藤本寿良編『マーケティング・ネットワーク論』、有斐閣。
和田充夫 (1998)『関係性マーケティングの構図』、有斐閣。
─── (1999)『関係性マーケティングと演劇消費：熱烈ファンの創造と維持の構図』、ダイヤモンド社。
渡辺達朗 (2002)「流通・商業と社会」、原田英生・向山雅夫・渡辺達朗『ベーシック流通と商業』、有斐閣。
渡辺篤二監修 (2002)『やさしい豆腐の科学（三訂版）』、フードジャーナル社。
Chiu, C. C. (1998), *Small family Business in Hong Cong*, Chinese University Press.
Christensen, C. (1953), "Manegement Succession in Small and Growing Enterprises," Harvard Business School.
Cole, Patricia M. (1997), "Women in Family Business," *Family Business Review*, Vol. 10, No. 4, pp. 353-371.
Crane, J. G. and M. V. Angrosino (1992), *Field Projects in Anthropology*, Waveland Press Inc. (江口信清訳 (1994)『人類学フィールドワーク入門』、昭和堂)。
Dumas, Colette (1998), "Women's Pathways to Participation and Leadership in the Family-Owned Firm," *Family Business Review*, Vol. 11, No. 3, pp. 219-228.
Dyer Jr., W. Gibb and Sánchez, Marcelino (1998), "Current State of Family Business Theory and Practice as Reflected in *Family Business Review* 1988-1997," *Family Business Review*, Vol. 11, No. 4, pp. 287-296.
Emerson, Robert M., Rachel I. Fretz, and Linda L. Shaw (1995), *Writing

Ethnographic Fieldnotes, University of Chicago. (佐藤郁哉・好井裕明・山田富秋訳(1998)『方法としてのフィールドノート』、新曜社)。
Flick, Uwe (1995), *Qualitative Forschung*, Rowohlt Taschenbuch Verlag GmbH. (小田博志・山本則子・春日常・宮地尚子訳 (2002)『質的研究入門』、春秋社)。
Galiano, Alanna M. and Vinturella, John B. (1995), "Implications of Gender Bias in the Family Business," *Family Business Review*, Vol. 8, No. 3, pp. 177-188.
Gillis-Donovan, Joanne and Moynihan-Bradt, Calolyn (1990), "The Power of Invisible Women in the Family Business," *Family Business Review*, Vol. 3, No. 2, pp. 153-167.
Glaser, B. G. and Anselm L. Strauss (1967), The Discovery of Grounded Theory, Aldine Publishing Company. (後藤隆・大出春江・水野節夫訳 (1996)『データ対話型理論の発見』、新曜社)。
Handler, Wendy C. (1989), "Methodological Issues and Considerations in Studying Family Businesses," *Family Business Review*, Vol. 2, No. 3, pp. 257-276.
────── (1992), "The Succession in Experience of the Next-Generation,"*Family Business Review*, Vol. 5, No. 3, pp. 283-307.
────── (1994), "Succession in Family Business: A Review of the Research," *Family Business Review*, Vol. 7, No. 2, pp. 133-157.
Hochschild, Arlie (1983), *The Managed Heart: Commercialization of Human Feeling*, University of California Press. (石川准・室伏亜希訳 (2000)『管理される心』、世界思想社)。
Hollander, Barbara S. and Bukowitz, Wendi R. (1990), "Women, Family Culture, and Family Business," *Family Business Review*, Vol. 3, No. 2, pp. 139-151.
Iannarelli, C. L. (1992), "The Socialization of Leaders: A Study of Gender in Family Business," Unpublished doctoral dissertation, University of Pittsburgh.
Kotler, Philip (2002), *A Framework for Marketing Manegement*, Prentice-Hall. (月谷真紀訳 (2002)『コトラーのマーケティング・マネジメント基本編』、ピアソン・エデュケーション)。
Lee, Myung-Soo and Rogoff, Edward G. (1996), "Research Note: Comparison of Small Businesses with family Participation versus Small Businesses Without Family Participation: An Investigation of Differences in Goals, Attitudes, and Family Business Conflict,"

Family Business Review, Vol. 9, No. 4, pp. 423-437.
Maanen, J. V. (1988), *Tales from The Fiels*, University of Chicago.（森川渉訳（1999）『フィールドワークの物語』、現代書館）。
Marshack, Kathy J. (1993), "Coentrepreneurial Couples: A Literature Review on Boundaries and Transitions Among Copreneurs," *Family Business Review*, Vol. 6, No. 4, pp. 355-369.
McCollom, Marion (1992), "Organizational Stories in a Family-Owned Business," *Family Business Review*, Vol. 5, No. 1, pp. 3-24.
Mintzberg, Henry (1973), *The Nature of Managerial Work*, Harper Collins Publishers .（奥村哲史・須貝栄訳（1998）『マネジャーの仕事』、白桃書房）。
Ogasawara, Yuko (1998), *Office Ladies and Salaried Men*, University of California Press.
Rappaport, Allen (1995), "Farm Women as Full-Time Partners: Some Evidence of Sharing Traditional Gender-Based Tasks," *Family Business Review*, Vol. 8, No. 1, pp. 55-63.
Salganicoff, Matilde (1990), "Women in Family Business: Challenges and Opportunities," *Family Business Review*, Vol. 3, No. 2, pp. 125-137.
Schatzman, L. and Strauss, Anselm L. (1973), *Field Research*, Prentice-Hall.（川合隆男監訳（1999）『フィールド・リサーチ：現場調査の方法と調査者の戦略』、慶應義塾大学出版会）。
Smyrnios, K., Tanewski, G. and Romano, C. (1998), "Development of a Measure of the Characteristics of Family Business," *Family Business Review*, Vol. 11, No. 1, pp. 49-59.
Yin, Robert K. (1944), *Case Study Research*, Sage Publications.（近藤公彦訳（1996）『ケース・スタディの方法』、千倉書房）。
『伊丹市中心市街地活性化基本計画』、伊丹市、1999年。
『いたみTMO構想：中小小売商業高度化事業構想』、伊丹商工会議所、2003年。
『大富士山展』、久保田一竹美術館、2001年。
『おしゃれ工房3月号』、日本放送出版協会、2001年。
『おしゃれ工房5月号』、日本放送出版協会、2002年。
『季刊　和紙』、第4号、全国手すき和紙連合会、1992年。
『季刊　和紙』、第5号、全国手すき和紙連合会、1993年。
『季刊　和紙』、第15号、全国手すき和紙連合会、1998年。
『季刊　和紙』、第21号、全国手すき和紙連合会、2001年。
『久保田一竹作品集』、株式会社一竹辻が花、1998年。
『組合通信』、第476号、大阪府豆腐油揚商工組合、2003年。

『組合通信』、第477号、大阪府豆腐油揚商工組合、2003年。
『組合通信』、第478号、大阪府豆腐油揚商工組合、2003年。
『組合通信』、第479号、大阪府豆腐油揚商工組合、2003年。
『組合通信』、第480号、大阪府豆腐油揚商工組合、2003年。
『GRAPHIC クラフトアート人形1』、マリア書房、1996年。
『GRAPHIC クラフトアート人形2』、マリア書房、1997年。
『GRAPHIC クラフトアート人形4』、マリア書房、1999年。
『GRAPHIC クラフトアート人形5』、マリア書房、2000年。
『GRAPHIC クラフトアート人形6』、マリア書房、2001年。
『GRAPHIC クラフトアート人形7』、マリア書房、2002年。
『GRAPHIC クラフトアート人形8』、マリア書房、2003年。
『GRAPHIC クラフトアート人形9』、マリア書房、2004年。
『専門学校へ行こう2004年度版』、朝日新聞社、2003年。
『創作市場③　人形に遊ぶ』、マリア書房、1996年。
『創作市場⑭　続・人形に遊ぶ』、マリア書房、1999年。
『デイリーフード』、2003年春季増刊号、第422号、フードジャーナル社、2003年。
『2004年度　全国版　専修・各種学校ガイド』、成美堂出版、2003年。
『Handi Craft』、Vol. 19、（財）日本手芸普及協会、2003年。
『フードジャーナル』、第23巻、第12号、フードジャーナル社、2003年。
『平成13年度版　伊丹市統計書』、伊丹市総務部総務課、2002年。
『まちに活気　きみに元気　ビタミンブック伊丹』、伊丹郷町商業会、2003年。
『優しい食卓』、Vol. 3、共立速記印刷株式会社、1994年。
『優しい食卓』、Vol. 10、共立速記印刷株式会社、2000年。
『優しい食卓』、Vol. 11、共立速記印刷株式会社、2001年。
『和紙人形現代作家作品集』、全日本紙人形協会、1999年。
『和紙の手帖』、全日本手すき和紙連合会、1988年。
『和紙の手帖Ⅱ』、全日本手すき和紙連合会、1996年。

〈小冊子〉
『伊丹シティガイド』、伊丹市、2000年。
『伊丹マップ＆ガイド』、伊丹市広報課、2002年。
『キクチ眼鏡専門学校』、キクチ眼鏡専門学校。
『CLOVER NEWS』、2003年春号、クロバー株式会社、2003年。
『市民文集「伊丹」』、伊丹市立中央公民館成人学校「文章教室」、1984年。
『VISION CARE』、朝日新聞社名古屋本社広告部、2005年。
『もっとく？ 伊丹』、いたみTMO推進協議会・いたみタウンセンター・伊丹市・伊丹商工会議所、2002年。

〈新聞〉
『トーヨー新報』、第1484号、トーヨー新報、2003年。
『日経MJ新聞』、2002年9月17日付、日本経済新聞社。
『洋装産業新聞』、2003年5月1日付、洋装産業新聞社。
『リビング東阪神』、1989年3月4日付、サンケイリビング新聞社。

〈ホームページ〉

伊丹市	http://www.city.itami.hyogo.jp/index.html
経済産業省	http://www.meti.go.jp/index.htm
『平成11年商業統計速報概況』	
『平成14年商業統計速報要旨』	
財団法人日本手芸普及協会	http://www.jhia.org/kyoukai/index.htm
社団法人日本眼鏡技術者協会	http://www.megane-joa.or.jp/index.htm
白雪ブルワリービレッジ長寿蔵	http://www.konishi.co.jp/html/choju/index.html
全日本眼鏡連盟	http://www.megane-renmei.gr.jp/
天理教	http://www.tenrikyo.or.jp/ja/top.htm

索 引

あ行

厚い記述　　　39, 45, 219, 228
アンケート調査　　　34, 62, 92, 106, 113
石井淳蔵　　　19, 21-26, 28, 31, 39, 44-46, 67, 156, 167, 171, 196, 219, 222, 231
伊田広行　　　44, 169-170
伊丹市　　　39, 42, 51, 53, 55, 59-63, 68, 70-71, 75, 89-90, 93, 96, 101, 106-108, 113-114, 134, 143-144, 146, 151, 156, 167, 198, 204, 225, 227, 231, 232
インタビュー　　　24, 34-35, 38-42, 45-46, 48-49, 51, 53-58, 63, 67, 74, 93, 96, 101, 106, 116-117, 122-124, 126, 132, 142, 174, 181, 187, 189, 195-198, 202, 213, 233
エスノグラフィー　　　19, 31, 39, 40, 41, 42, 43, 49, 51, 57, 58, 68, 71, 143, 168, 181, 219, 233
落合恵美子　　　28-29, 37, 68, 169

か行

家商分離　　　24, 167, 196
家族（カップル）単位制社会　　　169-170
家族経営　　　35-36, 38, 45-46, 59, 156, 170-171, 195, 208
家族経営研究　　　35-36, 45, 195
家族社会学　　　19, 28, 30-31, 36, 216
家族従業　　　19, 21-23, 25-26, 28, 30-31, 33-34, 36-40, 42-44, 46, 53-55, 67-68, 123, 140, 168-171, 174-177, 181, 193, 206, 211-213, 219-220, 227-230
家族従業者　　　19, 22-23, 25, 30, 33-34, 36-37, 39, 43-44, 67-68, 168, 170, 174-177, 181, 206, 211-212, 228
家族従業制度　　　22-23, 44
関係性マーケティング　　　219, 225, 227
木本喜美子　　　31-34, 44
近代家族　　　19, 24, 28-30, 36-37, 43, 216-217, 229
ケーススタディー　　　31-34
後継者　　　35, 43, 62, 161, 168, 195-197, 203, 206-209, 211, 214-215, 224
顧客関係　　　37-38, 41-44, 56-57, 67-68, 71, 74, 78, 80, 88, 93, 97, 99, 106, 113, 122, 143, 155-156, 158-159, 161-162, 167, 181, 209, 213-214, 220, 222, 227, 232
顧客情報　　　98, 101, 114, 140, 162, 222

さ行

サーベイ　　45, 47-48, 171
佐藤郁哉　　19, 46-49, 51-55, 180
参与観察　　19, 37-39, 41-43, 45-46, 48-49, 51, 53-54, 56-58, 63, 74, 93, 101, 106, 122-124, 132, 181-183, 196-198, 213
ジェンダー間分業　　29, 32, 34, 36-37, 39, 43, 46, 169, 212
質問票調査　　36, 56, 59
手芸店　　37, 39, 41-43, 51, 53, 56-57, 68-69, 71, 75, 88, 91, 93, 96-100, 110, 119-126, 128-131, 140, 145-147, 149, 151-153, 156-157, 159-164, 172, 176-177, 196, 198-199, 201-204, 212, 214, 222-223, 230
手工芸品店　　39, 41, 43, 51, 58, 68, 71, 73-76, 78, 83, 87, 88, 110, 120, 122, 144-146, 153, 156, 160-161, 163, 172, 174-175, 202, 204, 206, 208, 214-215, 221, 223, 230
商人家族　　19, 21-25, 28-29, 36-37, 39-40, 43-44, 46, 54, 56-57, 68, 153, 168-169, 202-206, 211, 213-216, 219, 223, 228-229
商人としての誇り　　219-220, 222-224
商売人気質　　215, 223

消費者行動研究　　232
職住分離　　196, 198-199
女性労働研究　　31-33
事例研究　　19, 37, 39, 45-47, 195, 231
シングル単位制社会　　169-171
性別役割分業　　29, 43-44, 169, 211, 217
漸次構造化法　　51-52
ソーイングの活性化　　91-93, 100, 130

た行

地域社会　　26, 37-40, 42, 67-68, 74, 119, 143-144, 152, 163-164, 167-168, 214, 219, 224, 227-228, 231-232
地域密着型小売店の多重ネットワーク　　227-228, 231
地域密着型専門店　　38, 43, 51, 121-122, 143, 155, 159, 162-163, 167, 215, 221-222, 225
豆腐業界　　180-181
豆腐店　　39, 43, 51, 53-54, 68-70, 120, 122, 145, 156-158, 161, 163, 174, 179-189, 191, 196, 198-199, 201, 204-205, 212-214, 230

は行

パートナーシップ　169, 171, 182, 187, 193-194, 211-214, 229-230
比較分析　43, 50
ファン　40, 43, 79, 83, 98, 111, 113, 126, 139-140, 156-157, 159-161, 167-168, 187, 189-190, 193-195, 204-205, 207-209, 212-214, 221, 224, 228, 230
フィールドワーク　19, 31, 37, 39-41, 43, 45-55, 58-59, 62-63, 73, 88, 91, 93, 96, 105-106, 117, 119, 122-123, 125, 130, 143, 162-163, 167, 174, 177, 179, 181, 184, 187, 189, 193, 206, 212, 214, 229, 231
夫婦協働型　36, 39, 211, 229-230
夫婦の対等性　172, 193, 212-213

ま行

向山雅夫　26-28, 37, 67, 220-221
眼鏡業界　105, 116-117
メガネ店　37, 39, 41-42, 51, 68, 70-71, 88, 105-107, 109-111, 113-114, 116-117, 120, 122, 124, 131, 137, 140, 144-146, 153, 156-157, 159-162, 182, 191, 196-198, 201, 204, 208, 214, 221-223, 230

ら行

ライフスタイル　42, 57, 71, 74, 83, 85-87, 108-109, 114, 116, 124, 126, 132, 136-137, 155, 162-163, 215-216, 222, 225
ライフスタイル提案　76, 79, 83, 87, 162, 221-222
零細小売商　19, 26, 37 38, 40-43, 67, 83, 93, 106, 122, 150, 152, 155-156, 161-162, 164, 167-168, 181, 208, 219, 225, 227

わ行

和紙人形　123-130, 140-142, 177

【著者紹介】

坂田 博美（さかた　ひろみ）

1970 年	富山県生まれ
1992 年	富山大学経済学部経営学科卒業
1994 年	関西学院大学大学院商学研究科博士課程前期課程修了
1997 年	同研究科博士課程後期課程満期退学
1999 年	東京都立短期大学経営情報学科専任講師
2004 年	富山大学経済学部講師
現　在	同大学教授

商人家族のエスノグラフィー
――零細小売商における顧客関係と家族従業（オンデマンド版）

2006 年 6 月 10 日初版第一刷発行
2012 年 11 月 5 日オンデマンド版発行

著　　者　坂田 博美
発 行 者　田中 きく代
発 行 所　関西学院大学出版会
所 在 地　〒662-0891　兵庫県西宮市上ケ原一番町 1-155
電　　話　0798-53-7002

印　　刷　㈱デジタルパブリッシングサービス

©2006 Hiromi Sakata
Printed in Japan by Kwansei Gakuin University Press
ISBN 978-4-86283-124-8
乱丁・落丁本はお取り替えいたします。
本書の全部または一部を無断で複写・複製することを禁じます。
http://www.kwansei.ac.jp/press